중국 고고학

진 · 한

秦汉考古

作者: 赵化成·高崇文

중국 고고학
진 · 한

조화성 · 고숭문 지음
정대영 옮김

사회평론

영남문화재연구원 학술총서 14

중국 고고학 진·한

2017년 8월 15일 초판 1쇄 인쇄
2017년 8월 25일 초판 1쇄 발행

지은이 조화성, 고숭문
옮긴이 정대영
펴낸이 윤철호, 김천희
펴낸곳 (주)사회평론아카데미

편집 고인욱
표지 디자인 김진운
본문 디자인 민들레
마케팅 강상희

등록번호 2013-000247(2013년 8월 23일)
전화 02-2191-1133
팩스 02-326-1626
주소 03978 서울특별시 마포구 월드컵북로12길 17(1층)

ISBN 979-11-88108-27-5

서문

진한 고고학(秦漢考古學)은 중국 역사고고학의 범주에 속한다. 역사연대를 기준으로 보면, 기원전 221년 진(秦)의 통일에서 서기 220년 동한(東漢) 멸망까지 해당한다. 이는 진대(秦代), 서한(西漢), 신(新), 동한(東漢)의 4개 왕조에 걸친 400여 년의 역사이다. 그러나 고고학 문화의 연대범위는 역사연대와 반드시 일치하지는 않으며 그 전후에 어느 정도의 신축성이 있다. 지역적 범위는 현재 중국 영역의 경계를 기본으로 하며 한족(漢族) 주체인 한문화(漢文化)지역과 같은 시기 주변 소수민족문화지역을 포함한다. 그러므로 엄격한 의미에서 진한 고고학은 진한 시기의 고고학을 지칭하는 개념이다.

진한 고고학의 전신(前身)은 방지학(方志學)과 금석학(金石學)이다. 위진남북조와 수당오대(隋唐五代) 시기의 많은 지리, 방지, 문학저작들에서는 다수의 진한 시기 유적과 유물 관련 내용들을 확인할 수 있다. 북위(北魏) 력도원(酈道元)의 『수경주(水經注)』와 당대(唐代) 이길보(李吉甫)의 『원화군현도지(元和郡縣圖志)』에는 진한 시기 고성(古城), 고묘(古墓), 비각(碑刻) 등에 관한 내용들이 기록되어 있다. 이러한 기록들은 비록 간략하지만 일부 유적의 경우에는 오늘날 확인할 수 없는 내용들이 있어 중요한 의미를 가진다. 북송과 명청 시기의 금석학 연구로 수집된 진한 시기 고물(古物)의 범위는 매우 광범위하다. 이를 구분하면, 대체로 비각(碑刻)을 비롯하여 전와(磚瓦), 화폐[錢幣], 동경(銅鏡), 인장[璽印], 봉니(封泥), 도문(陶文) 명기(明器), 청동기(吉金) 등으로 분류할 수 있다. 또한, 이를 바탕으로 목록의 편집과 문자의 기록, 탁본도보(圖譜)의 제작, 표제와 발문의 고증을 내용으로 하는 백여 종이 넘는 저작들이 전해지고 있다. 전통적인 금석학에서 이루어진 진한 고물(古物)에 대한 기록과 고증은 현재의 진한 고고학 연구에 중요한 참고자료가 된다.

20세기 전반기에 진행된 중국 서북지역에 대한 탐험조사 및 출토간독 (簡牘)에 대한 연구와 동북지역의 한묘(漢墓) 발굴은 근대 고고학 의미에 서 진한 고고학의 시작이다.

과학적인 야외조사와 발굴은 근대 고고학의 가장 기본적인 특징이며 전통적 금석학과 구분되는 중요한 기준이다. 19세기 후반부터 20세기 전 반에 걸쳐 먼저 외국인에 의해 진행되었으며 이후 중국학자들이 참여한 서부지역에 대한 탐험조사와 변새(邊塞)의 간독 연구는 진한 고고학의 다 양한 내용들을 포함하고 있다. 그러나 최초의 탐험활동들은 기본적으로 단 순한 지리탐험의 성격을 띠고 있어서 근대 고고학과의 구체적인 관련성 을 언급하기에는 부족하다. 그러나 19세기 후반과 20세기 초반, 헤딘(Sven Anders Hedin)과 스타인(Mark Aurel Stein), 타치바나 주이초(橘瑞超) 등에 의해 진행된 여러 차례의 탐험활동에서도 고대 유적에 대한 조사와 측량 뿐만 아니라 일정한 규모의 발굴도 진행되었다. 비록 이러한 조사와 발굴 이 대부분 보물찾기의 성격을 띠고 있지만 조사과정의 기록수단과 연구방 법은 이미 근대 고고학의 일반적인 특징을 갖추고 있다. 한편 서부탐험활 동보다는 늦은 시기에 진행되었지만 일본의 중국침략과 더불어 일본인에 의해 중국 동북지역에서 다수의 한묘가 발굴되었으며 발굴보고서도 출간 되었다. 중국학자들도 이 시기 100여 기의 한묘를 발굴하였다. 그러나 전 체적으로 볼 때, 20세기 전반의 근대 고고학 이론과 방법은 주로 선사시대 와 하상주(夏商周)의 삼대(三代)를 중심으로 진행되었으며 이와 관련된 고 고학 조사와 발굴도 대규모로 이루어졌다. 이에 비해, 연구 사료(史料)가 풍부한 진한 시기를 비롯한 이후 시기의 고고학적 성과는 부족하였다. 이 시기, 진한 고고학에서 전통 금석학 연구는 여전히 중요한 위치를 차지하 고 있었으며 이러한 상황은 1949년 건국 이전까지 계속되었다.

그러나 1950년대와 1970년대를 거치면서 고고학 조사와 발굴은 대대 적으로 전개되었으며 고고학 자료도 축적되었다. 그리고 이에 기초한 전문 화된 연구와 종합연구도 초보적인 성과를 축적하면서 진한 고고학의 편년과 연구영역의 체계가 수립되었다.

건국 이후, 중국 고고학은 새로운 시대를 맞이하였다. 먼저 중앙과 지방에서 문물관리와 연구를 위한 기관들이 설립되어 중국과학원에 고고연구소가 설립되었으며 북경대학과 서북대학을 비롯한 대학에 고고학전공이 개설되었다. 이는 중국 고고학의 발전에 중요한 기초를 마련하였다. 또한 국가경제건설의 전면적인 추진으로 인해 대규모 기반시설에 대한 건설이 전국적 범위에서 전개되었고 이를 수반한 구제발굴이 고고학 조사의 중점이 되었다. 이 시기 전국적으로 발굴된 한묘의 수량은 1만여 기에 이른다. 대형 한묘의 발굴은 기남(沂南) 화상석묘의 발굴과 허린거얼(和林格爾) 벽화묘의 발굴이 대표적이며, 중소형 한묘의 발굴은 낙양 소구한묘(燒溝漢墓)의 발굴과 편년 연구가 가장 중요하다. 또한 구제발굴 이외에도 계획적인 고고학 조사와 발굴도 함께 전개되면서 서한장안성(西漢長安城), 동한낙양성(東漢洛陽城), 진한제릉(秦漢帝陵)에 대한 조사와 발굴이 진행되었다. 한편, 1960년대 후반기에서 70년대 전반기에 걸친 문화혁명의 10년 기간은 고고학 발굴조사가 기본적으로 중단되었다. 그러나 이 시기에도 마왕퇴한묘(馬王堆漢墓)와 만성한묘(滿城漢墓)와 같은 중대 발견이 이루어지기도 했다. 이 시기 종합적 연구는 1950년대 말에 출간된 『신중국의 고고학 성과(新中國的考古收穫)』에서 건국 이래 10년 기간의 진한 고고학의 성과들이 개괄적으로 정리되었다. 1970년대 초반에는 유위초(俞偉超)에 의해 집필된 북경대학 고고학전공의 『전국진한고고(戰國秦漢考古)』 강의서에서 진한 고고학에 대한 전반적인 정리와 함께 진한 고고학의 편년과 체계가 수립되었다.

1970년대 후반에서 90년대 말까지, 중요한 고고학 발견이 차례로 이어졌으며 고고학 자료의 축적은 더욱 풍부해졌다. 종합연구는 점차 심화되었으며 진한 고고학 가운데 일부 전문화된 연구 분야가 출현하였다.

문화혁명의 정치운동이 끝난 후에 중국 고고학은 대발전의 시기를 맞이하면서 대규모의 야외조사가 전국적 범위에서 전개되었다. 진시황릉과 병마용, 한장안성 미앙궁(未央宮), 경제(景帝) 양능(陽陵), 선제(宣帝) 두능(杜陵) 및 남월왕묘(南越王墓) 등의 10여 기 대형 제후·열후묘(列侯墓)가 발굴되어 한대(漢代)문명의 찬란함을 보여 주었다. 이 시기 전국적으로 발굴된 중소형 한묘는 대략 10만여 기에 이르며 이를 통해 한대 지역문화의 특징을 인식하는 기초가 마련되었다. 그리고『고고(考古)』,『문물(文物)』,『고고학보(考古學報)』를 비롯한 전국적으로 10여 종의 고고학 잡지에 다수의 진한 고고학 자료가 발표된 것 이외에도 20여 권의 정식 발굴보고서가 출간되었다. 진한 고고학 자료의 이러한 지속적 축적은 종합연구를 새로운 단계로 도약시켰다. 현재까지 국내외에 발표된 연구논문은 1천여 편에 이르며 전문저서도 수십 권이 출간되면서 진한 고고학의 다양한 영역을 다루고 있다. 1980년대 중국사회과학원 고고연구소에서 펴낸『신중국의 고고학 발견과 연구(新中國的考古發現和硏究)』와『중국대백과전서·고고권(中國大百科全書·考古卷)』, 왕중수(王仲殊)의『한대고고학개설(漢代考古學槪說)』과 90년대 산동대학, 남경대학, 사천대학에서 펴낸『전국진한고고(戰國秦漢考古)』강의서는 진한 고고학에 대한 체계적인 논술과 정리를 하였다. 이 시기의 또 다른 변화는 진한 고고학의 일부 전문화된 연구 분야가 형성된 것이다. 진한 시기 간백(簡帛)의 발견은 국내외 연구자들의 새로운 주목을 받고 있으며, 한대화상석, 화상전, 벽화, 백화(帛畵) 등의 미술고고 자료의 축적은 한화(漢畵)라는 새로운 전문분야를 탄생시켰다. 또한 주변 소수민족 고고학의 새로운 발견은 독립적인 연구영역을 새롭게 형성하고 있다. 진한 고고학 연구는 이제 더 이상 고고학 연구자의 전리품(專利品)이 아니며, 고대사, 사상사, 예술사, 과학사 연구자들도 새로운 자료에서 영양을 섭취하며 관련 학과의 연구도 더욱 심화되고 있다.

　20세기 진한 고고학의 발견과 연구는 많은 성과를 배출하였다. 그러나 성과를 정리할 때 일부 부족한 부분도 지적된다. 먼저 일부 지역의 경우 대부분 선사시대와 삼대(三代) 고고학에 치중함으로써 진한 시기를 포함한 역사 시기의 고고학 연구를 경시하는 경향이 있다. 그리고 이미 발굴된 진한 시기 무덤[墓葬]의 수량은 상당량에 이르지만 대부분의 자료가 아직 정리 발표되지 않고 있다. 연구경향과 관련해서는 대형 한묘가 중시되면서 중소형 한묘에 대한 경시풍조를 비롯하여, 도시[城市] 유적을 중시하고 촌락(村落) 유적은 경시하는 경향, 지역문화에 대한 연구가 대체로 미약한 점을 들 수 있다. 또한, 종합연구의 수준도 보다 더 제고되어야 할 것이다. 21세기 중국 고고학은 진한 고고학 연구에 더 높은 수준을 요구하고 있다. 진한 고고학의 기초적인 연구와 더불어 진한 시기의 정신영역에 대한 연구가 강화되어야 할 것이다. 이제 새로운 고고학 자료의 축적을 통해 진한사(秦漢史)의 새로운 세계를 보여 주는 것이 진한 고고학의 목표가 되고 있다.

차례

서문   5

1장 진도(秦都) 함양(咸陽)과 진시황릉에 대한 고고학 발견과 연구   15

　1. 진도 함양에 대한 고고조사와 발굴   15

　　1) 궁전 유적   16

　　2) 수공업공방 유적   20

　　3) 함양 부근의 능묘(陵墓)구역   21

　　4) 진도 함양에 대한 종합연구   23

　2. 진시황릉과 병마용갱의 고고학 발견   25

　　1) 능원의 건축 유적   25

　　2) 능원 주변의 배장갱   30

　　3) 배장묘   35

　　4) 형도(刑徒)무덤과 수능(修陵)의 공장(工匠)무덤   36

　　5) 진시황릉과 병마용의 고고자료   37

　3. 요령성 수중(綏中) 강녀석(姜女石) 행궁(行宮) 유적   38

2장 서한 장안성과 동한 낙양성 및 한대 제릉(帝陵)   41

　1. 서한 장안성의 조사, 발굴과 연구   41

　　1) 성벽, 성문 및 내부도로   43

　　2) 궁전과 무고   45

　　3) 시장, 수공업 유적, 주거구역   50

　　4) 남교(南郊)의 예제성(禮制性) 건축군   51

　　5) 장안성 주변의 기타 건축 유적   53

　　6) 한대 장안성의 종합연구   54

　2. 동한 낙양성의 조사, 발굴과 연구   57

　3. 서한 황제릉의 조사, 발굴과 연구   65

　　1) 서한 제릉   65

　　2) 동한 제릉   74

3장 한대 제후왕과 열후 무덤의 발굴과 연구 77

  1. 한대 제후왕묘 79
    1) 1950년대에서 1960년대 초 제후왕묘의 발굴과 연구 79
    2) 1960년대 말에서 1970년대까지 제후왕묘의 발굴과 연구 81
    3) 1980년대에서 1990년대까지 제후왕묘의 발굴과 연구 91
  2. 한대 열후묘 102
    1) 1950~60년대 열후묘의 발굴과 연구 102
    2) 1970년대 열후묘의 발굴과 연구 104
  3. 제후왕과 열후묘에 대한 종합연구 110

4장 한대 중소형 무덤의 발굴과 분구(分區), 분기(分期) 연구 115

    1) 낙양(洛陽) 중심의 중원지역 한묘 118
    2) 관중지역의 한묘 120
    3) 하서(河西)지역과 청해(靑海) 동부지역의 한묘 122
    4) 북방 장성지대(長城地帶)의 한묘 125
    5) 동북 및 하북 북부, 북경지역의 한묘 127
    6) 산동과 강소성 북부 및 주변지역의 한묘 128
    7) 장강 중류지역의 한묘 130
    8) 장강하류[江南]지역의 한묘 132
    9) 서남(西南)지역의 한묘 134
    10) 양광(兩廣)지역의 한묘 136

5장 한대 화상석, 화상전, 벽화, 백화의 발견과 연구 139

  1. 화상석 139
  2. 화상전 154
  3. 벽화 157
  4. 백화(帛畵) 160

6장 한대 청동기의 발견, 기록과 연구 163

  1. 한대 청동기의 발견과 기록 163

2. 한대 청동기의 종합연구　168

　1) 한대 청동기 제조업 연구　170

　2) 한대 청동기명문 연구　172

　3) 한대 청동기 기물학(器物學) 연구　177

3. 한대 청동기 연구의 평가와 전망　182

7장 진한 시기 칠기의 발견과 연구　185

1. 진대 칠기의 발견과 연구　185

2. 한대 칠기의 발견과 연구　188

　1) 한대 칠기의 연구　188

　2) 한대 칠기 제조업의 관리　190

　3) 한대 칠기의 공예기술　194

　4) 한대 칠기의 종류와 공예 특징　195

8장 한대 방직품의 발견과 연구　201

9장 한대 변새 유적 및 간독의 발견과 연구　213

1. 제1단계(1906~1949년)의 발견　213

　1) 스타인의 발견　213

　2) 주병남의 발견　216

　3) 중국-스웨덴 서북과학고찰단의 발견　216

　4) 서북과학고찰단의 발견　218

2. 제2단계(1949년에서 현재까지)의 발견　219

　1) 거연한간의 신발견　219

　2) 돈황한간의 신발견　220

　3) 서역한간의 신발견　223

3. 중국 서북지구 출토 한간의 연구　224

10장 진한 무덤 출토 간백의 발견과 연구　231

1. 진간의 발견과 정리　231

　1) 운몽 수호지 진간　231

2) 청천 학가평 진간   234

3) 천수 방마탄 진간   234

4) 운몽 용강 진간   235

5) 강릉 양가산 진간   236

6) 강릉 왕가대 진간   236

7) 사시 주가대 진간   237

2. 한대 간백의 발견과 정리   237

1) 무위 『의례』간   239

2) 임기 은작산 한간   239

3) 마왕퇴 한묘의 간독과 백서   240

4) 강릉 장가산 한간   244

5) 연운강 윤만 한간   244

3. 진한 무덤 출토 간백 연구 개요   245

1) 일서간(日書簡)의 연구   245

2) 법률류 간독의 연구   246

3) 마왕퇴 간백의 연구   247

11장 진한 시기 주변지역 민족의 고고학 발견과 연구   253

1. 흉노의 고고학 발견과 연구   253

2. 오환과 선비의 고고학 발견과 연구   257

참고문헌   265

옮긴이의 글   267

그림 목록

그림 1   진 함양성 유적 분포도   17
그림 2   진시황 능원 유적 분포도   27
그림 3   진시황 능원 출토 와당   29
그림 4   진시황 능원 K9901 출토 청동정   31
그림 5   서한 장안성 평면도   44
그림 6   서한 장안성 미앙궁 평면도   46
그림 7   동한 낙양성 평면복원도   60
그림 8   낙양 출토 동한 석경   64
그림 9   낙양 출토 형도묘전 명문   66
그림 10   만성한묘 유승묘 평면도   83
그림 11   북경 대보대 1호묘 평면도   86
그림 12   장사 상비취 1호묘 평면도   87
그림 13   서주 북동산 한묘 평면도   94
그림 14   서주 귀산 한묘 평면도   96
그림 15   광주 남월왕묘 출토 인장   99
그림 16   낙양 소구 61호묘 묘실 구조도   121
그림 17   서안 백록원 M2 출토 유물   123
그림 18   기남 화상석묘 조감도   145
그림 19   동산 홍루사당 화상석   146
그림 20   양성 한묘 화상석   148
그림 21   낙양 복천추묘 천정 벽화   158
그림 22   장사 마왕퇴 1호한묘 백화   161
그림 23   만성 능산2호묘 출토 '장신궁' 청동등   165
그림 24   한대 세선문 청동기   167
그림 25   장사 마왕퇴 1호묘 출토 칠기 명문   191
그림 26   장사 마왕퇴 1호묘 출토 칠기   196
그림 27   장사 마왕퇴 1호묘 출토 직물 문양   204
그림 28   장사 마왕퇴 1호묘 출토 직물 '승운수' 문양   207
그림 29   장사 마왕퇴 1호묘 출토 인화직물 문양   209
그림 30   돈황 현천치 유적 출토 부책   222
그림 31   내몽고 삼도만 묘지 출토 선비 유물   263

1장 진도(秦都) 함양(咸陽)과 진시황릉에 대한 고고학 발견과 연구

1. 진도 함양에 대한 고고조사와 발굴

진효공(秦孝公) 13년(BC 350년), 상앙의 제2차 변법 시기에 진국은 도읍을 함양으로 천도하였다. 함양은 원래 위하(渭河) 북안의 함양원(咸陽原)에 위치하였으며 이후 위하 남안으로 점차 확장되었다. 그리고 진의 6국 통일을 전후하여 이미 "위수(渭水)는 도성을 하늘의 은하수처럼 관통했고, 다리 건너 남쪽으로 넘어가는 것이 마치 견우(牽牛)를 닮은 듯한(渭水貫都以像天漢 橫橋南渡以法牽牛)"(『삼보황도(三輔黃圖』)) 대도시가 되었다. 함양은 진효공의 함양천도에서 진의 멸망까지 140여 년간 진국의 수도였다. 함양은 진말의 전화로 소실되어 한 왕조는 장안성을 축조하면서 함양의 기존 궁전을 다시 사용하였다. 함양에 대한 고고학 조사는 1950년대 말부터 60년대 초반에 시작되었으며 문화혁명 전반기에 일시 중단되었다가 70년대 초반과 80년대 전반기에 일부 유적에 대한 조사와 발굴이 이루어졌다. 그러나 진시황릉과 병마용갱 및 진도옹성(秦都雍城)의 새로운 발견으로 발굴의 중심이 이전되면서 함양은 국가기반산업의 건설로 일부 소형 무덤이 발굴된 것을 제외하면 계획적인 발굴은 기본적으로 답보상태에 있다. 현재는 일부 궁전의 판축건물지와 수공업공방 및 위북(渭北)의 궁성 성벽 일부 구간을 제외하면, 함양대성(咸陽大城)의 성벽과 도로 흔적을 비롯한 함양 도성의 전체적인 윤곽과 배치는 모호한 상태이다.

　　지금까지의 조사와 발굴을 통해 볼 때, 함양에서 유적의 분포가 가장 밀집된 지역은 함양시 동쪽의 위하 북안이다. 구체적인 범위는 대체로 동쪽의 백가취촌(柏家嘴村)에서 서쪽의 장능(長陵) 정류장 부근에 해당하며, 북쪽은 성국거(成國渠) 고도(故道)에서 남쪽으로 위하에 이르는 범위이다.

그러나 위하가 북쪽으로 이동하면서 원래 함양의 위하 이북지역은 상당부분이 강물에 유실되었다. 이 넓은 지역에 전국 후기부터 진대에 이르는 유적이 밀집분포하고 있으며 궁전건물터를 비롯하여 수공업 유적, 중소형 고분군이 발견되고 있다. 또한 위하의 남안에서도 다수의 진의 궁전 유적이 확인된다(그림 1).

1) 궁전 유적

위북(渭北) 함양원의 궁전건축군은 주로 서쪽의 섭가구(聶家溝)에서 동쪽의 유가구(劉家溝) 사이의 넓은 범위에 분포하고 있다. 현재까지 확인된 판축 유적은 서로 연결된 형태로 대략 20여 곳의 독립된 단위의 건축군이다. 정식발굴이 진행된 3곳의 궁전 유적은 모두 우양촌(牛羊村) 부근에 위치하며 서로 가까운 거리이며 동일 궁전건축의 서로 독립된 건축물로 추정된다.

1호 건축은 1974년 3월에서 1975년 11월까지 발굴조사되었다. 이 유적의 평면 형태는 凹자형이며, 우양구(牛羊溝)에 걸쳐 동서 길이 130m, 남북 폭 40m이다. 우양구는 후기에 형성된 것으로 유적의 중간을 관통하고 있으며 현재도 구의 동서단면에는 전기의 판축층과 하수도관 흔적이 확인된다. 凹자형 유적의 서쪽 끝은 잔고 6m의 판축대기이며 장방형으로 동서 길이 60m, 남북 폭 45m이다. 반대편 동쪽에도 같은 형태의 판축기단이 발견되었으나 이미 훼손된 상태이다. 발굴을 통해, 잔존하는 판축기단은 남북방향의 상하 양층구조의 기단식 궁전건축으로 확인되었다. 이 건축과 우양구 동쪽의 이미 훼손된 건축은 장랑으로 연결되어 있으며 동서 대칭을 이루는 쌍궐(双闕) 형태의 건축군을 이루고 있다.[1]

2호 건축 유적도 판축의 기단으로 1호건축의 서북에 위치하며 거리는 93m이다. 유적은 동서 127m이며, 남북 폭은 32.8~45.5m이다. 유적의 상부는 3실(室)구조이며 F4는 유적의 서쪽 정중앙에 위치하며 중심건축이

....

1)　秦都咸阳考古工作站,『秦都咸阳第一号宫殿建筑遗址简报』,『文物』1976年 第11期.

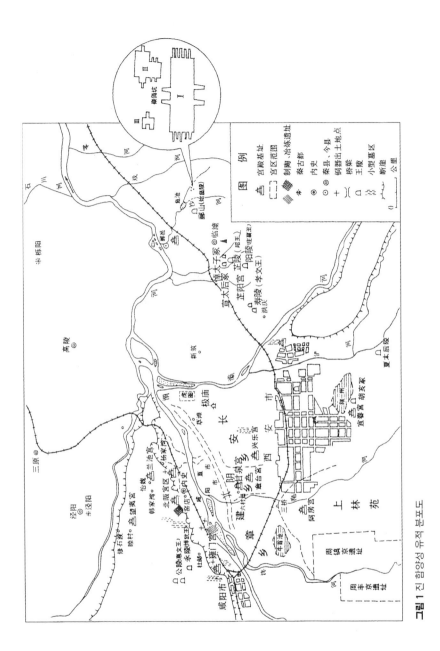

그림 1 진 함양성 유적 분포도

다. 평면 형태는 방형이며, 동서 길이 198m, 남북 길이는 195m이다. 기단 아래의 건축은 판축기단부의 북측 아래층에 위치하는 건물의 지하실에 해당한다. 유적의 저부는 기단을 따라 회랑(回廊)구조로 이루어져 있다. 회랑과 정원의 지표에서는 18개의 수직 형태 도관(陶管)이 발견되었으며 깃대를 꽂는 시설로 추정된다. 2호 건축 유적의 동서쪽 끝은 바깥으로 확장되어 동남방향은 1호, 3호 건축과 주랑(走廊)으로 연결되어 있다.[2]

3호 건축은 1호 건축의 서남에 위치하며 거리는 100m이다. 건축의 동북모퉁이는 1호건축의 서남모퉁이와 주랑으로 연결되어 있다. 3호 건축 유적은 남북장방형이며 중앙이 높고 양 측면은 낮은 등마루형이다. 유적의 남쪽은 후기에 파괴되어 발굴면적이 제한적이어서 유적 북부의 주랑과 1실, 2실 및 양실 사이의 곡척형(曲尺形) 회랑만을 발굴하였다. 주랑의 남북 길이는 32.4m, 동서 폭은 5m이며, 모두 9칸으로 동서쪽은 낮은 벽체이며 잔고는 20~108cm이다. 벽체는 판축토대 위에 만들어졌으며 동서 양쪽 벽에는 채색벽화가 있다. 벽화의 내용은 거마출행, 의장 및 식물, 기하문 등이다. 주랑 북쪽의 1실은 정전이며, 동서 길이 13.4m, 남북 폭은 6.5m로 정면 5칸에 측면은 2칸 구조이다.[3]

유적에서 출토된 다량의 건축재료와 생활용구로 볼 때, 3기의 기단식 건축은 축조 연대는 전국시대이며, 진효공(秦孝公)의 천도 이후에 축조된 함양궁의 일부로 추정된다.[4] 문헌기록에 의하면 위하 북안에 축조된 궁전은『사기·진시황본기(史記·秦始皇本紀)』의 기록과 같이 "진나라는 매번 제후국을 치고 그 궁실을 함양의 북쪽 기슭에 모방하여 지었다(秦每破諸侯, 寫放其宮室, 作之咸陽北坂上)"의 '육국궁전(六國宮殿)'과 '난지궁(蘭池宮)' 등이 있다. 그러나 현재 제한된 발굴조사로 인해 함양원에 위치한 궁전 유적의 구체적 명칭은 확인할 수 없다. 함양에서 위하 북안은 주요 정치활동의 중심이었으나 진혜문왕(秦惠文王)과 소왕(昭王)을 시작으로 위하 남안에 여러 기의 궁전을 축조하였다. 진시황 시기에 이르러 "여러 묘

....

2)　秦都咸阳考古工作站,『秦都咸阳第二号建筑遗址发掘简报』,『考古与文物』1986年 第4期.
3)　咸阳市文管会等,『秦都咸阳第三号宫殿建筑遗址发掘简报』,『考古与文物』1980年 第12期.
4)　王丕忠,『秦都咸阳宫位置推测及其它问题』,『中国史研究』1982年 第4期; 王学理,『咸阳帝都记』, 三秦出版社 1999年版.

당과 장대(章臺) 그리고 상림(上林)이 모두 위수의 남쪽에 있고(諸廟及章臺, 上林皆在渭南)", "35년, ……조궁(朝宮)을 위수 남쪽 상림원(上林苑)에 지었다. 먼저 전전(前殿) 아방(阿房)을 짓고……(三十五年, ……內營作朝宮渭南上林苑中. 先作前殿阿房……)"(『사기·진시황본기』). 위하 남안에 축조된 궁전은 장대궁(章臺宮), 흥락궁(興樂宮), 감천궁(甘泉宮), 아방궁(阿房宮) 등이 있다. 그 가운데 아방궁은 여러 차례의 조사와 소규모의 시굴이 이루어졌다.

아방궁은 위하 남안의 상림원(上林苑)에 위치한다. 유적은 지금의 서안시 삼교진(三橋鎭) 서북의 신군채(新軍寨), 후위채(后圍寨)에서 남쪽의 왕사촌(王寺村)과 화평촌(和平村) 일대이다. 대략 5km에 이르며 동쪽은 비하를 경계로 하고 서쪽으로 장안현(長安顯) 소소촌(小蘇村)과 기양촌(紀陽村) 일대에 이른다. 전체 면적은 15km²이다. 이 구역에는 현재까지 지면에 판축 유적이 20여 곳 남아 있으며, 그 가운데 아방궁 전전(前殿)이 최대 규모이다. 『삼보황도』에 의하면, 아방궁은 혜문왕 시기에 처음 축조되어 진시황 시기에는 기존의 기초에 대규모의 증축이 이루어졌다. 진시황의 계획 설계에 따라 수도의 정치중심을 위북(渭北)에서 위남(渭南)으로 이동하면서 아방궁을 중심으로 하는 대도시가 건설되었다. 진시황 35년(BC 212년) 착공되었으나 3년 만에 진시황이 사망하였다. 진(秦) 2세(二世)에 다시 공정이 시작되었으나 진승과 오광의 농민군이 관중으로 진입하여서 다시 공정이 중단되었다. 이후에 항우에 의해 소실되고 현재는 판축기단만이 남아 있다. 전전은 아방궁의 중심건축이다. 『사기·진시황본기』의 내용에 의하면 "조궁(朝宮)을 위수 남쪽 상림원에 지었다. 먼저 전전 아방을 지었는데, 동서로 500보에 남북으로 50장, 그 위로 1만 명이 앉을 수 있고, 아래로는 5장의 기를 세울 수 있다(內營作朝宮渭南上林苑中. 先作前殿阿房, 東西五百步 南北五十丈 上可以坐萬人 下可以建五丈旗)". 그 핵심공정은 이미 완성되었다. 현존하는 전전 유적은 서쪽의 고성촌에서 시작하여 동쪽의 거가장에 이르며, 지면상에는 거대한 판축기단이 동서 폭 약 1,300m, 남북 500m,

높이 7m에 약 65만 m²에 이른다. 이 판축기단은『사기·진시황본기』에 기재된 전전의 규모보다 대형이며, 이는 전전의 기초와 전전 주위의 회랑, 계단 및 부속건축까지 포함한 것으로 추정된다. 또한, 아방궁 전전 유적의 동북과 서남의 수백미터 지점의 지표상에는 여러 기의 판축기단이 확인되며, 건축용의 기와와 와당, 바닥전돌, 도수관, 초석 및 문자가 각인된 도편들이 발견된다.[5]

이상의 궁전건축 이외에도 함양도성의 교외에는 많은 수의 이궁별관이 축조되었다. 기록에 의하면 당시 "관내(關內)에 궁이 300곳이 있고, 관외(關外)에는 400여 곳이 있다(關內計宮三百 關外四百餘)"(『삼보황도』)고 한다. 이러한 이궁별관 가운데 일부는 유적의 흔적이 발견되거나, 혹은 문자와당, 봉니, 금문 등으로 확인되고 있으나 대부분은 흔적이 확인되지 않는다. 조사를 통해 그 위치가 확인된 것은 망이궁(望夷宮), 보수궁(步壽宮), 임광궁(林光宮), 곡구궁(谷口宮), 기년궁(蘄年宮), 탁천궁(橐泉宮), 양산궁(梁山宮) 등이다. 그 외 함양 부근에는 상림원(上林苑), 의춘원(宜春苑), 감천원(甘泉苑) 등의 황실원림이 있다. 그 가운데 상림원은 한 무제 시기에 대규모의 증축이 이루어진 한대 황실의 가장 중요한 원림이다.[6]

2) 수공업공방 유적

진의 수도 함양에서는 청동주조, 주철(鑄鐵), 전와(磚瓦), 도기(陶器), 골기(骨器) 등을 제작하는 수공업공방 유적이 여러 곳에서 발견되었다. 주로 위하 북안에 분포하며 대체로 관영과 민영으로 양분된다. 관영 수공업은 주로 청동주조, 야철, 전와의 업종으로 대부분 위하 북안의 궁전구역 부근에 위치한다. 궁전 유적이 밀집 분포하는 섭가구 일대는 중앙관서에서 관할하는 기와, 벽돌을 포함하여 야철, 청동주조의 대형수공업 공방이 발

....
5) 韓保全,『秦阿房宮遺址』,『文博』1996年 第2期; 西安市文物局文物处等,『秦阿房宮遺址考古调查报告』,『文博』1998年 第1期.
6) 以上诸宫殿可参见王学理,『咸阳帝都记』,三秦出版社 1999年版.

견되었다. 이곳에서는 다량의 슬랙과 철 조각, 황록색 퇴적층, 도범, 도요(陶窯) 등이 발견되었다. 궁전구 서쪽에 위치한 호가구(胡家溝)에서도 대규모의 궁정축조를 위한 공방과 다수의 요지가 발견되었으며 그 면적은 7936m²에 이른다. 민영 수공업공방은 위하 북안의 궁전구역에서 비교적 원거리에 위치한 서남부에 주로 분포하며 현재의 장릉(長陵)역 부근이다. 작업장에서는 다수의 요지와 100여 기의 우물, 지하배수관 등이 발견되었다. 다수의 도편에서는 문자가 확인되었는데, 이를 통해 작업장이 민영 성격임을 확인할 수 있다. 도문(陶文) 가운데에는 함양의 '리(里)'명과 관련된 것이 40여 기 발견되었다. 이 이외에도 유가구와 백가취(柏家嘴) 일대는 건축용 기와, 벽돌 생산을 위주로 하는 작업장들이 발견되었다.

3) 함양 부근의 능묘(陵墓)구역

함양은 진효공의 천도 이후, 혜문왕, 탁무왕, 소양왕, 장양왕, 진시황, 진2세(秦二世)에 걸쳐 모두 7대가 경략하였다. 이 시기는 옹성(雍城) 시기처럼 다수의 능묘를 도성 부근에 집중하여 매장하는 '집중공묘제(集中公墓制)'와는 달리 일반적으로 도성 중심에서 상대적으로 원거리에 독립된 묘역을 배치하고 묘역은 단일 능묘를 중심으로 하는 '독립능원제(獨立陵園制)'가 실시되었다.[7] 각 능묘는 모두 대형의 분구와 능원, 부속의 능침건축, 배장묘역으로 이루어졌으며 독립된 능명(陵名)을 사용하였다. 이러한 변화는 혜문왕의 칭왕(稱王) 이후에 출현한 것으로 중원지역의 다른 나라와 기본적으로 동일하다. 함양 정도(定都) 시기 진국(秦國) 능묘에 대한 고고조사와 발굴은 현재까지 진시황릉에 대한 것이 대부분이다. 관련 내용은 다음 절에서 다루도록 하고 아래에서는 다른 능묘와 아울러 함양 부근 평민묘역에 대해 소개하도록 하겠다.

....
7)   赵化成, 『从商周 "集中公墓制" 到秦汉 "独立陵园制" 的演化轨迹』(全文待刊, 摘要见北京大学 『古代文明中心通讯』 2000年 总第5期).

진효공은 함양천도 이후, 함양 부근에 능묘 축조를 위한 구역을 설정하지 않고 부왕의 능묘가 있는 약양(櫟陽) 부근의 능묘구역에 안장된 것으로 추정된다. 진혜문왕과 탁무왕(卓武王)의 능묘는 함양 서쪽의 주릉향(周陵鄕) 주릉중학교 부근에 있는 것으로 추정되었다.[8] 그러나 최근 조사결과 한묘(漢墓)로 판단하고 있다.[9] 탁무왕 이후의 역대 왕들은 주로 '지양(芷陽)'능구에 안장되었다. 진시황의 능묘는 지양능구와 산 하나 거리에 위치한 여산(驪山)을 선택한 것이다.

지양능구(芷陽陵區)는 '동릉(東陵)'으로도 명명되며 동북으로 함양과 40여 km이다. 지금의 임동현(臨潼縣) 사구진(斜口鎭) 한곡향(韓谷鄕)의 여산 서쪽 기슭이다. 조사와 발굴을 통해 모두 4기의 능원이 발견되었다. 이 4기의 능원은 모두 천연의 계곡을 이용하여, 혹은 인공 해자로 경계[兆溝]를 삼았다.[10] 사서의 기록에 의하면 동릉에는 소양왕과 당태후(唐太后), 장양왕과 제태후(帝太后), 도태자(悼太子), 선태후(宣太后)가 안장된 것으로 전하고 있지만 각 능원의 묘주에 대해서 다양한 견해가 있다. 필자의 견해는 4호 능원에서는 아(亞)자형의 대묘 1기, 중(中)자형의 대묘 2기가 발견되었는데, 소양왕과 왕후 및 당태후의 능으로 추정되며, 1호 능원에서 발견되는 아자형 대묘 2기는 장양왕과 제태후, 2호 능원에서 발견되는 1기의 중자형 대묘는 도태자, 3호 능원의 중자형 대묘 1기는 선태후로 비정된다. 진효문왕과 당태후의 능묘는 다른 곳에 있는 것으로 추정된다.[11]

진도 함양 부근에는 여러 곳의 평민 묘역이 분포하고 있다. 그 가운데

....

8) 閆文儒,『"周陵"为秦陵考辨』,『考古与文物』1980年 第2期.

9) 王建新, 毛利仁美,『前漢「後四陵」につじこの 考察』, (日本) 茨城大学 考古学研究室 20周年紀念文集『日本考古学の基礎研究』2001年 3月.

10) 張海云,『芷阳遗址调查简报』,『文博』1985年 第3期; 陕西省考古研究所等,『秦东陵第一号陵园勘察记』,『考古与文物』1987年 第4期; 陕西省考古研究所等,『秦东陵第二号陵园调查钻探简报』,『考古与文物』1990年 第4期; 陕西省考古研究所秦陵工作站,『秦东陵第四号陵园调查钻探简报』,『考古与文物』1993年 第3期.

11) 赵化成,『秦东陵刍仪』,『考古与文物』2000年 第3期.

면적이 비교적 대형이며 발굴조사가 진행된 곳으로는 황가구(黃家溝) 묘지, 임가취(任家嘴) 묘지, 탑아파(塔兒坡) 묘지이다. 황가구 묘지는 함양의 서북부에 위치하며 그 범위는 동서 길이 4,000m, 폭 3,000m에 전체 묘역은 120만 m²에 이른다. 묘지에는 무덤이 밀집분포하고 있으며, 1975~1984년 사이에 전후 4차에 걸쳐 발굴조사가 진행되었다. 발굴조사를 통해, 모두 136기의 무덤이 발굴되었으며 대부분 전국시대 중기에서 진의 통일 이후로 편년된다.[12] 임가취 묘지는 함양의 서쪽 외곽에 위치하며 현재의 함양시 동위양향(東渭陽鄉) 임양촌(林陽村) 서북이다. 전체 묘지는 20만 m²이며, 춘추 시기부터 한대까지의 무덤 285기가 발굴되었으며 전국에서 진대까지의 무덤은 모두 200여 기이다.[13] 탑아파 묘지도 함양의 서쪽 교외에 위치하며 현재의 함양 북쪽 위양향(渭陽鄉) 탑아파촌(塔兒坡村)의 동북쪽과 이가보(李家堡) 일대이다. 이 구역에서 모두 430여 기의 진묘(秦墓)가 발굴되었으며 『탑아파진묘(塔兒坡秦墓)』 발굴보고서가 이미 출간되었다. 이 묘지는 시대가 집중되어 있으며 대부분 전국 후기에서 진대까지 함양 부근에 거주하였던 평민들의 무덤이다. 무덤에서는 다수의 청동예기를 모방한 도예기(陶禮器)가 출토되었다. 이는 지금까지 발견된 전국 시기 진묘에서 대부분 일용도기의 출토가 많았던 점과는 차이가 있다. 보고자는 피장자 가운데 일부는 삼진(三晉)지역의 이민(移民)이 포함된 것으로 추정하였다.[14]

4) 진도 함양에 대한 종합연구

진도 함양의 고고학 조사와 발굴자료는 현재 일부 유적의 간략한 보고서만이 발표되었다. 함양의 종합적 고고학 연구는 발굴자료의 미발표와 조사 발굴의 부족으로 함양의 전체적인 배치에 대한 이해가 상당히 모호한 상태이다. 함양의 가장 기본적이며 중요한 문제는 함양대성[郭城] 성벽의 존

....

12) 秦都咸阳考古队, 『咸阳市黄家沟战发掘简报』, 『考古与文物』 1982年 第6期.
13) 秦都咸阳考古队, 『咸阳任家嘴秦人墓地发掘的主要收获』, 『考古与文物』 1982年 第6期.
14) 咸阳市文物考古研究所, 『塔儿坡秦墓』, 三秦出版社 1998年版.

재 유무이다. 현재 이와 관련하여 서로 다른 견해들이 존재한다. 일부 연구
자에 견해에 의하면 함양에는 대성의 성벽이 존재하였으며 대략적인 범위
를 추정하기도 하였다.[15] 또 다른 견해에 의하면 함양에는 궁성만이 존재
하며 곽성은 존재하지 않는다는 주장이다. 후자는 주로 장기간 함양에서
발굴조사를 진행하였던 왕학리(王學理)가 주장하고 있다. 1985년 왕학리
는『진도함양(秦都咸陽)』이라는 저서에서 함양의 발굴조사와 관련하여 총
괄적인 정리를 하였다.[16] 또한 최근에는 이에 기초하여『함양제도기(咸陽
帝都記)』를 증보 출판하였다. 이 저서는 문헌기록과 발굴조사의 내용을 비
교하여 함양의 정치, 군사, 경제, 문화의 제반 영역에 대해 전면적인 고찰
을 진행한 진도 함양에 대한 종합연구의 집대성이다. 그의 견해에 따르면,
함양은 진시황의 '법천(法天)'사상에 따라 설계된 것으로, 함양은 궁성은
존재하지만 곽성은 존재하지 않는다는 관점을 재천명하였다.[17] 그리고 서
위민(徐衛民)도 그의 박사학위논문「진도성연구(秦都城硏究)」에서 함양에
대한 전체적인 논술을 통해 함양에는 대성이 존재하지 않는다고 주장하였
다.[18]

　　진도 함양과 진시황릉에서 출토된 도문 자료는 매우 풍부하며 내용도
진대의 관·민영 수공업제도와 진대 문자의 변천과정 등에 대한 다양한 문
제를 포함하고 있다. 원중일(袁仲一)은 이에 대한 체계적인 연구를 통해『진
대도문(秦代陶文)』이라는 저서를 출판하였다.[19] 진국의 와당은 전국시대 열
국(列國) 가운데 매우 독보적인 특징을 가지고 있으며 함양에서 상당수가
출토되었다. 진대 와당의 수집과 기록에 대해서는 일찍이 나진옥(羅振玉),[20]

....

15)　刘庆柱,『秦都咸阳几个问题的初探』,『文物』1976年 第11期;『论咸阳城布局形制及其相关问题』,『文博』1990年 第5期.
16)　王学理,『秦都咸阳』, 陕西人民出版社 1985年版.
17)　王学理,『咸阳帝都记』, 三秦出版社 1999年版.
18)　徐卫民,『秦都城硏究』, 陕西人民教育出版社 2000年版.
19)　袁仲一,『秦代陶文』, 三秦出版社 1987年版.
20)　罗振玉,『秦汉瓦当文字』, 上虞罗氏永幕园丛书, 1914年.

진직(陳直)[21]이 이에 주목하였으며 최근에는 다수의 저작들이 출판되었다.[22] 특히 주목할 것은, 최근 한 장안성의 계궁 북벽 밖의 상가항 일대에서 다량으로 출토된 봉니이다. 현재 『진봉니집(秦封泥集)』이 출간되어 진사(秦史) 연구와 진국의 직관제도에 중요한 자료로 제공되고 있다.[23]

2. 진시황릉과 병마용갱의 고고학 발견

중국 역대의 제왕능묘 가운데 진시황릉은 거대한 규모와 화려한 건축 및 풍부한 부장품으로 유명하다. 그러나 현재 지표 상에는 거대한 봉분만이 확인되고 있다. 1974년 우연한 기회에 진의 병마용이 발견된 이래, 20여 년에 걸친 조사와 발굴이 이루어졌다. 현재 1,000여 점 이상에 달하는 병마용의 발견을 비롯하여 능원 건축 유적과 청동 거마갱, 석제 갑주갱, 배장묘 등이 발견되면서 진시황릉과 병마용은 또 다시 세계적 주목을 받고 있다.

1) 능원의 건축 유적
능원과 능구(陵區): 진시황릉의 거대분구 주위에 대한 조사를 통해, 안팎으로 이중의 성벽이 발견되었으며, 남북장방형의 회(回)자형 능원이 확인되었다. 최근 조사에 의하면 외성의 전체 길이는 6,321m이며 면적은 212만 m²이다. 내성의 전체 길이는 3,870m이며 면적은 78만 m²이다. 성벽은 현재 지표면에서 그 흔적을 확인할 수 없지만 조사를 통해 외성 성벽 기저부의 폭은 14m, 내성 성벽의 폭은 3m로 확인되었다. 내·외성의 4면에는 모두 성문이 있으며 내성의 북면이 2개의 성문인 것을 제외하면, 다른 3면은

....

21) 陳直, 『秦汉瓦当槪述』, 『文物』 1963年 第11期.
22) 陝西省博物館編, 『秦汉瓦当』, 文物出版社 1961年版; 西安市文管会, 『秦汉瓦当』, 陝西人民美術出版社 1985年版; 陝西省考古研究所, 『新编秦汉瓦当图录』, 三秦出版社 1986年版; 徐锡台等编, 『周秦汉瓦当』, 文物出版社 1988年版.
23) 周晓陆, 路东之, 『秦封泥集』, 三秦出版社 2000年版.

모두 1개의 성문이 확인되었다. 외성은 4면에 각각 1기의 성문이 있다. 능원 내부에서 출토된 도문을 통해, 진시황릉의 원래 명칭은 '여산(麗山)'이며 능원은 '여산원(麗山園)'이라 하였음을 확인하였다.[24] 이와 같이 성벽 내부에는 각종 유적이 밀집 분포하고 있으며 대부분 장제(葬制), 장의(葬儀)와 관련된 것으로 모두 여산능원의 구성요소이다. 또한, 외성 밖에도 유적이 분산 분포하고 있으며 병마용갱, 마구갱의 특수시설을 제외하면 대부분 유적은 능원축조와 관련된 보조적인 유적으로 전체 능원의 부속시설에 해당한다. 전체 진시황릉의 능구는 동쪽은 대왕진(代王鎮) 동안촌(東晏村) 서편의 고어지수(古漁池水) 일대에서 시작하여 서쪽으로는 요지두(姚池斗), 조배호(趙背戶), 오리구(五里溝) 서쪽의 옛 수로까지이다. 또한 남쪽으로 여산에서 시작하여 북쪽으로 달어지(達魚池), 안구(安溝)까지 7,500m이며 전체 면적은 54km²이다(그림 2).

분구와 지궁(地宮): 진시황릉의 봉토와 지하묘혈은 내성의 남쪽에 위치한다. 『한서·초원왕전(漢書·楚元王傳)』에는 유향(劉向)의 말이 실려 있는데, "진시황은 역산(酈山) 기슭에 매장되었는데, 아래로 삼천(三泉)을 막고 위로 봉분을 삼단으로 쌓아 그 높이가 50여 장에 이르렀고 둘레는 5리가 넘었다(秦始皇葬於酈山之阿, 下錮三泉, 上崇三墳, 其高五十餘丈, 周回五里有餘)"고 한다. 현재 확인되는 진시황릉의 봉토는 인공퇴적으로 형성된 거대한 방추형으로 중간 부분의 2곳에 回자형의 대지가 있어 이를 '상숭삼분(上崇三墳)'이라 한다.[25] 분구의 아랫부분은 진시황릉의 묘혈(墓穴)이며 지궁으로 별칭된다. 사마천(司馬遷)은 『사기·진시황본기』에서 지궁의 상황을 묘사했는데, 그중에는 "수은(水銀)으로 백천(百川), 강하(江河), 대해(大海)를 만들어 기계로 서로 흐르게 하였고, 위로는 천문(天文)을 아래로는 지리(地理)를 갖추고 있었다"는 기록이 있다. 최근 자연과학자들에 의해 현대적

....

24) 赵康民,『"秦始皇陵原名丽山"的再仪』,『考古与文物』1982年 第1期.
25) 刘占成,『秦始皇陵究竟有多高』,『秦陵秦俑研究动态』1988年 第4期.

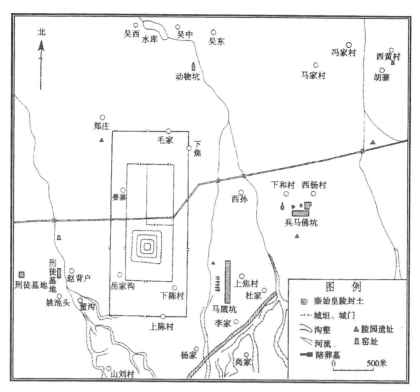

그림 2 진시황 능원 유적 분포도

과학기술을 이용하여 진시황릉 봉토에서 강력한 수은반응을 탐측하였으며 수은의 함량이 주변지역보다 높은 점으로 보아 지궁 내에는 다량의 수은이 존재하는 것으로 추정하고 있다.[26] 지궁의 형식에 관해서는 물리조사와 주변의 조사를 통해 중심부분은 역삼각형 형태의 계단식 장방형수혈로 추정하고 있다. 수혈갱의 상부는 남북 515m, 동서 485m이며, 바닥의 동서 길이는 160m, 남북 폭은 120m, 깊이는 33m이다. 장방형묘혈의 4면은 경사진 묘도(墓道)가 있다. 봉토 동측에서 5개의 묘도가 확인되었으며 중간의 묘도는 60m이다. 서측 묘도는 巾자형이며 북쪽 묘도는 2개이다. 각 변의 묘도는 모두 다수의 대형 이실(耳室)이 있으며 많은 부장품이 확인되었

....

26) 常勇, 李同, 『秦始皇陵中埋藏汞的初步研究』, 『考古』 1983年 第7期.

다. 서묘도의 이실에는 채회동거마(彩繪銅車馬)와 채회목거마(彩繪木車馬)가 발견되었으며 유명한 1, 2호 청동거마도 이곳에서 출토된 것이다.

침전과 편전: 분구의 북쪽 53m 지점의 내성 서편에서 남북 길이 62m, 동서 폭 57m, 면적 3,534m²의 판축건물지가 발견되었다. 형태는 방형에 가까우며 주위는 회랑으로 이루어져 있다. 건물지의 주변으로 산수(散水)가 발견되었으며 다량의 기와와 벽체의 잔편 및 홍소토가 발견되었다. 건물지의 위치와 형태, 규격으로 판단할 때, 대체로 진시황릉의 '침전(寢殿)'건축으로 추정된다. 침전의 북쪽 150m 지점에서 내성 북벽까지, 즉 내성 서벽과 소성의 서벽 사이의 동서 협장(狹長) 구간에 여러 기의 건물지가 분포한다. 1976년과 1977에 남부의 1~4호 건물지가 발굴되었으며 이 4기의 건축은 동서배열 형태로 전체가 유기적으로 결합된 구조 형태를 가지고 있으며 전체 면적은 5,000m²이다. 각각의 건축은 벽체로 분리되어 있으며 실내의 바닥면은 흙을 다지고 석판을 깔았다. 퇴적물에는 와당과 도제(陶制)의 용마루가 다수 발견되었으며 또한 초대형의 기문(夔紋) 와당도 발견되었다(그림 3). 이 건물지는 진시황릉의 '편전(便殿)'건축으로 추정된다.[27]

여산식관(食官): 진시황릉 분구 서북쪽의 내·외성 사이에 대형 건물지가 발견되었으며 남북 길이 약 200m, 동서 폭 169m에 면적은 3만 3,900m²이다. 1981년과 1982년에 그 남단에 대한 발굴이 실시되었다. 동서 길이 77.55m, 남북 폭 29m 범위에서 모두 6기의 대형 독립건물지가 발견되었다. 유적에서는 다량의 건축재료와 각종 유물이 발견되었다. 도문에서 '여산식관(麗山食官)', '여산식관우(麗山食官右)', '여산식관좌(麗山食官左)', '여읍오승(麗邑五升)', '여읍이두반(麗邑二斗半)', '팔주(八橱)', '여산주(麗山橱)' 등의 문자들이 발견되었다. 또한 유적 부근에서 금은으로 도금된 '악부(樂府)' 청동편종이 발견되었다. 건축은 '여산식관'의 소재지이며 진시황

....

27) 赵康民, 『秦始皇陵北二, 三, 四号建筑遗址』, 『文物』 1979年 第12期; 张占民, 『秦始皇陵北寝殿建筑群的发现与初步研究』, 『考古文物研究』, 三秦出版社 1996年版.

그림 3 진시황 능원 출토 와당

릉원 제사를 담당하던 장소로 추정된다.[28] 여산식관 유적의 북쪽에서 2곳의 대형 건축 유적이 발견되었는데 능원관리를 담당하는 관원과 능침시봉, 궁인 및 경비 잡역인원의 숙소로 추정된다.

　이외에도 진시황릉의 성벽 외부에서 다수의 건축 유적이 발견되었다. 능원 동남쪽의 제방 유적과 동북쪽의 어지촌과 안촌에서 상당한 면적의 건축기지가 2곳 발견되었으며 이를 능묘 감독자의 관저, 혹은 방어용 건축으로 추정한다. 능원 서북쪽의 정장촌 이남에서 대규모의 석재가공 공방과 전와(磚瓦)제작 요지 등이 발견되었다. 이러한 건축 유적은 진시황릉의 장제, 장의와는 무관하며 능묘축조에 따른 종속적 성격의 유적이다.

....

28)　秦俑考古队, 『秦始皇陵西側 "丽山食官" 建筑遗址清理简报』, 『文博』 1987年 第6期.

2) 능원 주변의 배장갱

지궁 주위의 배장갱: 조사에 의하면 진시황릉 봉토 주위로 10여 개의 대형 배장갱이 분포하며 일부는 묘도와 연결된 묘도이실(墓道耳室)이다. 동서쪽과 남쪽에 각각 3기가 있으며 북측에는 7기가 있다. 배장갱에 대한 조사에서 청동과 목질의 거마, 동물골격, 대형 도용의 잔편들이 발견되었다. 특히 서쪽의 巾자형 배장갱에서는 2개의 청동거마가 발굴되었다. 청동거마는 정밀하게 제작되었으며 전체가 채색되었을 뿐만 아니라, 대량의 금, 은이나 금동의 부속품으로 장식하여 매우 화려하며 진시황 생전의 전용 수레를 모방한 것으로 추정한다.[29]

석질 갑주갱(甲冑坑): 분구 동남부 내·외성 사이의 하진촌(下陳村) 북쪽에 위치한다. 1997년 4월 발견되어 1998년 10월 시굴조사를 하였다. 이 배장갱은 동서 길이 128m, 남북 폭 105m이며, 면적은 1만 2,800m²이다. 토목구조의 갱도(坑道)식 건축으로 병마용갱의 축조방법과 대체로 유사하다. 1998년 배장갱의 동남부 트렌치 바닥에서 석제 갑옷 80개와 투구 38개가 조사되었다. 석제 갑옷과 투구는 청회색의 석회암편과 청동실로 제작되었으며 4벌을 1열로 하여 규칙적으로 배열하였다. 석제 갑옷은 실제 사람의 크기 비율에 따라 제작되었으며 무거워서 실제 전투에서는 사용할 수 없는 부장용 명기이다. 석질 갑옷갱의 규모는 1호 병마용갱과 유사하며 현재는 일부분만이 발굴되어 아직 전체적인 윤곽은 확인되지 않는다. 이외 석제 갑옷갱의 남쪽 40m 지점에서 길이 72m 폭 12~16m의 양 끝이 경사형인 종장갱(從葬坑)이 발견되었다. 종장갱에서는 동서방향의 동굴 3기가 발견되었다. 종장갱의 중간 동굴에서 대형 청동정(鼎)이 출토되었으며 높이는 60cm, 중량은 212근으로 현재까지 발견된 진국 최대의 청동정이다. 또한 10여 점의 대형 도용이 발견되었는데 도용은 모두 상반신이 노출된 치마를 입고 여러 가지 동작자세로 병마용의 엄숙한 분위기와는 차이를 보

....

29) 秦俑考古队, 『秦始皇陵铜车马发掘报告』, 文物出版社 1998年版.

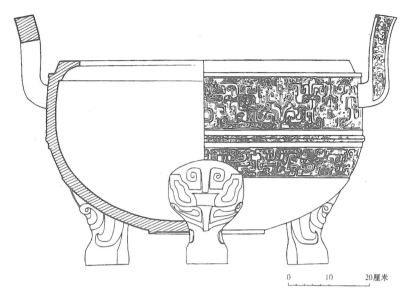

그림 4 진시황 능원 K9901 출토 청동정

여 준다. 이는 궁정 광대나 각두사(角斗士) 등으로 추정된다.[30)

마구갱(馬廐坑): 진시황릉에서 발견된 마구갱은 2곳으로 한 곳은 황릉의 서쪽 내·외성 사이에 있으며, 한 곳은 능원의 외벽 동측에 있다. 전자는 모두 2기가 발견되었으며 규모가 대형이다. 1기는 2개의 경사로를 갖춘 '마구갱(馬廐坑)'으로 면적은 580m²이다. 다른 1기는 '곡척형마구갱(曲尺形馬廐坑)'으로 면적은 1700m²이다. 후자는 각 3필의 말이 하나의 울타리에 엎드린 자세로 밀집 배치되어 있으며 실제 말 백 필의 규모이다. 출토된 직립도용은 11점으로 마구간을 관리하는 관리인원으로 추정된다. 능원 동벽밖의 마구갱은 길이 1,900m, 폭 50m의 범위에 대략 400개의 마갱이 존재했던 것으로 추정된다. 현재 확인되는 것은 130개 마갱으로 그 가운데 93개 마갱의 상황은 비교적 분명하다. 마갱 74기를 포함하여 기좌용갱(跽坐

....

30) 陝西省考古硏究所, 秦始皇市兵马俑博物馆, 『秦始皇市陵园考古版告 (1999年)』, 科学出版社 2000年版. 凡本节未加注释的遗迹均参见该书.

俑坑) 4기, 용마동갱(俑馬同坑) 6기, 분명하지 않은 9기를 포함하여 대부분 동서 병렬 구조로 현재 51기가 정리되었다. 마갱은 동서방향의 장방형수혈의 토갱으로 일반적으로 길이 2.4~3.5m, 폭 1.2~2.8m, 깊이는 1.6~2.8m이다. 각 갱마다 1필의 말을 안장하였으며 말은 죽인 후에 나무상자에 넣고 머리 앞에는 분(盆), 단지[罐], 등(燈)을 배치하였는데 이는 사육도구와 조명기구이다. 도용갱의 기좌용은 나무상자에 넣는데 높이는 63~72cm이며, 도용의 전방에는 단지[罐], 철삽(鐵鍤), 철렴(鐵鐮), 철부(鐵斧)와 등(燈)을 배치하는데, 말을 사육하는 마부로 추정된다. 용마동갱의 도용도 모두 기좌용(跽座俑)이다. 마구갱에서 출토된 유물 가운데에는 '대구(大廐)', '중구(中廐)', '소구(小廐)', '관구(官廐)', '좌구(左廐)' 등의 문자가 확인되는데 이러한 구명(廐名)은 진대 구원(廐苑)제도를 연구하는 데 중요한 자료이다.[31]

동물갱: 모두 2곳이 발견되었으며 한 곳은 황릉의 서쪽 내·외성 사이의 서문 남쪽에 위치하며 남북 길이 80m, 동서 폭 25m로 면적은 2,000㎡이다. 동물갱은 방형과 장방형이며 모두 31기이다. 남북 3열로 배열되어 있으며 일반적으로 길이는 1.6~2m, 폭은 0.6~1.2m, 깊이는 1.8~3.6m이다. 이 가운데 서쪽 열 8기, 동쪽 열 6기는 내부에 기좌용을 넣었다. 중간 1열의 17기에서는 동물의 뼈가 발견되었으며 사슴과 노루, 잡식류 동물을 비롯하여 날짐승을 덮개가 있는 장방형의 와관(瓦棺)에 넣었다. 갱에는 동물을 사육하는 데 필요한 단지[罐]와 분(盆)을 부장하였다. 이러한 동물은 황실 원유(苑囿)에서 기르던 희귀동물로 추정되며 기좌용은 이를 관리하는 하인이다. 다른 한 곳의 동물갱은 능원의 외성 북쪽 750m 지점에 위치한다. 이것은 토목구조의 지하건축으로 평면 형태는 남북향의 '갑(甲)'자형이며 북쪽에는 경사로가 있다. 주실은 남북 길이 23.5m, 동서 폭 10m, 깊이 6m, 면적은 300㎡이다. 주실의 중간은 용도(甬道)이며 양쪽은 흙벽으로 나누어

....

31) 秦俑坑考古队, 『秦始皇陵东侧马厩坑钻探清理简报』, 『考古与文物』 1980年 第4期.

각각 대칭인 8개의 작은 칸을 두었다. 이 갱은 이전에 소실되었으며 잔존 동물의 뼈마디로 볼 때, 학과 유사한 조류와 닭, 돼지, 양, 개, 어류의 10여 종이다. 이 동물갱에서는 다수의 도용 잔편이 발견되었는데 사육을 담당하는 하인으로 추정된다.

병마용갱: 진시황릉의 능원 동쪽 1,225m의 서양촌에 위치하며 1974년 우물을 파면서 발견된 이후 발굴이 진행되었다. 1979년 진시황병마용박물관이 개관되었다. 병마용갱은 모두 3개이며 다른 하나는 미완성으로 비어 있다. 1호갱이 최대 규모이며 평면은 장방형으로 남쪽에 위치한다. 2호갱은 다음으로 규모가 크며 곡척형이고 동북방향에 위치한다. 3호갱은 소형이며 凹자형으로 서쪽에 위치하며 미완성의 4호갱이 그 중앙에 위치한다. 병마용갱의 서쪽 100m 지점에는 甲자형의 묘도가 있는 대형 분묘가 발견되었다. 3기의 병마용갱은 모두 지하 토목구조의 건축이며 축조방법은 먼저 수혈갱을 굴착할 때 미리 칸막이 벽을 남겨 두는데 칸막이벽 사이에 공간이 형성되면 벽돌로 바닥면을 시설하였다 그리고 바닥면 양편에 나무 기둥을 세우고 나무 기둥의 상방에 들보를 설치하였다. 상부의 들보들은 조밀하게 배열하고 그 상부에는 다시 자리를 깔고 마지막으로 흙을 덮었다. 병마용갱은 지표에서 바닥까지 대체로 5m 정도이며 바닥에서 지붕까지는 3.2m이다. 내부에는 도용, 도마, 목제 전차 등을 매장하였다.

1호갱은 동서 길이 210m, 남북 폭은 62m로 면적은 1만 3,020m²이다. 병마용갱의 동서 양면과 남북 양측에 각각 5개 병렬의 경사형 통로가 있으며 문도를 포함한 전체 면적은 1만 4,260m²이다. 병마용갱 주위는 서로 연결된 회랑식의 구조이며 그 사이에 동서방향의 10개 칸막이벽이 있으며 칸막이벽 사이의 9개 공간과 회랑 내에 병마용을 설치하였다. 병마용은 4열의 병기를 든 보병용으로 종대를 이루며 배열되었으며 동향이다. 그리고 사방의 회랑에는 일정한 거리를 두고 전차 1량을 배치하였으며, 전차의 앞에는 말을 배치하고 뒷쪽에는 전차병용을 배치하였다. 병마용갱의 사면에는 모두 보병용을 배치하였으며 바깥방향을 향하고 있어 전체는 모두 동서남북 서로 다른 방향을 바라보고 있다. 이와 같이 9개의 장막에 모두 36열 종대와 사방의 병마용으로 길이 210m, 폭 62m에 선봉, 후위, 측익(側翼)으로 구성된 보병과 전차가 혼합편제된 대형의 군진을 형성하고 있다. 1호 병마용은 현재까지 전체 면적의 3/5만이 발굴되었으며 배열 밀도를 근거로 볼 때, 전체 병마용 내의 무사용과 군리용(軍吏俑)은 대략 6,000점, 전차는 40승, 말은 160필로 추정된다.[32]

2호갱의 평면 형태는 동북쪽 모서리가 돌출된 곡척형이며 동서에 각각 4기, 북쪽에 2기의 경사진 통로가 있다. 갱의 동서 길이는 124m이며 남북 폭은 98m, 면적은 약 6,000m²이다. 2호갱은 약 1/3만이 발굴되었으며 나머지 부분은 장막까지 정리되었다. 2호갱은 4개 단위로 구성되어 있다. 동북부는 노병(弩兵)이며 그 사이의 4개 공간에는 쪼그리고 앉은 노병용을 둘씩 배열하고 주위 회랑은 입사포용(立射袍俑)과 갑옷병이 배치되었다 북서부의 3개 장막은 기병용이며 전방에 전차 2승의 4필의 말을 1열로 세우고 전방에는 갑옷기사(騎士)를 배치하여 모두 12열의 8개 종대로 배치하였다. 기병용군 남부의 3개 과동(過洞)은 보병으로 전차 위주의 혼합편성 도용군이다. 도용갱 남부 8개의 과동은 순수한 전차로 조성되어 있으며 전차 뒤에 전차병용이 서 있고 매 과동에는 8승의 전차가 있다. 전체 2호갱의 노(弩)·차(車)·보(步)·기병(騎兵)은 939점이며 말은 472점, 전차는 89 승이다. 1호갱과 같이 도용과 말은 모두 동방을 향하고 있다.[33]

3호갱의 평면은 서향의 凹자형이며 동면의 정중앙에 경사로가 1개 있다. 경사로를 포함하지 않은 동서 길이는 17.6m이며 남북 폭은 21.4m, 면적은 520m²이다. 이 갱은 이미 전부 발굴되었다. 3호갱은 면적이 대체로 작고 특수한 '凹'자형 구조로 중간에는 사이 벽을 설치하지 않고 갱의 주위에는 흙은 다진 이층대(二層臺)를 축조하여 장막을 세웠다. 3호갱은 모

....

32)　始皇陵秦俑坑考古发掘队, 『秦始皇陵兵马俑坑一号坑发掘报告』, 文物出版社 1988年版.

33)　始皇陵秦俑坑考古发掘队, 『秦始皇陵东侧第二号兵马俑坑钻探试掘简报』, 『文物』 1978年 第5期.

두 3부분으로 나눌 수 있는데 정면 전정(前庭)에 화개차(華蓋車) 1승, 뒤에는 4개의 갑사용(甲士俑), 좌측에는 2열 16개의 호위용을 배치하였는데 앞줄의 2개 도용은 동향이며 나머지는 모두 서향을 하고 있다. 우측의 42개 호위용은 느슨하게 배열하고 서로 마주보게 하였다.[34]

3) 배장묘

진시황릉 배장묘는 모두 3곳이며, 내성의 동북쪽과 내·외성 사이, 그리고 능원 동벽 밖의 상초촌(上焦村)에서 발견되었다. 소성 내부의 배장묘는 남북 길이 520m, 동서 폭 320m에 면적은 16만 6,400m²이다. 현재 28기의 중소형 무덤이 발견되었다. 이 무덤들은 모두 남북방향이며, 동쪽에서 서쪽 방향으로 3행으로 배열되었는데 '甲'자형 무덤이 다수이다. 이 무덤군은 아직 발굴이 이루어지지 않았지만, 능원 내부에 위치하며 '甲'자형인 것으로 볼 때, 일반신분이 아닌 진시황의 후궁, 비빈들의 종장(從葬)무덤군으로 추정되며, 소성도 후궁을 상징하는 것으로 이해된다. 내·외성 사이의 배장묘군은 서문 이북의 내·외성 사이에 위치하며 무덤 범위는 동서 길이 179m, 남북 폭 90m에 면적은 1만 5,300m²이다. 이 무덤군의 동쪽에서 모두 61기의 甲자형인 장방형, 곡척형, 도형(刀形)의 무덤이 확인되었다. 유물은 발견되지 않은 공묘(空墓)이며 아마도 묘혈(墓穴)은 조성되었으나 이후 진이 멸망하면서 매장을 하지 못한 것으로 생각된다. 상초촌 배장묘는 상초촌의 서쪽에 위치하며 모두 17기의 무덤이 발견되었다. 무덤은 동서 방향이며 남북으로 배열되어 있다. 8기에 대해 시굴조사가 진행되었으며 그 가운데 7기는 묘주의 머리와 신체가 분리되어 있다. 묘주는 일부 어린 나이의 것을 제외하면 30세 전후이며 남녀가 모두 있다. 이 무덤은 갑자형으로 관곽(棺槨)이 있고 등급이 비교적 높지만 정상적인 사망은 아닌 것으로 보인다. 분석에 의하면 진 이세(二世)의 찬위 이후 진왕실의 종족들이

....

34) 秦俑坑考古队, 『秦始皇陵东侧第三号兵马俑坑清理简报』, 『文物』1979年 第12期.

살해되어 진시황릉에 배장된 것으로 추정된다.[35]

4) 형도(刑徒)무덤과 수능(修陵)의 공장(工匠)무덤

진시황릉의 서남방향에서 형도무덤 2곳이 발견되었는데, 1곳은 조배호(趙背戸)촌 서쪽이며, 1곳은 요지두(姚池頭)촌 남쪽이다. 조배호촌 묘지는 조배호촌 남쪽과 요지두촌 사이에 있으며 상당한 규모의 대형 무덤군이다. 무덤은 묘지의 동북쪽에서 남북 길이 180m, 폭 45m의 범위 내에서 모두 114기가 발견되었으며 그 가운데 32기가 조사되었다. 발굴된 무덤은 대체로 3열의 조밀한 배열로 장방형의 좁은 갱이다. 무덤은 대부분 길이 1.1~1.6m이며 폭은 0.5~0.76m로 와관(瓦棺)이 1기 발견된 것 이외에는 모두 장구가 없다. 각 무덤에는 1인 혹은 다수의 사람이 매장되었으며 대부분 굴지장이다. 인골감정 결과에 의하면 일부 부녀자와 소아가 발견된 것을 제외하면 대부분은 20~30세의 청·장년 남성이며 일부 유골에서는 도상(刀傷) 흔적이 있고 일부는 몸과 머리가 분리된 것으로 볼 때, 살해된 후 매장된 것으로 추정된다. 출토 유물은 주로 철제 생산공구인 가래[鍤], 자귀[錛], 낫[鐮], 호미[鋤], 도(刀) 등이다. 토기는 단지[罐], 옹(瓮) 바리[鉢] 등의 생활용기이며 반량전(半兩錢) 43매도 발견되었다. 이 무덤에서 발견된 가장 중요한 것은 18점의 와지각문(瓦志刻文)이다. 와지(瓦志)에는 동무(東武), 감유, 평양(平陽), 양민(楊民) 등의 현명(縣名) 10개와 동간(東間), 북유(北遊) 등의 리명(里名) 4개가 확인되었다. 와지에서 형명(刑名)은 '거자(居貲)' 1종만이 확인되는데, 이는 죄를 짓고 노역으로 배상금을 대신하는 죄인이다. 와지각문은 이러한 형도들이 관동(關東)의 육국(六國)에서 왔으며, 매장 시기는 진시황 26년(BC 221년) 진 통일 이후부터 이세(二世) 2년(BC 208년)에 이르는 것으로 추정된다.[36]

....

35) 秦俑考古队, 『临潼上焦村秦墓清理简报』, 『考古与文物』 1980年 第2期.
36) 始皇陵秦俑考古发掘队, 『秦始皇陵西侧赵背户村秦刑徒墓』, 『文物』 1982年 第3期.

요지두촌 남쪽 난장분(亂葬墳)의 면적은 1,020m²이다. 지속적인 토지의 평탄작업으로 인해 교란이 심하며, 유구는 지표에서 대체로 50~70cm 지점이다. 현재의 경작지 바로 아래에 교란된 상태의 유골이 매장되어 있으며 신분은 대부분 능묘축조에 동원된 형도(刑徒)이다. 사서 기록에 의하면 당시 진시황릉의 축조에 형도 수십 만이 동원되었으며 그 가운데 능묘 축조 과정에서 사망한 형도의 숫자가 상당수이며 조배호촌과 요지두촌 묘지는 그 일부분에 해당한다.

1990년 진시황릉 서북방향에 위치한 전열원건창의 동쪽에서 6만 m² 규모의 무덤군이 발견되었다. 수백 기의 진대(秦代) 소형 무덤이 발견되었으며 이미 19기가 발굴되었다. 무덤의 형식과 사용된 진의 벽돌로 판단해 볼 때, 조배후촌 형도무덤보다 등급이 높은 것으로 보아 능묘축조에 동원된 공장의 무덤군으로 추정된다.

5) 진시황릉과 병마용의 고고자료

3기의 진용(秦俑)갱과 관련한 고고학적 기본 자료들은 단계별 발굴보고서가 이미 지속적으로 발표되었다. 1호 병마용갱 발굴보고서와 청동거마(車馬) 발굴과 수리복원보고서, 석제 갑주갱의 시굴보고서도 이미 출간되었다. 다만 진시황릉의 기타 유적에 대한 조사 및 발굴자료는 일부 단신과 약보고서 및 개괄적인 소개를 제외하고는 정식보고서가 아직 출간되지 않고 있다. 진시황릉과 병마용갱에 대한 종합적인 학술연구서로 대표적인 것인 원중일(袁仲一)의 『진시황릉과 병마용연구(秦始皇陵與兵馬俑研究)』,[37] 왕학리(王學理)의 『진시황릉연구(秦始皇陵研究)』, 『진용전문연구(秦俑專題研究)』[38] 등이 있다. 원중일은 진시황병마용박물관장을 역임하였으며 장기간에 걸쳐 병마용갱의 발굴조사를 주도하였다. 『진시황릉과

....

37) 袁仲一, 『秦始皇陵兵马俑研究』, 文物出版社 1990年版.
38) 王学理, 『秦始皇陵研究』, 上海人民出版社 1994年版; 王学理, 『秦俑专题研究』, 三秦出版社 1994年版.

병마용연구』는 이러한 연구성과에 대한 총괄적 내용으로 높은 학술적 가치를 가지고 있다. 왕학리의 저서 2권은 다양한 새로운 관점을 제기하고 있다. 그외 '진용(秦俑)', '진문화총서(秦文化總書)'의 제목으로 이미 많은 전문서들이 출판되었다. 진용에 관한 종합적인 연구는 장문입(張文立)의 『진용학(秦俑學)』,[39] 청동거마 연구는 장중립(張仲立)의 『진릉동거마와 거마문화(秦陵銅車馬與車馬文化)』,[40] 문물보호 방면은 장지군(張志軍)의 『진시황릉병마용문물보호연구(秦始皇陵兵馬俑文物保護研究)』,[41] 진용예술 방면에서는 서인백(徐人栢)의 『진용예술연구(秦俑藝術研究)』 등이 있다.[42] 진용과 진문화에 대한 학술논문은 수량이 방대하며 각종 잡지와 신문, 회의, 문집, 기념문집 이외에도 진시황릉병마용박물관에서 출간하는 『진문화논총(秦文化論叢)』이 있다. 이 외에도 이미 발표된 논문들을 모아 논집으로 출간한 것으로는 『진용연구문집(秦俑研究文集)』(1990년), 『진용예술논집(秦俑藝術論集)』(1995년), 『진용학연구(秦俑學研究)』(1996년) 등이 있다.[43]

3. 요령성 수중(綏中) 강녀석(姜女石) 행궁(行宮) 유적

1982년 요령성 수중현(綏中縣) 만가진(萬家鎭) 남부의 강녀석 부근 해안지대에서 대규모의 건축 유적군이 발견되었다. 십여년에 걸친 조사 발굴을 통해, 현재 유적의 분포범위와 건축특징 및 연대가 밝혀졌다. 문헌기록과의 비교검토를 통해 진시황의 동순(東巡)과 관련한 '갈석(碣石)' 행궁으로 추정하고 있으며 한대(漢代)에 기존의 기초 위에 보수하여 사용한 것으로

....

39) 张文立, 『秦俑学』, 陕西人民教育出版社 1999年版.
40) 张仲立, 『秦陵铜车马与文化』, 陕西人民教育出版社 1994年版.
41) 张志军, 『秦始皇陵兵马俑文物保护研究』, 陕西人民教育出版社 1998年版.
42) 徐人柏, 『秦俑艺术研究』, 西安地图出版社 1993年版.
43) 袁仲一, 张占民主编, 『秦俑研究文集』, 陕西人民美术出版社 1990年版; 田静主编, 『秦俑艺术论集』, 陕西人民教育出版社 1995年版; 『秦俑学研究』, 陕西人民教育出版社 1996年版.

보고 있다.[44)]

강녀석 건축군은 5곳의 유적이 있으며, 전체 면적은 25km²이다. 먼저 바다를 낀 3곳의 유적은 석비(石碑)를 중심으로 지묘만(止錨灣)과 흑산두(黑山頭)를 양 날개로 하는 주변의 와자지(瓦子地) 유적과 해안에서 비교적 먼 거리인 주가남산(周家南山) 유적은 지세가 높은데 전체 건축군에 부속된 특수건물이다. 해안의 3유적은 각각 맞은편 바다에 자연 형성된 암초 형태이며 문궐(門闕)과 유사하다. 강녀석으로 불리는 석비를 중심으로 하는 3개의 바위는 삿갓모양을 형성하고 있다. 해저에는 해안과 연결된 석축 통로가 있다. 이 바위를 문헌에서 보이는 '갈석'으로 비정하고 있으며 이 건축군을 갈석궁으로 추정하고 있다.

강녀석 건축 유적군 가운데 바다에 면한 3곳이 중심건축이며 그 가운데 석비 유적의 면적이 최대규모이며 15만m²에 이른다. 이 유적은 1993년부터 1995년까지 6,000m²가 발굴되었다. 발굴내용으로 볼 때, 유적은 자연지세를 이용하여 3단 계단식의 건축 기단면을 따라 곡척형의 담장이 축조되었다. 남북 길이는 487m이며 동서 폭은 256~270m이다. 판축기단의 분포와 담장 기저부의 방향으로 보아 대략 10개의 서로 연결된 건축군으로 이루어져 있으며 건축군은 다시 여러 기의 건물로 구성되어 있다. 석비 구역은 진대의 건축 위주이며 진도 함양에서 출토된 바 있는 기와와 운문와당이 출토되었다. 그 가운데 대형의 기문와당은 진시황릉에서 출토된 것과 동일하다. 석비 유적의 남쪽은 한대에 증축되었다. 흑산두 유적은 남북 방향으로 3개 구역으로 구성되어 있다. 남쪽은 중심건축이며 중간의 3개 조의 10개 건물은 그 부속건물이다. 북쪽은 비교적 넓은 원락(院落)이다. 와자지 유적은 석비 유적의 북쪽 500m 지점에 있으며 3개 조의 건축이 품

....

44) 辽宁省文物考古研究所,『辽宁绥中县 "姜女坟" 秦汉建筑遗址发掘简版』,『文物』1986年 第8期; 辽宁省文物考古研究所姜女石工作站,『辽宁绥中县 "姜女石" 秦汉建筑群址石碑地遗址的勘探与试掘』,『辽宁绥中县石碑地秦汉宫城遗址 1993~1995年发掘简版』,『考古』1997年 第10期; 华玉冰,『试论秦始皇东巡的 "碣石" 与 "碣石宫"』,『考古』1997年 第10期.

(品)자형으로 분포한다. 제1조는 'H'형으로 최북단에 위치하고 제2조는 장방형으로 남쪽에 위치하고 제3조는 'L'형으로 동남쪽에 위치한다. 이외 요령성 수중 강녀석건축군에서 30km² 떨어진 하북성 북대하 금산취(金山嘴)에서도 대형의 진한 시기 건축 유적이 발견되었다. 강녀석 유적과 일정한 관계가 있는 별도의 행궁 유적으로 추정한다.[45]

....

45) 河北省文物研究所 等, 『金山嘴秦代建筑遗址发掘版告』, 『文物秦秋』 1992年 增刊.

2장 서한 장안성과 동한 낙양성 및 한대 제릉(帝陵)

1. 서한 장안성의 조사, 발굴과 연구

서한은 중국사에서 가장 강성하였던 왕조 가운데 하나이다. 장안(長安)은 한 왕조의 수도로 기원전 202년부터 서기 16년까지 중국의 정치, 경제, 문화의 중심지였다.

한 장안성은 현재의 서안시 서북부의 위하(渭河) 남안에 위치하고 있다. 항우의 공격으로 함양의 궁실은 대부분 소실되어 함양을 비롯한 위하 북안의 중심건축들은 대부분 폐허가 되었다. 이러한 이유로 인해, 한 왕조는 진의 구도(舊都)를 사용하기 어려운 상황에서 위하 남안에 남아 있던 진의 흥락궁(興樂宮)을 재건하여 장락궁(長樂宮)으로 개칭하여 사용하였다. 고조 8년(BC 119년)에는 소하(蕭何)의 주도로 미앙궁(未央宮), 동궐(東闕), 북궐(北闕), 전전(前殿), 무고(武庫) 등이 축조되었다. 혜제(惠帝) 시기에는 모두 3차례에 걸쳐 장안 인근 현(縣)에서 수십만의 인력을 동원해 성벽을 축조하면서 장안도성의 기본 윤곽이 완성되었다. 무제 시기에도 중앙집권이 강화되고, 국가재정이 충실해지면서 또 다시 대규모의 중축이 이루어졌다. 이 시기 궁전의 축조는 미앙궁과 장락궁의 북쪽에 계궁(桂宮), 북궁(北宮), 명광궁(明光宮)이 축조되었고, 상림원(上林苑)도 중축하였다. 상림원은 원래 진대에 설치되었던 것을 무제 시기에 증축하여 거대한 황실원림으로 확대하였다. 그 규모가 현재의 장안(長安), 호현(戶縣), 주지(周至)의 3개의 현에 이르며, 원림에는 상당수의 이궁별관(離宮別館)과 누대수사(樓臺水榭)가 축조되었다. 또한 관중(關中)운하를 개착하고, '경사창(京師倉)'을 건립하여 관동(關東)의 양식을 장안으로 직접 운송하면서 도시의 용수공급과 배수문제도 해결하였다.

한 장안성에 대한 고고학 조사는 초기에 일본인 아다치 키로쿠(足立

喜六)에 의해 시작되었다. 그는 1906~1910년, 청 왕조의 초빙으로 섬서고
등학당의 교원을 역임하면서 서안 부근의 고적을 조사하였다.[1] 그는 고적
조사에서 장안성에 대한 탐사를 진행하여, 미앙궁 전전과 해자 유적을 측
량하였다. 장안성에 대한 체계적인 대규모 발굴조사는 1949년 건국 이후
실질적으로 진행되었다. 1955년 유위초(兪偉超)는 장안성 서북부에 대해
조사를 통해 문헌에 기재된 일부 유적의 위치를 고증하였다.[2] 1956년부
터 중국과학원(中國科學院) 고고연구소(考古硏究所)에서 성곽의 일부 지
역에 대한 기초조사를 시작하였다. 조사를 통해, 먼저 성벽과 12개의 성문
위치를 확인하였으며, 선평문(宣平門), 패성문(覇城門), 서안문(西安門), 직
성문(直城門)에 대해서는 발굴조사를 진행하였다.[3] 1956년 7월에서 1957
년 10월에 걸쳐 성곽의 남쪽에 위치한 왕망 시기 벽옹(辟雍) 유적을 발굴
하였다.[4] 1958~1960년에는 왕망 시기의 종묘(宗廟) 유적을 발굴하였다.[5]
1961~1962년에는 성곽 내부에 대한 대규모 조사를 실시하여, 성곽 내부
의 도로, 궁전구역의 분포 및 성곽 서쪽 건장궁(建章宮)의 범위를 확인하
였다. 1975년에는 무고(武庫)를 발굴하였다.[6] 1980년대 이후에는 미앙궁
에 대한 집중적인 조사가 이루어져, 궁성의 성벽, 궁문, 궁성 내부도로와
궁전건축 유적에 대한 조사가 이루어졌다. 아울러 궁성의 서남각루(西南角
樓)와 병기고로 추정되는 중앙관서(中央官署), 소부(少府), 초방전(椒房殿)
및 전전의 부속건축이 발굴되었다. 1990년대 초에는 미앙궁의 내직실(內
織室), 혹은 폭실(暴室)로 추정되는 수공업 공방 관련 건축 유적이 발굴되

....

1) (日) 足立喜六,『长安史迹考』, 商务印书馆 1935年版.

2) 俞伟超,『汉长安城西北部勘察记』,『考古通讯』1956年 第5期.

3) 王仲殊,『汉长安城考古工作的初步收获』,『考古通讯』1957年 第5期;『汉长安城考古工作收获
    续记』,『考古通讯』1958年 第4期.

4) 唐金裕,『西安西郊汉代建筑遗址发掘报告』,『考古学报』1959年 第2期.

5) 中国科学院考古研究所汉城发掘队,『汉长安城南郊礼制建筑群发掘简报』,『考古』1960年 第
    7期.

6) 中国社会科学院考古研究所汉城工作队,『汉长安城武库遗址发掘的初步收获』,『考古』1978
    年 第4期; 李遇春,『汉长安城考古综述』,『考古与文物』1981年 第4期.

었다. 1996년『한장안성미앙궁(漢長安城未央宮)』보고서가 출판되면서 미앙궁의 조사와 발굴성과가 대부분 공식 발표되었다.[7] 1990년대 후반부터 현재까지는 일본의 나라문화재연구소(奈良文化財研究所)와 합작으로 계궁 유적을 중점 발굴하고 있으며 단계적인 성과를 거두고 있다.[8] 1990년대 이후에는 장안성 내부의 수공업 유적에 대한 체계적 발굴조사를 진행하고 있으며 다수의 도요(陶窯), 야철 유적들이 발굴되었다.[9] 전체적으로 볼 때, 최근 50년의 고고학 조사를 통해, 장안성 성벽의 방위와 성문, 도로, 궁전, 시장 등의 각종 유적 분포가 확인되었으며, 성곽 내부의 일부 건축 유적이 중점 발굴되었다. 이러한 조사발굴을 통해 볼 때, 한 장안성의 보존 상태는 비교적 양호하다. 한 장안성이 점유하고 있는 30km²의 범위에는 다양한 종류의 유적이 분포하고 있다. 그러므로 한 장안성에 대한 현재까지의 인식은 여전히 제한적인 이해라고 할 수 있다(그림 5).

1) 성벽, 성문 및 내부도로

장안성의 평면 형태는 불규칙한 방형이며, 전체 면적은 36km²이다. 성벽의 방향은 남북 양면은 지형관계로 인해 굴곡이 많고, 동·서벽은 직선 형태이다. 동벽의 길이는 6,000m, 서벽은 4,900m, 남벽은 7,600m, 북벽은 7,200m로 전체 길이는 2만 5,700m이며, 역사서에 기록된 장안성 주변 길이 62리(里)와 대체로 일치한다. 성벽은 판축으로 축조되었으며 현재도 지표상에 다수의 유적을 확인할 수 있다. 성벽 기초의 폭은 대체로

....

7)   中国社会科学院考古研究所,『汉长安城未央宫遗址』, 科学出版社 1996年版.

8)   中国社会科学院考古研究所, 日本奈良国立文化财研究所 (中日联合考古队),『汉长安城桂宫二号建筑遗址发掘简报』,『考古』1999年 第1期;『汉长安城桂宫二号建筑遗址B区发掘简报』,『考古』2000年 第1期.

9)   中国社会科学院考古研究所汉城队,『汉长安城窑址发掘报告』,『考古学报』1994年 第1期; 中国社会科学院考古研究所汉城工作队,『汉长安城1号窑址发掘简报』,『考古』1991年 第1期; 中国社会科学院考古研究所汉城工作队,『汉长安城23~27号窑址发掘简报』,『考古』1994年 第11期; 中国社会科学院考古研究所汉城工作队,『1992年汉长安城冶铸遗址发掘简报』,『考古』1995年 第9期.

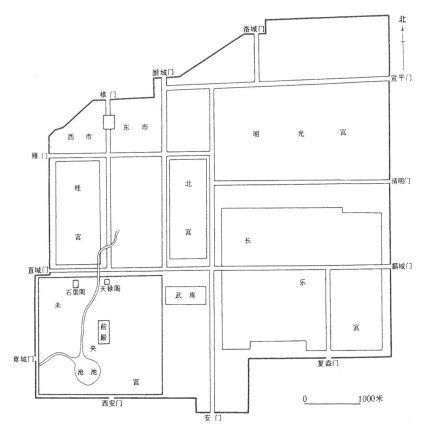

그림 5 서한 장안성 평면도

12~16m이며 높이는 12m 이상으로 추정된다. 성벽의 외측은 해자로 에 워싸여 있다.

　전체 성곽에는 모두 12기의 성문이 있으며 각 성벽에 있는 3개의 성 문은 모두 위치가 확인되었다. 역사서의 기록에 의하면 동벽의 성문은 북 쪽에서 남쪽으로 선평문(宣平門), 청명문(淸明門), 패성문(覇城門), 남벽은 동쪽에서 서쪽으로 복앙문(覆央門), 안문(安門), 서안문(西安門), 서벽은 남 쪽에서 북쪽으로 장성문(章城門), 직성문(直城門), 옹문(雍門), 북벽은 서쪽 에서 동쪽으로 횡문(橫門), 주성문(廚城門), 낙성문(洛城門)이 위치한다. 성 문 가운데 선평문, 패성문, 서안문, 직성문은 1957년 발굴조사가 진행되었다. 발굴상황에 의하면 각 성문은 모두 3개 통로로 이루어져 있으며, 각 문도(門道)의 폭은 6m이다. 문도 사이에는 판축의 벽체가 있으며, 상부에는 목조구조의 문루가 있다. 이는 장형(張衡)의 「서경부(西京賦)」에서 언급되고 있는 "3개의 넓은 도로가 있으며 12개의 성문을 세웠다(被三條之廣路, 立十二之城門)"의 내용과 일치한다. 서안문과 직성문 지하에서는 전석(塼石)을 쌓아 축조한 대형의 배수로가 발견되었다. 장안성은 왕망 말년에 전란으로 소실되었으며, 동한 이후에는 수도로 사용하지 않았지만 주민들이 거주하였다. 현재 발굴된 4기의 성문에서 대량의 탄화 퇴적물이 발견되었으며 선명문의 3개 문도는 발굴 이후 현재 사용되고 있다.

　　문헌기록에 의하면, 장안성 내부에는 '팔가구맥(八街九陌)'의 내용이 보이는데, 일반적으로 종가(從街)를 가(街)로 명칭하고 횡가(橫街)를 맥(陌)으로 명칭한다. 발굴조사에 의하면, 장안성 내부의 도로는 십자(十字)와 정자(丁字)가 서로 교차하는 형태이며, 종가는 9개, 횡가는 10개이므로 '팔가구맥'의 내용과 대체로 부합된다고 할 수 있다. 팔조대가(八條大街)는 북송 시기 송민구(宋敏求)의 「장안지(長安志)」 기록에 의하면, 화양가(華陽街), 향실가(香室街), 장대가(章臺街), 석음가(夕陰街), 상관가(尚冠街), 태상가(太常街), 고가(藁街)와 전가(前街)이다. 왕중수(王仲殊)의 고증에 의하면 안문대가는 장대가, 직성문대가는 고가, 청명문대가는 향실가, 횡문대가는 화양가로 추정된다.[10] 장안성 내부의 주요 가도는 3개의 도로가 병행하는데, 중간의 도로를 치도(馳道), 양변의 도로를 방도(旁道)라 불린다. 도로 사이에는 배수구가 있으며, 나무를 함께 심었다. 안문대가의 중간도로의 폭은 20m이며, 양변의 방도는 각각 폭이 13m이다.

2) 궁전과 무고
장안성의 궁전 유적 가운데 현재 미앙궁, 장락궁, 북궁, 계궁의 범위가 확

....
10)　王仲殊, 『汉代考古学概说』, 中华书局 1984年版.

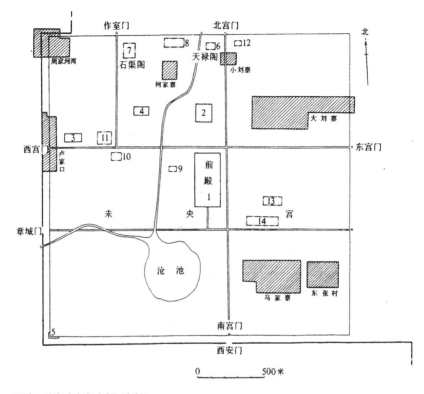

그림 6 서한 장안성 미앙궁 평면도

인되었으며 일부 건축 유적에 대해서는 발굴이 진행되었다. 명광궁과 건장
궁은 방위는 확인되었으나 구체적인 조사는 이루어지지 않았다.

　미앙궁은 장안성의 서남부에 위치하며 평면 형태는 방형이다(그림 6).
조사내용에 의하면, 동·서벽이 각각 2,150m이며, 남·북벽이 각각 2,250m
로 전체 길이는 8,800m이다. 이는 『서경잡기(西京雜記)』에 기록된 "미앙
궁의 전체 둘레는 22리 95보 5척이다(未央宮周回二十二里九十五步五尺)"
의 내용과 유사하다. 궁벽은 모두 지면 아래에서 확인되며 궁성 남벽에 대
한 시굴조사를 통해, 궁성 성벽 저부의 폭이 8m임이 확인되었다. 궁성 성
벽의 4면에는 중앙 가까이 각각 1기의 궁문이 확인되었으며, 북궁문에 대
한 시굴조사를 통해 문도의 폭이 8m로 확인되었다. 북벽의 서쪽에서 1기
의 작은 문이 확인되었는데, 이를 문헌에서 언급되는 '작실문(作室門)'으로

추정한다. 궁벽의 서남 모퉁이에서는 곡척형의 각루(角樓)가 1기 발굴되었으며, '위(衛)'자 와당도 발견되어서 미앙궁의 경비가 '위위(衛尉)' 관할임을 알 수 있다. 궁성의 내부에서는 이미 여러 기의 도로가 확인되었다. 4곳의 궁문은 모두 도로로 연결되어 궁성의 중심건축인 전전(前殿)과 연결되었다. 전전 남측과 북측에서는 각각 동서방향 주간(主幹)도로가 있다. 북측 도로는 동·서궁문과 직접 연결되는데 도로의 폭은 8~12m이다. 전전의 동측에도 남·북궁문을 연결하는 남북방향의 중심도로가 있다. 미앙궁의 내부에서 가장 중요한 건축은 전전이다. 전전은 정전(正殿)으로 미앙궁의 중앙에서 동쪽으로 약간 치우쳐 있다. 현존 기단부의 평면 형태는 장방형으로 남북 길이는 400m, 동서 폭은 200m이다. 전전은 북고남저(北高南低)이며, 남단은 현재의 지면에서 60cm 높이이며, 북쪽으로 가면서 높아져, 북단 끝은 현재의 지표면에서 15m 높이이다. 지표조사를 통해 전전의 기단은 용수산(龍首山)의 구릉 지세를 이용하면서 판축을 하고, 다시 그 상부에 전당(殿堂)을 축조한 것이다. 전전의 기단 상부는 남북배열 형태인 3기의 대형 궁전건축과 별도의 부속건축이 조성되었던 것으로 확인되었다. 발굴된 전전의 A구역, B구역은 부속건축에 해당한다. 전전 A구역은 전전의 서남 모퉁이에 위치하며, 출토물품과 목간을 통해 황실에서 일하던 일반인원의 주거 장소로 추정된다. 전전 B구역은 전전의 동북부에 위치하여 경비인원과 관료들의 조회 전에 이용하던 임시휴식처로 추정하고 있다.

2호 건축 유적은 남쪽의 미앙궁 전전 유적과 330m거리에 정전과 배전(配殿), 부속건축의 3부분으로 구성되어 있다. 정전은 건축군의 남쪽에 위치하며, 평면 형태는 장방형의 남향이다. 정전의 남면에는 2개의 궐(闕)이 설치되어 있어 건축의 높은 등급을 보여 준다. 정전의 북쪽에는 배전과 부속건축이 동·서의 양측에 배치되어 있으며 규모는 비교적 작다. 이 건축군의 규모와 구조 및 전전과의 거리 등을 고려할 때, 황후가 거주하던 초방전(椒房殿) 유적으로 추정된다.

3호 건축 유적은 동쪽으로 미앙궁의 전전 유적과 850m 거리에 있으며 서쪽의 미앙궁 서벽과는 110m 지점이다. 이 건축 유적은 동서 길이 135.4m, 남북 폭 71.2m에 면적은 9,640m²인 폐쇄형의 대형 원락(院落)건축이다. 원락의 4변에는 판축의 담장이 둘러져 있고 중앙에는 남북방향으로 배수구가 전체를 동서로 양분으로 하면서, 모두 15칸의 방이 발견되었다. 이 유적에서는 소량의 청동 및 철제무기와 생활용기 이외에 5만 7,000점의 문자 골첨(骨簽)이 발견되었다. 이 골첨과 3호 건축의 성격과 관련하여 발굴자는 골첨이 기물의 상표와 같은 '표첨(標簽)', '표패(標牌)'가 아니라 중앙정부에 보존, 비치되었던 '공진지기(供進之器)'의 공문서 자료로 추정하였다. 3호 건축을 이와 관련된 중앙관서로 추정하고 있다.[11] 필자의 의견은 3호 건축은 전문적으로 궁내 병기고의 성격이며, 골첨은 '물근공명(物勤工名)' 제도에 의한 병기의 상표 성격의 '표첨' 혹은 '표패'로 추정한다.[12] 이러한 골첨은 현재 발굴보고를 통해 1,000여 점만이 공개되었으며 나머지는 아직 정리 중이다. 전체 자료가 공표되면 한대 공관제도 연구의 중요한 자료가 된다.

4호 건축 유적은 동쪽으로 미앙궁 전전 유적에서 동쪽으로 430m 지점에 위치하고 있으며 전의 초방전 유적과는 350m 지점에 위치하고 있다. 유적은 전·후기 상이한 시기의 건축을 포함하고 있다. 전기 건축은 서한 시기에 해당하는 대규모의 건축군이며, 남북배열 형식의 대형 전당 2기가 중심건축이다. 남쪽 전당의 면적은 706m²이며, 정면 7칸, 측면 2칸이다. 북쪽 전당의 면적은 400m²이며 정면 5칸, 측면 2칸으로 이루어져 있다. 중심전당의 양측에는 각각의 소규모 부속건축과 기타 시설이 위치하고 있다. 이 건축군은 매우 정교하게 축조하였는데, 지면에는 바닥판을 깔았다. 건축 유적의 위치와 출토된 소부 소속 '탕관음감장(湯官飮監章)' 봉니를 통해 볼 때, 소부, 혹은 그 관할의 주요 관서 건축으로 추정된다.

....

11) 李毓芳,『汉长安城未央宫骨签述略』,『人民杂志』1990年 第2期;『略论未央宫号建筑与汉代骨签』,『文博』1993年 第2期;『汉长安城未央宫遗址』发掘报告, 科学出版社 1996年版.

12) 赵化成,『未央宫三号建筑与骨窑性质初探』,『中国文物报』1995年 5月 14日.

미앙궁 내부에서 현재까지 지표상에 판축 흔적이 남아 있는 건축 유적은 천록각(天祿閣)과 석거각(石渠閣)이 있다. 이들은 모두 소하에 의해 건축된 것으로 서한 왕조의 각종 전적(典籍)을 수장하던 곳이다. 천록각(6호 유적)은 미앙궁 북벽에서 남쪽으로 50m 지점에 위치한다. 이곳에서는 과거 '천록(天祿)'명(銘) 문자와당과 천록문(天祿紋)와당이 출토되었다. 천록각 유적의 판축기단은 높이가 10m이며 측면의 길이는 20m로, 조사된 판축 유적 기단 저부는 동·서 각각 55m, 남·북 45m이다. 석거각(7호 유적)은 동쪽으로 천록각과 520m 거리에 있으며 지표면의 판축기단의 높이 8.76m, 기단 저부의 동·서 길이는 77m, 남·북 폭은 65m로 '석거천추(石渠千秋)'와당이 출토됨으로써 유적의 성격이 확인되었다. 이 외에도 미앙궁에서 확인된 건축 유적은 다수 있으나 그 성격은 대부분 확인되지 않고 있다. 또한 문헌자료에 기재된 '창지(滄池)', '명거(明渠)' 유적에 대한 조사가 진행되어서 현재 그 위치와 범위에 대한 기초적인 조사가 이루어졌다.

장락궁은 장안성의 동남부에 위치하며, 진대 홍락궁의 기초 위에 증축된 것이다. 평면 형태는 불규칙하며, 전체 면적은 약 6km²로 장안성 전체 면적의 1/6에 해당한다. 장락궁은 초기 고조 유방의 처소로 사용되었으며, 후에는 황태후의 처소로 사용되었다. 미앙궁 동편에 위치하고 있어 동궁으로 불리어진다. 문헌기록에 의하면 장락궁에는 홍대(鴻臺), 임화전(臨華殿), 온실전(溫室殿), 장추전(長秋殿), 영수전(永壽殿), 영녕전(永寧殿)이 있었던 것으로 알려진다. 발굴조사에 의하면, 장락궁의 중앙에는 동서횡단의 간선도로가 있으며, 간선도로의 남쪽에 3기의 대형 건축 유적이 있다. 가장 동쪽에서부터 계(階), 정(庭), 조(朝), 침(寢)의 순서로 구성되어 있으며, 장락궁에서 가장 중요한 건축 가운데 하나이다. 계궁은 미앙궁의 북쪽에 위치하며 서쪽으로는 장안성의 서벽과 접하고 있다. 궁성의 평면 형태는 장방형이며 남북 길이는 1,800m, 동서 폭은 880m이다. 1990년대 후반 중일연합발굴대가 계궁 남부에 위치한 2호 건축 유적을 발굴하였다. 이 유적은 동서 길이 84m, 남북 폭 56m로 남북방향의 이중(二重) 원락(院落)구조의 대형 궁전건축으로 그 배치 형태는 초방전 유적과 유사하다. 발굴자는 2호 건축 유적과 계궁을 후비(后妃)의 궁실(宮室) 유적으로 추정하였다. 2호 건축의 연대 상한은 대체로 서한 중기를 올라가지 못하는 것을 보면, 대체로 무제 시기에 계궁을 축조하였다는 문헌기록과 일치한다.

　　무고는 소하에 축조되었는데 미앙궁과 장락궁 사이에 위치한다. 1975년 대규모 발굴이 진행되었다. 방어적 성격을 고려하여 무고의 4면에 담장을 축조하였다. 동벽과 서벽은 각각 320m이며, 남벽과 북벽은 800m로 동벽과 서벽에 각각 1개의 문이 설치되어 있다. 무고의 중앙에도 1기의 사이벽이 있어 전체 무고를 동·서의 2개 원락구조로 분할하고 있다. 동원에는 4개의 창고가 있으며 서원에는 3개의 창고가 있다. 서원에서 최대의 창고는 길이 230 m, 폭 46m로 모두 4개의 고방(庫房)으로 이루어졌다. 각 고방에는 벽체에 가까이 목질의 병기가(兵器架)가 배열되어 있었으나 목질의 기가(器架)는 이미 부식되어 그 초석만이 남아 있다. 출토된 무기는 철제의 검(劍), 도(刀,) 모(矛), 과(戟), 화살촉, 노기(弩機)와 갑주 위주이며 청동무기는 소수이다.

3) 시장, 수공업 유적, 주거구역

『삼보황도(三輔黃圖)』의 기재에 의하면 장안성에는 동·서에 모두 9시(市)가 있었으며, 동시(東市)는 6곳, 서시(西市)는 3곳이다. 혜제(惠帝) 6년(BC 189년) '기장안서시(起長安西市)'의 내용으로 보아, 동시도 이미 이 시기 존재했던 것으로 추정된다. 동·서시의 위치는 장안성 서북의 횡문대도 양측으로 추정되며 그 범위는 이미 확인되었다. 시(市)는 화물교역과 함께 수공업생산이 이루어졌던 공간이다. 서시와 그 인근에는 다수의 도요(陶窯)가 분포되어 있음이 확인하였다. 서시에서는 이미 전문적으로 도용(陶俑)을 제작하였던 21기의 도요가 발견되었다. 이 도용들은 경제(景帝) 양릉(陽陵)의 배장갱에서 출토된 도용과 대체로 일치하며, 당시 소부(少府) 소속 동원장(東園匠)의 관영 가마로 추정된다. 서시의 서측은 6기의 도요가 산포하고 있으며 전와(磚瓦)와 일상용기 및 도용이 제작되었으며, 민영 공방으로 추정하고 있다.[13) 이 외에도 2곳의 주조 유적도 발견되었다. 한 곳에서는 다수의 주범(鑄範)이 출토되었으며, 다른 한 곳에서는 요지(窯址)와 노(爐) 및 폐기물의 퇴적갱이 확인되었다.[14) 동시에서는 주로 상업 활동이 이루어졌고, 서시는 주로 수공업공방 위주였던 것으로 추정된다.[15) 문헌기록에 의하면, 장안성에는 160개의 여리(閭里)가 있었던 것으로 전한다. 전체 장안성의 분포로 볼 때, 궁전이 전체 성곽의 2/3를 점유하고 있다. 일반 주거구역은 대체로 동북쪽에 집중되어 있었을 것으로 추정되지만 현재까지 조사가 진행되지는 않았다.

4) 남교(南郊)의 예제성(禮制性) 건축군

서한 말년 왕망은 집정과 찬위로 신(新) 왕조를 건국하고 장안성 남쪽 교외에 명단(明堂), 벽옹(辟雍), 종묘(宗廟), 사직(社稷) 등의 예제(禮制)건축물을 축조하였다. 이러한 예제건축은 1950년대 후반에 발굴조사가 진행되었으며, 건축의 명칭 및 성격과 관련한 다양한 논쟁들이 전개되었다.

예제건축군의 가장 동쪽에는 벽옹으로 추정되는 건축 유적이 위치하며, 중심건축과 담장 4개의 문 및 배방(配房), 환수구(圜水溝)로 구성되어 있다. 중심건축은 방형의 토대 위에 위치하며, 토대는 남북 길이 205m, 동서 길이 206m, 높이 1.6m이다. 토대 중앙에는 직경 60m, 높이 0.3m의 원형 판축기단이 있어 중심건축의 기좌(基坐)가 된다. 방형 토대 주위에는 위장(圍牆)이 축조되어 있으며 위장의 4면은 모두 동일하다. 위장의 한 면 길이는 235m이며 정중앙에 하나의 문이 설치되어 있다. 위장의 네 모서리

....

13) 中国社会科学院考古研究所汉城考古队, 『汉长安城窑址发掘报告』, 『考古学报』 1994年 第1期; 『汉长安城23~27号窑址发掘简报』, 『考古』 1994年 第11期.

14) 中国社会科学院考古研究所汉城考古队, 『1992年汉长安城治铸遗址发掘简报』, 『考古』 1995年 第9期.

15) 李毓芳, 『汉长安城的手工业遗址』, 『文博』 1996年 第4期.

는 곡척형(曲尺形)의 배방이 설치되어 있다. 위장의 바깥은 원형의 환수구가 있으며 동서 길이 368m, 남북 길이 349m로 환수구와 네 문의 거리는 43~56.5m이다.[16] 건축군의 중심건축 일부는 후대에 수로에 의해 유실되었으나 그 기본 형태는 확인할 수 있다. 복원 연구에 의하면 상원하방(上圓下方)구조이며, 네 방향으로 다실(多室)구조를 갖춘 건축물이다. 이 건축의 명칭과 성격과 관련하여, 연구자들은 평제(平帝) 원시(元始) 4년(4년) 왕망이 축조한 명당, 벽옹 유적으로 추정하고 있다. 그러나 명당과 벽옹이 분리된 2개의 건축인지 하나의 건축인지에 대해서는 아직 논쟁이 있다.[17]

벽옹 유적의 서북부에는 또 하나의 대규모 건축군이 위치한다. 이 건축군은 모두 12기의 단독 건축으로 조성되었으며, 바깥부분에는 방형의 담장이 있다. 담장 각 면의 길이는 1,400m이다. 각 건축은 중심건축, 위장(圍牆), 4개의 문과 위장 각 모퉁이에 위치한 곡척형 배방으로 구성되어 있다. 중심건축과 위장의 평면은 모두 방형으로 중심건축은 전체 유적의 정중앙에 위치하며 중앙의 주실과 4면에 각각 1개의 실(室)이 있다. 그 형태는 전술한 벽옹의 중심건축과 유사하다. 이 건축의 성질과 관련하여 대다수 학자들은 왕망이 자신의 선조를 위해 축조한 '구묘(九廟)' 유적으로 추정하고 있다.[18] 다만 이해할 수 없는 것은 '9묘'가 왜 12기의 건축으로 구성되어 있는가 하는 점이다. 왕은전(王恩田)은 『수경주(水經注)』의 기록에 의거하여 이 유적을 '왕망구묘(王莽九廟)'가 아니라 왕망이 한실을 위해 축조한 종묘건축인 '명당' 유적이고, 전술한 명당과 벽옹 유적 전체를 벽옹 유적으로 보고 있다.[19]

....

16) 주 4와 같음.
17) 黃展岳, 『汉长安城南郊礼制建筑的位直及其有关问题』, 『考古』 1960年 第9期.
18) 黃展岳, 『关于王莽九庙的问题—汉长安城南郊一组建筑遗址的定名』, 『考古』 1989年 第3期.
19) 王恩田, 『"王莽九庙" 再议』, 『考古与文物』 1992年 第4期.

5) 장안성 주변의 기타 건축 유적

문헌기록에 의하면 장안성 부근과 교외 여러 현에는 다수의 이궁별관과 곡물창고 및 예제건축이 있었다고 전한다. 이러한 건축 유적은 대부분 확인되지 않지만, 일부 중요한 발견도 확인되었다.

상림원은 무제 시기에 축조한 황실의 원유(苑囿)이며 장안성의 서남쪽에 위치한다. 범위는 대략 서쪽의 주지현(周至縣) 종남진(終南鎭)에서 동쪽으로 남전현(藍田縣) 초대진(焦岱鎭), 남쪽으로는 종남산(終南山) 북쪽 기슭에 이른다. 원내의 궁관대사(宮觀臺榭)는 헤아릴 수 없을 정도이다. 곤명지(昆明池) 부근에서 곤명대(昆明臺), 예장관(豫章觀), 백양관(白楊觀), 세류관(細柳觀), 선곡궁(宣曲宮) 등의 유적이 발견되었다.[20] 발굴조사를 통해 확인된 이궁별관 유적은 그 외에도 황산궁(黃山宮), 정호연수궁(鼎胡延壽宮), 감천궁(甘泉宮)이 있다.[21]

진건민(秦建民)은 조사를 통해 장안성 북쪽의 삼원현(三原縣)에서 거대한 분형(盆形)의 원형수혈과 '십(十)'자형의 건축기단 5기를 발견하였다. 이 유적은 문헌기록에 나타나는 서한 시기의 '천제공사(天齊公祠)'와 '오제사(五帝祠)' 유적으로 추정하고 있다.[22] 무제는 관동지역의 양식을 장안으로 운반하기 위하여 관중운하를 개착하고, 한대 화음현성(華陰縣城)에 대형의 식량창고인 '경사창(京師倉)'을 건설하였다. 이 유적은 섬서성 고고연구소에 의해 1980년대 전반에 발굴이 이루어졌다. 발굴 내용에 의하면, '경사창'은 무제 시기에 축조되어 왕망 말년에 폐기되었다. 경사창은 규모가 거대하고 청송(倉城)과 여러 개의 창방(倉房)으로 이루어져 있다. 창성은 자연 지세를 따라 축조되었으며 장방형이다. 실측조사에 의하면, 동서 길이 1,120m, 남북 폭 700m이며, 전체 길이는 3,330m에 면적은 78만

....

20) 胡謙盈,『汉昆明池及其有关遗存踏察记』,『考古与文物』1980年 创刊号.

21) 姚生民,『汉甘泉宫遗址勘察记』,『考古与文物』1980年 第2期;『关于汉甘泉宫住体建筑位直问题』,『考古与文物』1992年 第2期.

22) 秦建民等,『陕西发现以汉长安城为中心的两汉南北超长建筑基线』,『文物』1995年 第3期.

4,000m²이다. 전체 발굴된 면적은 6,000m²이며, 전체 성곽의 1/100 정도이다. 이 범위에서 목조구조의 창방 6개도 발견되었다. 최대 규모의 1호 창방은 평면 형태가 장방형이며, 동서 길이는 62.5m, 남북 폭은 26.6m로 전체 면적이 1,662m²로 창고의 수용량은 1만 m³로 추정된다. 창방에는 3개의 문이 설치되어 있으며 견고한 판축기단과 높은 벽체 내부에는 바닥판이 시설되어 있다. 지붕에는 기와를 올린 실용적이면서도 정교한 건축으로, 상당한 실용적 고려를 하였다. 출토된 와당은 장안성 출토품과 대체로 일치하며, 특히 출토된 '경사창당(京師倉當)' 와당은 건축의 성격을 분명하게 밝혀 주는 유물이다.[23]

6) 한대 장안성의 종합연구

한대 장안성 유적은 보존상태가 양호하며 조사와 발굴이 이미 상당부분 진행되어 전체적인 배치 형태는 대체로 확인되었다. 한대 장안성과 관련한 종합연구는 이미 여러 연구자들에 의해 진행되었다. 구체적인 내용은 앞서 언급한 일부 세부적 내용을 제외하고도 전체적인 문제와 관련한 다음의 몇 가지 논쟁이 진행되었다. 그 주요 논쟁은 한 장안성의 복원 연구를 비롯하여 장안성의 배치 형태와 구조문제, 장안성의 천상(天象)모방문제, 중국 고대도성 발전사에서 장안성의 위치와 의의에 관한 내용들을 중심으로 진행되었다. 고대 문헌기록 가운데 장안성에 대한 내용은 『삼보황도』에 비교적 상세하게 기술되어 있다. 이 책은 육조시대 사람이 편찬한 것으로 전해지지만 후대에 보완·수정되어, 이미 원래의 모습은 아니다. 1980년대 서북대학(西北大學)의 진직(陳直)은 『삼보황도』를 교주(校註)하여 인용의 편리성을 제공하였다.[24] 최근에는 하청곡(何淸谷)이 최신 고고학 성과들에 기초하여 다시 상세한 주석을 붙였다.[25] 1980년대 초반 유운

....

23) 陝西省考古研究所, 『西汉京师仓』, 文物出版社 1990年版.
24) 陈直, 『三辅黄图校证』, 陕西人民出版社 1980年版.
25) 何清谷, 『三辅黄图校注』, 三秦出版社 1995年版.

용(劉運勇)은『서한장안(西漢長安)』을 편저하여 한대 장안성의 편제와 문화에 대해 체계적인 서술을 하였다.[26] 유위초는『전국진한고고학강의(戰國秦漢考古講義)』에서 처음으로 한 장안성의 평면복원도를 제시하였다.[27] 최근 유경주(劉慶柱)는 최신 고고학 발견에 근거하여 장안성의 평면배치를 다시 복원하였는데, 특히 미앙궁에 대한 인식은 과거에 비해 보다 더 심화되었다.[28]

전국 시기에 편찬된『고공기(考工記)』에는 도성의 설계와 관련하여 "장인이 도성을 만들 때는 사방 9리에 옆으로 문을 세 개 만들고, 내부에는 가로와 세로로 9개의 도로를 만들며, 폭은 9궤(軌)로 하고, 좌측에는 종묘, 우측에는 사직을 만들며, 조정은 전면에, 시장은 뒷면에 두고, 시장의 면적은 1부(夫)의 땅으로 한다(匠人營國, 方九里, 旁三門, 國中九經久緯, 經塗九軌, 左祖右社, 面朝後市, 市朝一夫)"고 하였다. 왕중수(王仲殊)는 "장안성의 설계 기획이『고공기』의 내용과 부합하며, 이는『고공기』가 한대 초기에 중시되면서 장안성의 설계에 참고가 되었을 것이다. 하지만 반대로 한대 유가 계열 학자들이 장안성의 실제상황에 기초하여『고공기』의 '장인영국(匠人營國)' 부분의 내용을 개정, 증보하였을 가능성도 있다"라고 주장하였다.[29] 그러나『고공기』는 한대에 이미 망실되었다가 한 무제 시기에 다시 발견된 것이다. 그러므로 한대 초기 축조된 한 장안성이『고공기』의 영국(營國)사상에 의해 설계될 수 있는가 하는 점도 주목되는 문제이다. 그러나 실제 장안성 배치의 특징이『고공기』영국(營國)제도와 깊은 유사성이 있음은 부정할 수 없는 점이다.

장안성은 미앙궁, 장락궁을 중심으로 궁전이 전체 성곽 면적의 2/3를

....

26) 刘运勇,『西汉长安』, 中华书局 1982年版.
27) 北京大学历史系考古教研至 (俞伟超执笔),『战国秦汉讲义』(上册, 61页, 图四十六), 内部铅印本, 1973年 6期.
28) 주 7과 같음.
29) 주 10과 같음.

차지하고 있다. 그래서 양관(楊寬)은 현재 확인된 장안성은 단지 궁성이며, 보다 더 대규모의 외곽성이 존재할 수 있다는 의견을 제시하기도 하였다. 그러므로 그는 '구맥(九陌)'은 현재 성곽의 교외에 있다고 보았다.[30] 그러나 유경주는 최근 진행되어 온 고고학 조사와 발굴에 근거하여 현재 장안성의 성벽 이외 또 다른 외곽성의 존재를 부정하였다.[31] 필자의 견해는 한 장안성이 궁성인지에 대한 문제보다는 한 장안성을 진 함양성과 같은 '대장안(大長安)'의 관점에서 보아야 하며, 장안성 외곽에 존재하는 다수의 유적도 넓은 의미에서 장안성의 일부분으로 인식되어야 할 것이라고 생각한다.

한 장안성의 남북성벽은 여러 곳의 굴곡과 사선이 존재하는데 『삼보황도』에서는 "성남은 남두형(南斗形), 성북은 북두형(北斗形)으로 지금도 사람들은 한의 경성을 두성(斗城)이라 부른다"고 언급하면서 처음으로 한 장안성의 편제와 천상(天象)과의 관련성을 제기하였다. 그러나 원대 이호문(李好文)은 『장안도지(長安圖志)』에서 「한지(漢志)」와 반(班), 장(張)의 부(賦)에서는 모두 이러한 언급이 없다는 이유로 한 장안성의 '두성설(斗城說)'을 부정했다. 왕중수, 마정림(馬正林)도 '두성설'을 부정하고 있다.[32] 그러나 최근 다시 이러한 견해가 다시 제기되고 있다. 이소파(李小波)는 한 장안성의 형태와 성도(星圖)의 일치를 논증하면서 이는 서한의 '법천상지(法天象地)' 사상이 도성제도에 반영된 것으로 이해하였다.[33] 이외에도 전술한 진건민은 삼원현(三原縣) 천정안촌(天井岸村)의 '천제공사(天齊公祠)'와 '오제사(五帝祠)' 고지(故址)를 언급하면서 북쪽 '천제공사'에서 남쪽의 장릉(長陵) 능원(陵園)의 중앙과 장안성 중앙부를 거쳐 자오곡구(子午

....

30) 杨宽, 『西汉长安布局结构的探讨』, 『文博』 1984年 第1期; 『西汉长安城布局结构的再探讨』, 『考古』 1989年 第4期.

31) 刘庆柱, 『汉长安布局结构析辩―与杨宽先生商榷』, 『考古』 1987年 第10期; 『再论汉长安城布局结构及其相关问题―答杨宽先生』, 『考古』 1992年 第7期.

32) 王仲殊, 『汉代考古学概说·西汉的都城长安』, 中华书局 1984年版; 马正林, 『汉长安城形状辩析』, 『考古与文物』 1992年 第5期.

33) 李小波, 『从天文到人文―汉唐长安城规划思想的演变』, 『北京大学学报』 (哲社版) 2000年 第2期.

谷口)에 이르는 전체 74km의 남북방향 초대형 중심축선이 존재하며, 이는 자오선의 협각과 0.33°임을 주장하였다. 그리고 한 장안성을 중심으로 북쪽 '천제공사'와 남쪽 자오곡구의 거리가 9:6이며, 이는 양구음육(陽九陰六)의 배치와 부합한다고 논증하였다. 그는 이러한 근거를 바탕으로 "이러한 건축기준선은 천, 지, 산천, 능묘, 도성을 관통하여 조화를 이루는 총체이며, 북쪽에서 남쪽으로 천(天), 선왕(先王), 왕(王), 지(地)로 배열되는 종교적 의미이며, 그 사이에는 법천(法天)의식으로 채워져 있다"고 주장하였다.[34]

중국 고대도성에서 한 장안성이 가지는 위치문제와 관련하여 여러 연구자들이 서로 다른 관점에서 언급하였다. 유위초는 중국 고대도성을 4개의 단계로 구분하고 한 장안성과 동주 시기 도성은 동일하게 제2단계로 설정하면서 이러한 밀폐식의 구획은 전체주의 정치체계의 도성 형태로 보았다. 또한 그는 한 장안성의 배치가 후세 도성제도에 미친 영향문제에 대해서 언급하였다.[35] 유경주와 이육방(李毓芳)은 장기간에 걸친 한 장안성의 발굴조사를 진행하였다. 또한 발굴보고서를 비롯하여 다수의 한 장안성 관련 논문을 발표하면서 도성배치, 궁성(宮城)제도, 수공업 유적의 문제를 비롯하여 한 장안성의 면모를 복원하는 데 기여하였다.[36]

2. 동한 낙양성의 조사, 발굴과 연구

장안성이 왕망 말년의 전화(戰火)로 파괴되면서 동한 왕조는 낙양을 수도로 결정하였다. 낙양이 도성으로 사용된 것은 서주 시기까지 올라간다. 주나라 초 주공(周公)이 낙읍에 보도(輔都) 성격의 '성주성(成周城)'을 건설하였으며, 이후 평왕(平王)의 동천(東遷) 이후 낙양이 '왕성(王城)'이 되었

....

34) 주 22와 같음.
35) 俞伟超, 『中国古代都城规划的发阶段性』, 『先秦两汉考古学论集』, 文物出版社 1985年版.
36) 刘庆柱, 『古代都城与帝陵考古学研究』, 科学出版社 2000年版.

다.[37) 서한 시기의 낙양성은 대체로 성주성의 구지(舊址)에 해당하며 고조 5년(BC 202년)에 남궁(南宮)을 건설하였다. 동한 광무제는 건무(建武) 원년(AD 25년)에 낙양에 도읍하면서 남궁에 대한 대규모의 증축이 진행되었으며, 성벽을 축조하고 성곽의 범위를 확대하였다. 명제(明帝) 시기에는 북궁(北宮)을 증축하면서 낙양도성의 배치가 대체로 완성되었다.

동한 왕조는 서기 25년 유수(劉秀)가 건국하여 서기 220년 조비(曹丕)가 위(魏)를 건국할 때까지 14대 196년간 도읍이었다. 한 헌제(獻帝) 초평(初平) 원년(190년) 동탁에 의해 다시 장안으로 천도하면서 낙양은 실제 12대 165년간 도성 역할을 하였다. 동한 왕조에서 낙양은 매우 화려한 대도시로 발전하였다. 반고(班固)의 『동도부(東都賦)』, 장형(張衡)의 『동경부(東京賦)』, 부의(傅毅)의 『낙도부(洛都賦)』에는 낙양에 대한 생동감 있는 다양한 묘사들이 발견된다. 그러나 동탁이 장안으로 천도하면서 "낙양의 궁묘와 민가를 불태웠는데(焚洛陽宮廟及人家)", "불이 3일 동안 꺼지지 않았고, 경성은 폐허가 되었다(火三日不絶, 京城爲丘墟矣)"고 전하고 있다. 이후 조위(曹魏) 왕조에서 다시 낙양에 도읍하면서 원래의 면모를 복구하고 일부 궁실은 신축하였다. 이러한 과정에서 많은 변화가 발생한 영역은 낙양성 서북부 모퉁이에 새로이 축조한 군사적 성격의 '금용성(金墉城)'이다. 이후 서진(西晉) 왕조에서도 낙양에 도읍하면서 지속적으로 궁전의 건축이 이루어졌다. 조위, 서진에 걸친 70년간의 경영으로 낙양성은 대체로 원래의 면모를 회복하였다. 그러나 서진 영가(永嘉) 5년(331년) 흉노족의 공격으로 낙양은 다시 전화로 인해 파괴되었다. 이후 180년이 지난 뒤인 북위(北魏) 태화(太和) 19년(495년) 효문제가 평성(平城)에서 낙양으로 천도하면서 낙양은 다시 한 번 대규모의 개조가 이루어졌다. 특히 이 시기에는 동한 낙양성의 기초 위에 성문, 궁전, 도로, 시장

....
37) 关于西周"成周"城及平王东迁后的"王城"遗址的地理位直有不同说法, 一般认为在今洛阳市区, 即汉代河南县城附近发现的东周城址,但有学者认为应在汉魏洛阳故城一带. 参见周永珍,『关于洛阳周城』,『洛阳考古四十年』, 科学出版社 1996年版.

이 다시 계획되고, 기존 낙양성의 범위보다 넓은 대규모 외곽성을 축조하여 바둑판식 주민구역인 '방(坊)'이 설치되었다. 북위 낙양성은 반세기에 걸쳐 유지된 후 서기 538년 폐기되었다. 이후 역대 왕조는 다시 이곳에 천도하지 않았다. 낙양성이 도성으로 사용되었던 동한 시기에서 북위 시기까지는 낙양성이 가장 번성하였던 시기이며, 일반적으로 이를 '한위낙양고성(漢魏洛陽故城)'이라 부른다.

한위낙양성은 현재의 낙양시 동쪽 15km 지점에 위치하며, 북으로는 망산(邙山), 남으로는 낙하(洛河)를 접하고 있어 고대 도시 건설과 관련한 배산임수의 조건에 부합한다. 낙양성에 대한 고고학 발굴은 1954년부터 시작되었으며, 최초의 조사를 통해 성벽의 방향이 확인되었다.[38] 이후 중국사회과학원 고고연구소가 장기간의 조사와 발굴을 진행하였고, 이를 통해 성벽의 일부 구간과 일부 건축 유적의 발굴이 이루어졌다.[39] 문헌기록과의 비교를 통해, 이미 성벽의 방향이 확인되었으며 성문의 위치, 궁전과 도로 배치 형태, 예제건축군 및 묘지의 분포가 확인되었다(그림 7).[40] 전체적으로 보아 북위 시기의 유적은 보존상태가 비교적 양호하지만, 동한 시기는 보존상태가 열악한 상황이다. 또한 발굴조사의 내용이 부족하여 서한 장안성처럼 세부적이지는 못한 측면이 있다.

동한 낙양성의 평면 형태는 대체로 장방형이며 동벽과 서벽, 북벽은 현재까지 지면상에서 확인할 수 있다. 1960년대 조사에서 확인된 일부 구간의 성벽은 7m이다. 남벽은 낙하의 이동으로 유실되었으나 성곽의 남쪽에 축조된 '명당(明堂)'과 '영대(靈臺)'의 건축 유적은 남아 있어 남벽

....

38) 閻文儒, 『洛阳汉魏隋唐城址勘查记』, 『考古学报』 1955年 第9期.

39) 中国科学院考古研究所洛阳工作队, 『汉魏洛阳城初步勘查』, 『考古』 1973年 第4期; 中国社会科学院考古研究所洛阳汉魏城队, 『汉魏洛阳故城城垣试掘』, 『考古学报』 1988年 第3期; 冯承泽, 杨鸿勋, 『洛阳汉魏故城圆形建筑遗址初探』, 『考古』 1900年 第3期.

40) 王仲殊, 『汉代考古学概说·东汉的都城洛阳』, 中华书局 1984年版; 段鹏琦, 『汉魏洛阳城的几个问题』, 『中国考古学研究—夏鼐先生考古五十年纪念论文集』, 文物出版社 1986年版; 徐金星, 『关于汉魏洛阳故城的几个问题』, 『华夏考古』 1997年 第3期.

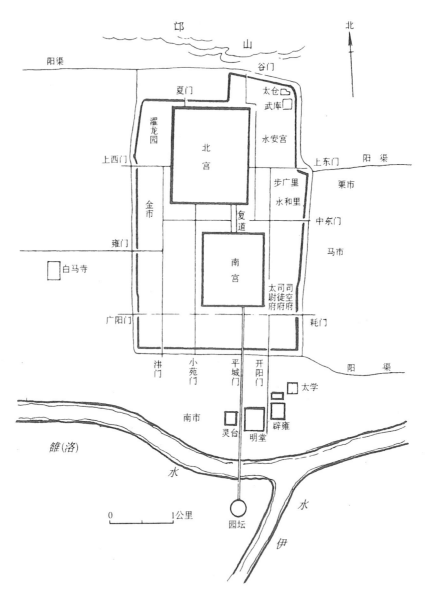

그림 7 동한 낙양성 평면복원도

의 대략적인 위치를 추정할 수 있다. 실측조사에 의해 동벽의 잔존 길이는
3,900m이며 서벽은 3,400m, 북벽의 전체 길이는 2,700m이다. 비록 남벽
은 남아 있지 않으나, 현존하는 동벽과 서벽의 남단 거리로 계산하면, 대략

2,460m로 추정되고 있다.[41] 왕중수(王仲殊)의 계산에 의하면 동벽과 서벽의 길이는 현존 길이에 300m가 추가되며, 이를 기준으로 하는 성벽의 전체 길이는 1만 3,000m이며, 이는 한대의 31리에 해당하여 문헌기록과 대체로 부합한다.[42]

문헌기록에 의하면 동한 낙양성에는 모두 12개의 성문이 있으며, 고고학 조사를 통해 동, 서, 북면에서 모두 8기의 성문이 확인되었다. 남벽의 성문 위치는 비록 확인할 수 없지만 성곽 내부의 도로 방향으로 그 위치를 추정할 수 있다. 12기의 성문은 동쪽에 3기가 있으며, 북쪽에서 남쪽으로 상동문(上東門), 중동문(中東門), 모문(旄門)의 순서이며 북쪽의 성문 2기는 동쪽에서 서쪽으로 곡문(谷門), 하문(夏門)의 순서이다. 서벽의 성문 2기는 북쪽에서 남쪽으로 상서문(上西門), 옹문(雍門), 광양문(廣陽門)이며, 남벽의 성문 4기는 서쪽에서 동쪽으로 진문(津門), 소원문(小苑門), 평성문(平城門), 개양문(開陽門)이다. 조사과정에서 여러 개의 도로도 확인되었는데 대부분 북위 시기의 것으로 추정되지만 북위 시기의 도로는 대부분 동한 시기의 도로를 사용한 것으로 궁전과 개별 성문의 위치가 바뀜으로 인해 일부 증축과 개축이 이루어졌다. 그러므로 동한 시기 궁성의 범위와 성문의 위치에 의거하여 동한 낙양성의 도로분포 상황을 복원할 수 있다. 남북방향의 대가(大街)는 모두 5개이며 동서횡단의 대가도 5개이다. 이러한 중심도로는 각자 12기의 성문과 연결되어 있으며 대가의 명칭은 연결된 성문의 명칭을 사용하였다. 대가의 폭은 일반적으로 40m 정도이며 일부는 폭이 20m인 경우도 있다. 문헌기록에 의하면 동한 낙양성의 대가 역시 3기의 병렬 형태 도로로 구성되어 있다.

동한 낙양성의 궁전 면적은 대략 전체 성곽의 1/2을 차지하고 있다. 주요 궁전은 남궁과 북궁이 있으며 서한 시기에 축조된 것을 동한 시기에

....

41) 中国科学院考古研究所洛阳工作队,『汉魏洛阳城初步勘查』,『考古』1973年 第4期.

42) 王仲殊,『东汉的都城洛阳』,『汉代考古学概说』, 中华书局 1984年版.

확충한 것이다. 남궁과 북궁은 각각 성곽의 남쪽과 북쪽의 중앙에 위치하며 서로 비교적 근거리에 '복도(復道)'로 연결되어 있다. 남궁과 북궁은 아직 발굴이 이루어지지 않아 구체적인 상황은 명확하지 않지만 대체적인 범위를 확인할 수 있다. 낙양성의 남부에 속하는 '중동문대가'의 남쪽과 '모문-광양문대가'의 북쪽, '개양문대가'의 서쪽, '소원문대가'의 동쪽은 대규모의 장방형 구역으로 남북 길이 1,300m, 동서 폭 1,000m로 남궁의 위치로 추정된다. 문헌기록에 의하면 광무제는 도읍한 이후 처소로 '각비전(却非殿)'을 사용하였는데, 이곳이 이후 건무 14년(38년)에 완공된 남궁의 가장 중요한 '전전(前殿)'이다. 북궁은 남궁의 북서쪽에 치우쳐 있으며 그 범위는 더욱 크다. 북궁의 '덕양전(德陽殿)'은 장형의 『동경부』에 "주변에 모두 만명을 수용할 수 있으며 계단의 높이는 두 장이다(周旋容萬人, 陛高二丈)"라고 기록하고 있다. 이 외에도 1965년 북궁의 서북부에서는 동한 시기에서 북위 시기로 추정되는 벽돌로 축조한 원형 지하건축이 1기 조사되었다. 풍승택(馮承澤)과 양홍훈(楊鴻勛)은 고대 얼음 저장 장소인 '능음(凌陰)'건축으로 추정하고 있다.[43] 전국상(錢國祥)은 원형건축이 문헌에서 확인되는 능운대(凌雲臺)의 빙정(氷井)임을 고증하고, 상부의 방형건축은 북위 시기에 축조된 양풍관(凉風觀)으로 고증하였다.[44] 북궁의 동쪽에는 영안궁(永安宮)이 있으며 북궁의 서쪽은 황실의 원유(苑囿)인 탁룡원(濯龍園)이다. 북궁의 동북에는 태창(太倉)과 무고(武庫)가 있다. 남궁의 동남방향인 모문과 개양문 근처에는 태위부(太尉府), 사공부(司空府), 사도부(司徒府) 등의 관부가 위치하고 있다. 귀족의 거주지역인 보광리(步廣里), 영화리(永和里)는 상동문 안쪽에 위치하며, 평민은 대부분 성곽의 바깥에 거주한다. 공·상업구역으로는 남시(南市)와 마시(馬市), 금시(金市)가 있다. 남시와 마시는 성의 외곽에 있으며 금시는 서벽의 상서문과 옹문 사이에 위치한다.

....

43) 冯承泽, 场鸿勋, 『洛阳汉魏故城圆形建筑遗址初探』, 『考古』1990年 第3期.
44) 钱国祥, 『汉魏洛阳故城圆形建筑遗址殿名考辩』, 『中原文物』1998年 第1期.

광무제는 성곽의 남쪽 교외에 국가 최고학부인 태학(太學)과 예제건축인 벽옹(辟雍), 명단(明堂) 및 천문관측소인 영대(靈臺)를 설치하였다. 이러한 건축 유적은 모두 고고학 조사와 발굴을 통해 확인되었다.[45] 벽옹과 명당은 중원(中元) 원년(56년)에 축조되었으며, 위치는 평성문과 개양문 외곽 약 1,000m 지점으로 벽옹은 동쪽, 명당은 서쪽에 위치한다. 벽옹유적은 평면 기단에 장방형으로 사면에 담장이 축조되어 있으며 각 면은 170m 정도이다. 정방형의 대원(大院)에는 모두 4조의 건축물이 배치되었으며, 각 조는 3기의 실(室)로 구성되어 있다. 일반적으로 예제에 의하면 벽옹의 주위에는 해자를 설치하는데 현재까지 확인되지는 않았다. 그러나 이곳에는 진무제(晉武帝)가 3번 다녀갔다는 벽옹기념비(辟雍紀念碑)가 출토되었으며 최근에는 그 비석 받침이 발견되었다. 문헌기록에 의하면 조위와 서진 시대의 벽옹은 동한 시기의 옛터에 중건한 것임을 알 수 있다. 명당은 벽옹에서 150m 지점에 위치하며 유적의 평면 형태는 정방형이다. 유적의 4면에는 담장이 있고 각 면의 길이는 400m이다. 정방형의 대원 정중앙에는 직경이 62m인 원형기단이 있으며 명당의 중심건축이다. 이는 명당의 특징인 '상원하방(上圓下方)' 구조와 일치한다.

영대는 벽옹, 명당과 동시에 축조되었으며 조위와 서진 시기에도 사용되다가 서진 말년에 소실되었다. 북위 시기에는 이미 사용되지 않았다. 영대는 명당의 서쪽 80m에 위치하며 그 중심건축은 평면 정방형의 기단건축이다. 영대의 현존 높이는 8m이며 상부는 무너져 내린 상태이다. 기단의 사방으로 방이 있으며, 상·하층구조로 하층은 회랑구조이다. 주변으로는 하란석(河卵石)을 깐 '산수(散水)'가 발견되었으며, 상층의 각 면에는 각각 5칸의 방이 있고 바닥에는 벽돌을 깔았다. 벽체는 채색을 하였는데 청용, 백호, 주작, 현무가 대표하는 색깔을 배치하였다.

....

45) 中国社会科学院考古研究所洛阳工作队,『汉魏洛阳城南郊的灵台遗址』,『考古』1978年 第1期; 段鹏琦,『汉魏洛阳城的查与发掘』,『新中国的考古发现和研究』, 文物出版社 1984年版.

그림 8 낙양 출토 동한 석경

　태학은 광무제 건무 5년(29년)에 축조되었으며, 이후 규모가 확대되어 순제(順帝) 양가(陽嘉) 원년(32년)에 완공되었다. 태학이 최전성기에는 학생이 3만여 명에 이르렀다. 특히 희평(熹平) 4년(175년)에는 석경(石經)을 태학에 세웠는데, 참관하는 사람들의 수레가 하루에 1,000여 대에 달하고 거리를 꽉 메웠을 정도로 번성한 시기였다고 전하고 있다. 동한 말년 동탁의 난으로 태학은 소실되었다. 위문제(魏文帝) 황초(黃初) 5년(224년)에 동한 옛 위치에 태학을 중건하고, 정시(正始)연간(240~249년)에 삼체석경(三體石經)을 세웠다. 서진 초기 태학은 중흥하였으며, 함녕(咸寧) 2년(276년)에는 별도의 국자학을 세워 태학과 병존하였다. 태학 유적에서는 일찍이 석경이 출토되었으며 이후 도굴이 수차례 진행되었다. 출토된 석경은 모두 잔편이며, 글자가 남아 있는 것은 100여 편으로 경본(經本)의 교감(校勘)에 매우 중요한 가치가 있다(그림 8). 태학 유적은 주로 2개의 부분으로 구성되어 있는데, 한 부분은 벽옹의 북쪽으로 그 범위는 동서 200m, 남북 100m이다. 다른 한 부분은 그 동쪽 100m 지점에 위치하며 남북 길이 200m, 동서 폭 150m이다.

1964년 성곽의 동쪽 2km 지점에서 522기의 동한 시기 형도묘(刑徒墓)가 발견되었다. 무덤은 수혈이 좁고 작으며, 부장품이 거의 발견되지 않는다. 출토된 800여 점의 명문전지(銘文塼志)에 의하면 피장자는 전국의 감옥에서 동원되었으며, 동한 낙양성의 축조과정에서 사망한 죄수임을 확인할 수 있다(그림 9).[46]

3. 서한 황제릉의 조사, 발굴과 연구

1) 서한 제릉

서한 왕조 11명의 황제는 사후에 모두 수도인 장안성 부근에 매장되었다. 하지만 각 능묘의 구체적 위치와 관련해서는 북위 역도원(酈道元)의 『수경주(水經注)』와 당대의 『삼보황도(三輔黃圖)』, 송대 송민구(宋敏求)의 『장안지(長安志)』 및 청대 필원(畢沅)의 『관중승적도지(關中勝迹圖志)』 등 여러 지리서와 방지(方志)에는 서로 다른 견해들이 제시되어 있다. 그러나 서한 제릉의 분구들은 현재에도 확인이 되며, 지하의 매장유물도 간헐적으로 출토되고 있다. 현재 고고학 조사와 발굴의 내용을 문헌기록과 비교한 결과 각 제릉의 명칭과 위치는 확인하였다. 11기의 제릉 가운데 9기는 한 장안성 서북 위하의 북안 황토고원에 위치하고 있으며, 동쪽에서 서쪽으로 경제 양릉(陽陵), 고조 장릉(長陵), 혜제 안릉(安陵), 애제 의릉(義陵), 원제 위릉(渭陵), 평제 강릉(康陵), 성제 연릉(延陵), 소제 평릉(平陵), 무제 무릉(茂陵)의 순서로 위치한다. 문제의 패릉(覇陵)과 선제의 두릉(杜陵) 2기는

....

46) 黃士斌, 『汉魏洛阳城刑徒坟场调查记』, 『考古通讯』1958年 第6期; 中国科学院考古研究所洛阳工作队, 『东汉洛阳城南郊的刑徒黄地』, 『考古』1972年 第4期.

그림 9 낙양 출토 형도묘전 명문

위하의 남쪽인 장안성 동남 일대에 위치하고 있다. 최근 위하 북안의 위릉, 연릉, 의릉, 강릉의 명칭과 위치에 대한 새로운 의견이 제기되어 주목할 필요가 있다.[47]

서한 제릉에 대한 고고학적 조사는 1960년대부터 시작되었다. 조사와

....

47) 王建新, 毛利仁美, 『前漢「後四陵」につじこの 考察』, (日本) 茨城大学考古学研究室 20周年 紀念文集『日本考古学の基礎研究』2001年 3月.

발굴에는 중국사회과학원고고연구소, 섬서성고고연구소, 섬서성문물관리회, 섬서성박물관, 함양시박물관 등이 참여하였다. 1960~70년대에는 전체 제릉에 대한 측량조사를 실시하였으며,[48] 장릉의 배장묘[49]를 비롯하여, 안릉 배장묘의 배장갱,[50] 문제 두후릉(竇后陵)의 종장갱(從葬坑),[51] 무릉 배장묘의 종장갱,[52] 양릉 부근의 형도묘(刑徒墓)[53] 등에 대한 시굴조사를 진행하였다. 1980년대 중국사회과학원고고연구소는 전체 제릉에 대한 재조사와 측량을 실시하여 유적 평면도를 새롭게 제작하였다.[54] 조사과정에서 두릉의 능원 동문궐과 북문궐, 침원과 1호, 4호 종장갱 및 황후능원의 동문궐, 침원(寢園) 등에 대한 발굴을 진행하였다.[55] 1990년대 이래 섬서성고고연구소는 경제 양릉에 대해 대규모의 조사와 발굴을 진행하여 풍부한 성과를 얻었으며 현재도 발굴 작업이 진행되고 있다.[56] 두릉과 양릉에 대한 고고학적 발견들은 문헌사료의 제한된 내용을 넘어서 서한 제릉에 대한 체계적인 인식을 제공하고 있다.

고고학 조사와 문헌내용에 의하면, 서한 왕조 11기 황제릉은 대형 동굴묘인 문제의 패릉을 제외하고는 모두 평지에 수혈의 토광을 파고 지표상에는 대형의 분구를 축조한 것이다. 그 형식은 장사 상비취(象鼻嘴), 북경 대보대(大葆臺)의 '황장제주(黃腸題湊)'묘와 유사하지만, 그 규모는 이

....

48) 王志杰 等, 『汉茂陵及其陪葬冢附近新发现的重要文物』, 『文物』 1976年 第7期; 咸阳市博物馆, 『汉景帝阳陵调查简报』, 『考古与文物』 1980年 第1期; 李宏涛 等, 『汉元帝渭陵调查简报』, 『考古与文物』 1980年 创刊号; 咸阳市博物馆, 『汉平陵调查简报』, 『考古与文物』 1982年 第4期; 石兴邦, 马建熙 等, 『长陵建制及其有关问题—汉刘邦长陵勘察记存』, 『考古与文物』 1984年 第2期.

49) 陕西省文管会等杨家湾汉墓发掘小组, 『咸阳杨家湾墓发掘简报』, 『文物』 1977年 第10期.

50) 咸阳市博物馆, 『汉安陵的勘察及其陪葬墓中的彩绘陶俑』, 『考古』 1981年 第5期.

51) 王学理, 吴镇烽, 『西安任家坡汉陵从葬坑的发掘』, 『考古』 1976年 第2期.

52) 咸阳地区文管会, 茂陵博物馆, 『陕西茂陵一号无名冢一号从葬坑的发掘』, 『文物』 1982年 第9期.

53) 秦中行, 『汉阳陵附近钳徒墓的发现』, 『文物』 1972年 第7期.

54) 刘庆柱, 李毓芳, 『西汉诸陵调查与研究』, 『文物资料丛刊』 第6辑, 1983年.

55) 中国社会科学院考古研究所, 『宣帝杜陵陵园遗址』, 科学出版社 1996年版.

56) 陕西省考古研究所汉陵考古队, 『汉景帝阳陵南区从葬坑发掘第一号简报』, 『文物』 1992年 第4期.

러한 제후왕묘를 초월하는 규모의 대형이다. 서한 시기 각 제릉은 모두 단독의 영역을 가지고 있으며, 동향(東向)의 분구를 중심으로 능원과 침전, 편전, 사묘의 예제 건축으로 이루어져 있다. 분구 가까이 지하에는 거대한 규모의 풍부한 부장품을 가진 다수의 종장갱이 있다. 능원 동궐문 밖에는 사마도(司馬道)와 그 양측에는 다수 공신귀족의 배장묘가 위치하며 분구에서 멀리 떨어진 곳에는 수릉(守陵)을 위한 능읍(陵邑)이 있다.

서한 제릉의 분구는 모두 판축으로 축조되었으며 모두 복두형(覆斗形)이다. 문헌기록에 따르면 높이는 일반적으로 12장(丈)이며 현재의 27m에 해당한다. 실측조사에 의하면 분구의 현존 고도는 대체로 28~31m 사이로 분구의 저변 길이는 150~170m이다. 무릉의 분구는 규모가 거대하여 문헌에는 높이가 20장에 이른다. 실측 높이는 46.5m이며 저변의 길이는 240m이다. 거대분구의 아래는 지궁(地宮)이며 현재까지는 발굴된 사례가 없다. 동한 위굉의 『한구의(漢舊儀)』에는 무제무릉의 지궁에 대한 묘사가 남아 있다. 그 내용은 "안에 재관(梓棺)과 측백나무로 만든 황장제주(나무를 층층이 쌓아 올려 만든 관곽)를 두었고……, 사방으로 통하는 묘문을 설치했다……(內置梓棺柏黃腸題湊……, 其設四通羡門……)"고 기록하고 있다. 서한 제릉의 지궁과 현재 발굴 조사된 제후황묘는 대체로 유사한 구조의 "재궁, 편방, 황장제주"의 목조구조 건축이다. 경제 양릉과 선제 두릉 주변에 대한 조사가 진행되었으며, 각 면에는 1기의 묘도(墓道)가 발견되고 있어 '사통선문(四通羡門)'의 내용과 부합된다.

거대분구를 중심으로 주위에는 판축의 능원 담장이 있다. 서한 황후(혹은 부인)은 제릉에 부장(附葬)되었으나 각각의 분구와 능원을 가진다. 고조릉과 여후릉이 동일 능원인 경우를 제외하면, 경제 양릉을 시작으로 제릉과 황후릉은 각각 다른 능원을 설치하여 후릉(后陵)은 대체로 제릉의 동쪽에 위치한다. 능원의 평면 형태는 일반적으로 방형 혹은 장방형이며, 사면의 정중앙에는 궐문이 설치되었는데 사마문(司馬門)이라 명칭한다. 고조 장릉의 능원은 한 면의 길이가 780m이며 전체 사면의 길이는 3,120m

이다. 경제 양릉의 경우, 능원 담장의 한 변 길이는 418m이며, 폭은 335m이다. 또한 네 벽의 중앙에는 모두 궐문이 있으며, 발굴조사된 남궐문의 판축 유적은 제왕만이 사용할 수 있는 '삼출궐(三出闕)'의 목조구조 건축으로 확인되었다. 선제두릉의 능원은 한 변의 길이가 433m이며 폭은 8~10m이다. 동궐문 유적은 정면이 85m에 측면은 20m이며, 문도(門道), 좌·우숙(塾), 좌·우배랑(配廊), 산수(散水)로 구성되어 있다. 두릉의 황후릉은 한 변이 335m이며, 건축구조는 대체로 제릉의 능원구조와 동일하다.

서한 제릉의 지상에는 침전, 편전, 사묘 등의 예제건축이 있다. 『한서·위현성전(漢書·韋玄成傳)』에는 "경사에 고조부터 아래로 선제(宣帝)까지, 태상황(太上皇) 및 도황고(悼皇考, 사망한 부황)와 함께 각각 능침 옆에 묘당을 세웠고……, 또 능원 안에는 침전(寢殿)과 편전(便殿)이 있었다. 일제(日祭)는 침전에서 모시고 월제(月祭)는 묘당에서 모시며 시제(時祭)는 편전에서 모셨다(京師自高祖下至宣帝, 與太上皇悼皇考各自居陵旁立廟……, 又園中各有寢便殿. 日祭於寢, 月祭於廟, 時祭於便殿)"고 한다. 침전은 능 가운데 정전으로 전내에는 황제 생전의 의관과 일상용구들이 진설되어 있으며 궁인이 있어 "고(鼓)와 루(漏)가 알리는 시각에 따라 이불과 베개를 정리하고 세면을 위한 물도 준비했으며 화장용품함도 갖추어 놓아(隨鼓漏, 里被枕, 具盥水, 陳嚴具)" 완전히 생전과 같은 형태로 시봉을 든다. 편전은 휴식과 연회의 장소이다. 최근 장릉, 양릉, 무릉, 두릉, 위릉에서 모두 대규모의 건축 유적이 발견되었다. 선제두릉의 침전건축은 발굴조사가 이루어졌다. 침전은 능원의 동남쪽에 치우쳐 있으며, 침전의 주위에는 담장을 축조하여 침원(寢園)이라 불린다. 침원은 장방형으로 동서 길이가 174m, 남북 길이가 120m로 전체 면적은 2만 880㎡이다. 침원의 동측은 침전이며 서측은 편전이다. 침전의 동서 길이는 743m이며 남북 길이 37.4m로 중앙은 전당건축이며 주위는 회랑, 산수를 비롯하여 2개의 문과 6개의 계단으로 구성되어 있다. 편전의 동·남·북 3면에는 담장을 축조하였으며 서쪽에는 낭(廊)이 있고 분당(分堂), 실(室), 원(院)으로 이루어져 있다. 한대의 제도에는 능의 주변에 묘(廟)를 설치하지만 일반적으로 분구에서 멀리 떨어져 있다. 선제 두릉의 동북쪽에 1기의 판축기단이 있는데 평면의 방형이다. 그 지세와 위치 및 대량으로 출토된 공심전에 의거하여 발굴자는 두릉의 묘로 추정하고 있다. 이러한 건축 이외에도 고조장릉 부근에서는 '재원(齋園)', '재일궁당(齋一宮當)', '재원궁당(齋園宮當)' 등의 문자와당이 출토되어 영역(塋域)에서 제사의례를 거행하기 전에 전문적으로 제사를 준비하기 위한 건축이었음을 알 수 있다. 경제 양릉의 분구에서 동남쪽 300m 지점에는 지상에 인공 방좌원면(方坐圓面)의 대석(大石)이 확인되는데 그 표면에는 정방형의 십자형 오목 홈이 조각되어 있다. 일반적으로 '나경석(羅經石)'으로 불린다. 최근 나경석 유적에 대한 발굴조사가 진행되었으며 발견된 판축 유적, 환호, 우물, 벽돌 바닥, 산수 및 와편의 퇴적 상황을 분석해 볼 때 지붕이 없는 개방식의 건축으로 추정된다. 나경석 및 그 유적의 성격과 관련하여 일반적으로 능묘건축을 위한 측량표지로 사용된 것으로 인식하고 있으며 일부 학자는 '태사(太社)' 유적으로 추정하고 있다.[57] 그러나 태사가 왜 제릉 주변에 위치하는지는 의문점으로 남아 있다.

　　서한 제릉은 지상건축 외에도 분구 주변 지하에는 거대한 규모의 종장갱이 있으며 종장갱에는 각종 부장품이 매장되어 있다. 경제양릉의 종장갱은 분포범위가 대부분 확인되었으며 대규모의 발굴조사가 이루어졌다. 양릉 종장갱은 능원 내부와 외부의 두 부분으로 구분된다. 능원 내부의 종장갱은 분구를 중심으로 방사형의 분포를 하고 있으며 모두 86기로 확인되었다. 각 갱의 길이는 서로 다르며 가장 긴 경우는 100m 이상이며 짧은 경우는 4m 정도이다. 종장갱의 폭은 34m이며 지표면에서 깊이 511m 지점에 위치한다. 종장갱의 깊이는 3m 정도이다. 기초적인 시굴과 조사에 의하면 종장갱에는 많은 수량의 기보병용(騎步兵俑)과 동물용 및, 거마(車

....

57)　韩伟,『罗经石乎? 太社乎? ―西汉阳陵 "罗经石" 性质探讨』,『考古与文物』2001年 第2期.

馬), 병기, 생활용기 등이 매장되어 있다. 능원 동벽 밖의 종장갱은 사마도를 기준으로 남북의 양대 구역으로 구분된다. 남쪽 구역은 9만 6,000m² 범위에 24기의 종장갱이 분포하고 있으며 1990년대 14기의 종장갱에 대한 시굴이 진행되었다. 그리고 발굴조사를 통해, 밀집배열의 인용(人俑), 가축가금용(家畜家禽俑) 및 도·동·철(陶·銅·鐵)제의 일상용기 등이 발견되었다. 도용은 출토 당시 실크류의 의복을 착용하고 있었으나, 부식되어 대부분 나체용의 상태로 발견되었다. 다량의 도용을 부장하는 이러한 종장갱은 다른 제릉에서도 발견되었다. 무제 무릉의 능원 서·남·북 3면에서도 많은 수량의 배장갱이 발견되었다. 문제 패릉의 두황후능원 서벽 바깥에서도 47기의 배장갱이 발굴되었으며 도용과 금수(禽獸)유골이 출토되었다.

황제릉의 동쪽에는 사마도를 따라 양측에 다수의 공신귀족의 배장묘가 위치한다. 고조장릉에는 63기, 무제무릉에는 12기, 선제두릉에는 107기에 이른다. 배장묘의 봉토는 제릉보다 소규모이며 복두형(覆斗形), 원추형(圓錐形), 산형(山形) 등이 있다. 양릉에 대한 조사를 통해 볼 때 배장묘의 수량은 현재 확인된 지상의 봉토수량을 초과하는 것을 알 수 있다. 양릉의 배장묘는 사마도를 중심으로 남북으로 폭 1,500m, 면적 3.5m²이다. 이 범위에서 조사된 배장묘는 배장갱을 포함하여 모두 5,000여 기에 이른다. 이들 무덤은 환호를 경계로 몇 개의 불규칙한 바둑판식의 묘원(墓園)을 형성하고 있다. 묘원은 일반적으로 방형이나 일부는 장방형인데, 묘원에는 일정하지 않은 수량의 무덤과 배장갱이 확인된다.[58] 이러한 묘원 혹은 가족영원(塋園)은 공신과 귀족들이 양릉에 배장되면서 이후 그 자손들도 이곳에 매장되면서 형성된 것이다.

서한 제릉의 배장묘 가운데는 무제 무릉의 곽거병묘(霍去病墓)가 가장 특징적이다. 분구는 산형이며 분구 아래에는 수십 개의 대형 동물 석조각을 배치하였다. 와호(臥虎), 양마(躍馬), 준상(蹲象) 들이 있으며 그 가

....

58) 陝西省考古研究所調查, 钻探资科, 待刊.

운데 '마답흉노(馬踏匈奴)'는 가장 유명하다.[59] 이러한 조각은 석재의 원형을 빌려 간단한 수법으로 가공한 것으로 생동감이 있다. 무릉의 동남쪽 1,000m에는 한 무제의 누나인 양신장공주(陽信長公主)의 무덤이 있다. 무덤의 전방에서는 30여 기의 배장갱이 발굴되었으며 일부 '양신가(陽信家)' 동기(銅器)가 출토되었다. 출토된 동마(銅馬), 훈노(熏爐)는 매우 화려하여 국보급 문물에 속한다.[60] 서한 제릉의 배장묘는 일부분만이 발굴조사되었다. 1960년대 중반 함양 양가만(楊家灣)에서 고조장릉의 대형 배장묘가 발굴되었는데 한대 초기의 공신 주발(周勃)부부의 무덤으로 추정된다. 무덤의 전방에 위치한 다수의 배장갱에서 높이 7.80cm의 채색의기병용 3,000여 점이 출토되었다.

　　서한 제릉 부근에는 배장묘 외에도 관련 장제(葬制), 장의(葬儀)와는 무관한 일부 무덤들도 발견된다. 주로 능묘축조에 동원된 형도(刑徒)의 무덤이다. 1972년 경제 양릉의 분구 서북 1500m 지점에서는 8만 m² 면적의 형도묘지(刑徒墓地)가 발견되었다. 형도묘지는 갱이 좁고 작으며 갱 내에는 1인 혹은 여러 명이 매장된다. 발굴된 인골에는 목과 다리에 철제의 형구(刑具)를 착용하였다.[61] 이러한 형도묘는 다른 제릉에서도 발견되었다.

　　서한은 고조 장릉에서 선제 두릉까지 능묘 부근에 능읍(陵邑)을 설치하여, 전국 2천석(二千石) 이상의 관리와 부유층 등을 그곳에 거주하게 하였다. 이는 한편으로 능묘를 돌보고, 다른 한편으로는 지방호족 세력을 약화시켜 중앙집권을 강화하기 위한 목적이다. 이러한 조치는 원제(元帝) 영광(永光)4년에 폐지되었다. 선제 두릉의 능읍은 두릉의 북쪽 2,000m 지점에 위치하며 판축의 성벽으로 이루어져 있다. 동·서벽은 각각 700m이며 남·북벽은 모두 2,250m이다. 능읍에서는 다수의 건축 유적이 발견되었다.

....

59) 梁佐, 『汉武帝茂陵与霍去病墓』, 『文博』 1985年 第3期; 何汉南, 『霍去病冢及石刻』, 『文博』 1988年 第2期.
60) 주 52와 같음.
61) 주 53과 같음.

경제 양릉의 능읍도 현재 그 위치가 확인되었으며 부분적인 조사가 진행되었다. 능읍은 중앙에서 관할하며, 서한 시기 능읍 인구는 수만 호에 이르러 장안성과 쌍벽을 이루면서 수도의 번영을 공동으로 이끌었다.

　　고고학 조사와 발굴에 기초하여 다수의 연구자들이 서한 제릉의 능원 배치와 능침제도, 능읍제도, 배장묘의 등급, 종장갱의 성격 및 능원출토 유물에 대한 깊이 있는 연구를 진행하였다.[62] 먼저, 총괄적인 연구주제로는 서한 시기 황제릉에 소목(昭穆)제도가 실시되었는지 여부와 관련한 문제이다. 1970년대 북경대학의 『전국진한고고학강의(戰國秦漢考古講義)』에서는 고조의 장릉, 혜제의 안릉, 경제의 양릉과 관련하여 "선왕의 무덤의 중앙에 위치하고 이후에는 소목에 따라 좌, 우의 순서로 무덤을 조성한다(先王之葬居中 以昭穆爲左右)"의 방식으로 배열되었으며, 무제 이후에는 공묘제도(公墓制度)가 붕괴되면서 소목제도도 소멸된 것으로 보았다.[63] 이후 일부 학자들에 의해 서한 제릉에 모두 소목제도가 존재하였다는 진일보한 논증이 진행되었다.[64] 그러나 이에 대한 반론으로 다음의 3가지 이유를 제시하였다. 먼저 주대의 왕후묘가 발견되지 않아 소목제도의 존재를 확인할 수 없다는 점과 서한 제릉은 동향(東向)으로 소목제도에 따라 배열을 할 수 없다는 점이다. 그리고 마지막으로 서한 시기에는 '능묘의 주변에 사당을 세우는(陵旁立廟)'제도가 실행되어, 종묘에 소목서열이 존재하지 않는데 제릉에 소목제도를 적용할 수 있는가 하는 점이다.[65] 서한 제릉은 상주 시기의 '집중공묘제(集中公墓制)'와는 달리, 각 제릉의 능원과 영역이 일정한 규모를 가지면서 일정한 건축물이 완비되어 체계적인 관리기능을 가지

....

62) 刘庆柱, 李毓芳, 「关于西汉帝陵形制诸问题探讨」, 『考古与文物』 1985年 第5期; 李毓芳, 「西汉陵墓封土渊源与形制」, 『文博』 1987年 第3期; 马正林, 「咸阳原与西汉诸陵」, 『人文杂志』 1987年 第2期; 刘伟, 「西汉陵寝概谈」, 『中原文物』 1985年 第2期.
63) 北京大学历史系考古教研室, 『战国秦汉考古』(上), 1981年 铅印本.
64) 李毓芳, 「西汉帝陵分布的考察―兼谈西汉帝陵的昭穆制度」, 『考古与文物』 1989年 第3期.
65) 焦南峰, 马永嬴, 「西汉帝陵无昭穆制度论」, 『文博』 1999年 第5期; 叶文宪, 「西汉帝陵的朝向分布及相关问题」, 『文博』 1988年 第4期.

고 있는 '독립능원제(獨立陵園制)'이다. 이러한 한대의 독립능원제는 진시황 능원의 기초 위에서 발전한 것으로 이후 역대 제릉의 능원제도에 기초가 된다.[66]

2) 동한 제릉

동한 왕조는 14인의 황제가 즉위하였으나. 제릉은 12기만이 축조되었다. 이들 가운데 헌제(獻帝)의 선릉(禪陵)이 산양(山陽, 현재의 河南 焦作市)에 축조된 것을 제외하면, 다른 11기의 제릉은 수도인 낙양 부근에 축조되었다. 동한 왕조 제릉의 구체적 방위와 관련해서는 청대의 공숭림(恭菘林)은 동한 11능이 모두 망산(邙山)에 위치하는 것으로 고증하고, 능의 앞에 비를 세워 기록한 바 있으나 그다지 신뢰할 수는 없다. 이현(李賢)의『후한서(後漢書)』와 송대 서천린(徐天麟)의『동한회요(東漢會要)』에 인용한 서진 시기의『제왕세기(帝王世紀)』등의 초기 문헌기록의 내용에 의하면, 동한 제릉은 낙하(洛河)를 경계로 남북의 양대 구역으로 구분할 수 있다. 북쪽 구역은 망산 일대에 위치하며, 현재의 낙양시 서북의 맹진현(孟津縣) 동쪽과 북으로 신장(新庄)에서 남으로 평락(平樂)의 낙맹(洛孟)도로를 따라서 광무제(光武帝) 원릉(原陵), 안제(安帝) 공릉(恭陵), 순제(順帝) 헌릉(憲陵), 충제(沖帝) 회릉(懷陵), 영제(靈帝) 문릉(文陵)이 위치한다. 남쪽 구역은 현재의 낙양시 동남의 언사현(偃師縣)과 고룡현(高龍縣) 일대에 명제(明帝) 현절릉(顯節陵), 화제(和帝) 신릉(愼陵), 장제(章帝) 경릉(敬陵), 상제(殤帝) 강릉(康陵), 질제(質帝) 정릉(靜陵), 환제(桓帝) 정릉(定陵)이 위치한다. 동한 제릉의 구체적 위치와 관련해서는 현재까지 북쪽의 망산 5릉(五陵)에 대한 조사만이 진행되었으나 의견이 일치하지는 않는다. 진장안(陳長安)은 지금의 맹진현 철사촌(鐵謝村)의 '유수분(劉秀墳)'으로 알려진 고총은 능

....

66) 赵化成,『从商周 "焦中公墓制" 到秦汉 "独立陵园制" 的演化轨迹』(摘要), 北京大学古代文明研究中心编,『古代文明研究通讯』总第5期, 2000年 6月.

이 아니고 북위 효문제에 의해 축조된 방택단(方澤壇)이며, 원릉(原陵)은 신장 서남의 유가정대총(劉家井大塚)으로 비정하였다. 또한 현재의 삼십리 포촌(三十里鋪村)의 '대한총(大漢塚)'은 안제 공릉이며, 그 남쪽의 '이한총(二漢塚)'은 순제 헌릉, '삼한총(三漢塚)'은 충제 회릉이며, 영제 문릉은 공릉의 서쪽에 위치한 호가장(護駕庄) 서남의 '대토총(大土塚)'으로 비정하였다.[67] 그러나 일부 연구자는 유가정(劉家井)에서 발견된 '건녕(建寧)', '희평(熹平)'등의 기년이 있는 황장석(黃腸石)을 근거로 유가장의 고총이 영제 문릉임을 주장하기도 하였다.[68] 한편 일부 연구자는 광무제 원릉은 낙양 동북방에 있는 반룡총(蟠龍塚)으로 비정하기도 한다.[69] 결론적으로 낙양에 건도(建都)한 왕조가 많은 관계로 낙양 부근 특히 망산 일대에는 많은 고총들이 분포하고 있어서, 동한 제릉의 위치를 확인하기 위해서는 조사가 더 진행되어야 할 것이다. 현재까지 발굴된 동한 제후왕묘를 볼 때, 동한 제릉도 이미 '황장제주'의 목조구조를 사용하지 않고 '황장석'으로 대체되었을 것으로 추정하고 있다. 이러한 황장석은 망산 일대에 지속적으로 출토되고 있어서 청대 이래의 금석학 저작에 다수 소개되었다. 황장석의 동한 시기 제왕(帝王) 연호(年號)는 동한 제릉의 위치를 찾는 데 중요한 열쇠가 된다.

....

67) 陈长安, 『洛阳邙山东汉陵武探』, 『中原文物』 1982年 第3期.
68) 李南可, 『从东汉 "建宁", "熹平" 两块黄肠石看灵帝文陵』, 『中原文物』 1985年 第3期.
69) 黄明兰, 『东汉光武皇帝刘秀原陵浅谈』, 『中州今古』 1982年 第2期.

3장 한대 제후왕과 열후 무덤의 발굴과 연구

진 왕조의 제도를 계승한 한 왕조는 이십등작제(二十等爵制)를 실시하였으며 최고 등급은 열후(列侯)이다. 그러나 실제로는 열후의 상위 등급에 제후왕(諸侯王)이 있다. 초한전쟁 시기 유방은 항우 세력의 분화와 와해를 위하여 각 지역의 중요 군사지휘관들을 제후왕에 책봉하였다. 서한 왕조의 건국 이후에도 사회경제의 부진과 미숙으로 고조(高祖)는 기존의 왕후분봉의 정책을 유지하여 "2등 작제(立二等之爵)"[1]를 제정하여, 공로의 많고 적음에 따라 각기 왕(王), 후(侯)에 분봉하였다. 당시 모두 7명의 이성(異姓) 제후왕과 140여 명의 열후를 분봉하였다. 이후 이성 제후왕의 세력이 중앙정권에 위협이 되면서 고조는 여후의 협조하에 장사왕 오예(吳芮)를 제외한 6명의 이성 제후왕을 제거하고 동성(同姓) 제후왕으로 재분봉하였다. 그러나 동성 제후왕은 대부분 황실의 자제들로 세력이 강대하여 할거 국면이 전개되면서, "세력이 큰 자는 주(州)를 넘고 군(郡)을 합병하여 수십 개의 성을 연결했고, 궁실의 백관이 경사와 동일한 규모가 되어(大者跨州兼郡, 連城數十, 宮室百官同制京師)",[2] 문제(文帝)와 경제(景帝) 시기에 이르러 중앙 왕조에 심각한 위협이 되었다. 문제는 "제후를 많이 세워 그 힘을 약화시키는(衆建諸侯而少其力)" 계책을 썼고,[3] 경제 시기에는 '삭번(削藩)' 정책을 시도하여 제후세력의 약화를 시도하였다. 이후 무제(武帝) 시기에 다시 '추은령(推恩令)'을 반포하여 제후국을 소국으로 분할하여 제후의 권한을 약화시키면서 제후국과 중앙황권의 첨예한 모순을 완화하였다.[4]

서한 초기에 분봉된 열후는 대부분 개국원훈들이며, 이후에는 제후왕

....

1) 『汉书·诸侯王表·序』
2) 주 1과 같음.
3) 『汉书·要谊传』.
4) 주 1과 같음.

의 자제 및 황실종친과 소수 중신들만이 제후에 봉해졌다. 고조는 "중신의 친척으로 열후가 된 자는 모두 직접 관리를 두어 세금을 거둘 수 있다(重臣之親, 或爲列侯, 皆令自置吏, 得賦斂)"는 조서를 내린 바 있다.[5] 초기의 열후는 봉읍(封邑)과 봉국(封國)이 있어서 별도의 관리를 두어, 그 지위도 제후 다음으로 강력하였다. 한 무제는 제후세력을 약화시키는 동시에 열후의 황금헌납의 문제점을 빌미로 하여 106인의 열후작위를 박탈하였다. 이후 열후는 봉읍과 봉국은 있으나, 통치권이 없는 의식조세(衣食租稅)만을 가지는 상황이 되었다.

문제·경제·무제의 삼대에 걸친 제후와 열후에 대한 일련의 정책으로 제후와 열후 세력은 쇠락해 가고 중앙황권은 강화되었다. 그러나 한 왕조의 멸망까지 여전히 황실 구성원과 고위관료에 대한 분왕봉후(分王封侯)는 동한 시기까지 계속 유지되었다.

한대 왕후의 상장(喪葬)제도에 관하여는 『한구의(漢舊儀)』와 『후한서(後漢書)·예의지(禮儀志)』 등에 전문적인 내용이 기재되어 있으며, 다른 한대 역사문헌에서도 일부 발견된다. 1930년대 양수달(揚樹達)은 『漢代喪葬禮俗考』에서 체계적으로 문헌자료를 정리하여 한대 상장제도를 연구하였다. 그러나 당시 문헌사료와 서로 비교 검증할 수 있는 고고학 자료는 매우 제한적이었다. 1950년대 일부 제후왕묘와 열후묘가 발굴되었으나 다수의 발굴이 진행된 것은 주로 1970년대 이후이다. 현재까지 발굴된 한대 제후왕과 왕후의 무덤은 모두 41기이며, 열후와 열후부인을 확인할 수 있는 무덤은 모두 17기이다. 고고학 자료의 지속적이고 풍부한 축적을 통해, 제후왕과 열후묘의 상장제도 연구는 더욱 심화되고 있으며 무덤 형태의 변화, 황장제주, 염복(殮服)제도, 부장품제도, 거마순장(車馬殉葬)제도, 묘상건축(墓上建築)제도 및 관련 상장예의(喪葬禮儀) 연구는 상당한 성과를 이루었다.

....

5) 『汉书·高帝纪』.

1. 한대 제후왕묘

1) 1950년대에서 1960년대 초 제후왕묘의 발굴과 연구

1959년 하북성문물공작대는 하북 정현(定縣) 북장(北莊)에서 대형 한묘 1 기를 발굴하였다.[6] 한묘에서는 금동옥의(金銅玉衣)편이 출토되었으며 일부 옥편(玉片)의 뒷면에는 "中山(중산)"명(銘) 묵서가 발견되었다. 무덤에서 함께 출토된 청동 노기(弩機)에는 "건무삼십이년이월……(建武三十二年二月……)"명문이 발견되었다. 다른 석각 출토 자료에 의하면, 이 무덤은 동한 전기 중산간왕(中山簡王) 유언(劉焉)부부의 무덤으로 추정된다.

이는 최초로 발굴된 한대 제후왕묘이며, 동한 전기 제후왕묘의 독특한 무덤 형태를 이해할 수 있는 자료이다. 이 무덤은 석재로 외곽을 쌓은 수혈식전실묘이며 묘도(墓道), 이실(耳室), 묘문(墓門), 용도(甬道), 전실(前室), 후실(後室), 회랑(回廊)으로 구성되어 있다. 이실, 용도, 전실, 후실, 회랑은 모두 아치형이다. 전실 주위로 방형의 석제 담장을 쌓았으며 각 면의 길이는 20m, 두께는 1m, 높이는 8.4m이다. 전실(塼室)의 천정에는 석재 3 개를 나란히 설치하였으며 두께는 80cm이다. 전체 무덤에는 모두 4,000여 개의 석재가 사용되었으며 대부분 방형으로 길이와 폭은 1m이며 두께는 25cm이다. 발견된 174개의 석재에서 명각(銘刻), 묵서(墨書)의 제자(題字)가 발견되었는데 그 내용은 대부분 석재의 공급지와 공장(工匠)의 이름이다. 무덤은 일찍이 도굴이 되어 관곽은 이미 훼손된 상태이며, 도기, 청동기, 철기, 옥·석기, 등의 부장과 2개체의 금동옥의 5,000여 편이 출토되었다. 무덤의 위치와 규모, 형식 및 석재 옥의편, 청동 노기의 명각(銘刻) 자료들로 볼 때, 이 무덤은 중산간왕 유언과 그 부인의 합장묘이다.

당시 대형 한묘의 발굴경험이 제한적인 상황에서 유언묘의 형태는 매우 특수하게 받아들여졌으며, 특히 전실 외곽 회랑과 석재 담장을 시설한

....

6)   河北省文化局文物工作队, 『河北定县北庄汉墓发掘报告』, 『考古学报』 1964年 第2期.

방법은 한묘 가운데 흔하지 않는 사례로 한대 제후왕묘에서 사용된 '황장석(黃腸石)' 장제(葬制)가 처음으로 확인된 것이다. 『後漢書·中山簡王劉焉傳』에는 유언 사후 "상산(常山), 거록(鉅鹿), 탁군(涿郡)에서 측백나무 황장(黃腸) 잡목을 징발하는데, 세 군에서 완비할 수 없었다. 다시 나머지 주군에서 일군과 운반하는 사람 수천 명을 뽑았는데, 6주 18군이 징발로 요란하여 그 제도가 나머지 나라에서는 미칠 바가 못 되었다(發常山, 鉅鹿, 涿郡柏黃腸雜木, 三郡不能備. 復調餘州郡工徒及送致者數千人, 凡徵發搖動六州十八郡, 制度餘國莫及)"는 기록이 확인된다. 이는 각 군국(郡國)의 황장목과 공인들을 능묘 축조에 동원하였으며, 이러한 내용은 무덤 석재의 각명(刻銘)에서 확인되는 재료공급의 왕국·군·현의 명칭과 장인의 이름이 일치한다는 점에서 확인되었다. 1920, 30년대부터 다수의 금석학자들은 황장석을 소장하기 시작하였다. 단방(端方)의 『도재장석기(陶齋藏石記)』, 주진(周進)의 『거정초당한진석영(居貞草堂漢晉石影)』, 나진옥(羅振玉)의 『송옹근고·한황장석탁본발(松翁近稿·漢黃腸石拓本跋)』, 왕국유(王國維)의 『관당집림·남월황장목각자발(觀堂集林·南越黃腸木刻字跋)』, 곽옥당(郭玉堂)의 『낙양출토석각시지기(洛陽出土石刻時地記)』등에 한대의 황장석과 그에 대한 연구가 수록되어 있다. 이와 같이 수록된 황장석각에는 연호와 제작을 감독한 관리가 기록되어 있다. 사례로는 "건영오년삼월십사일갱황장연왕조주(建寧五年三月十四日更黃腸椽王條主)", "건영오년삼월십사일갱황장연왕조주(熹平元年十月二十九日更黃腸椽王條主)" 등의 석각들이 확인되고 있다. 나진옥에 의하면, 영초(永初), 양가(陽嘉), 원가(元嘉), 건녕(建寧), 희평(熹平)의 연호가 석각된 석재들은 대부분 동한 시기 순제(順帝)의 헌릉(憲陵), 환제(桓帝)의 선릉(宣陵), 영제(靈帝)의 문릉(文陵)에서 사용되었던 것으로 보고 있다. 왕국유는 이러한 석재들이 정현(鄭玄)의 『주례·방상씨(周禮·方相氏)』에 언급된 "천자의 곽(槨)은 측백나무 황장으로 내부를 만들고, 표면은 돌로 만들었다(天子之槨, 柏黃腸爲裏, 而表以石)"는 한대 제릉에서 사용된 황장석으로 보았다. 그러나 이러한 황장석은 모두 수집품으로 무덤 내부의 실제 구조는 분명하지 않다. 중산간왕 유언묘의 발굴은 처음으로 동한 시기 제후왕묘에 사용된 황장석의 구조 형태를 확인하여 주었다.

한대 상장제도에서 염복으로 사용된 옥의(玉衣)는 『한서(漢書)』, 『후한서(後漢書)』 등의 문헌에 다수 언급되어 있으며, 일반적으로 '옥갑(玉匣)', '옥합(玉柙)', '옥의'로 불렸다. 『후한서·예의지』에는 옥의의 사용과 관련한 제도에 대하여 기록하고 있다. 기록에 의하면, 황제 사후에는 "금루옥합(金縷玉柙)", 제후왕과 열후시봉(始封), 귀인, 공주는 인새(印璽)와 "은루옥합(銀縷玉柙)", 대귀인(大貴人), 장공주(長公主)는 "동루옥합(銅縷玉柙)"을 사용한다고 기재하고 있다. 그러나 문헌에 옥의의 사용제도에 대해서는 기재하고 있으나, 옥의의 형태에 대해서는 구체적인 언급이 없다. 유소(劉昭), 안사고(顏師古), 이현(李賢) 등의 주석에서도 위굉(衛宏)의 『한구의』에 기재된 내용을 언급하고 있어서 한대 이후 주석가들도 옥의의 형태에 대해 정확하게 이해하지 못하였다는 것을 알 수 있다.

정현 북장 유언부부묘에서 출토된 5,000여 매의 옥의는 2개체분의 옥의편으로 동한 제후왕과 왕후 사후에 사용된 옥의 제도를 처음으로 확인시켜 주었다. 출토된 '금동루(金銅縷)'는 비록 문헌에서 언급하고 있는 '금루', '은루', '동루'의 3가지 등급에는 포함되지 않지만, '금루' 혹은 '은루'와 같은 등급에 해당하는 것으로 생각된다. 유언은 광무제 유수의 막내아들로 제후왕의 신분으로 '은루'를 착용한 것이 옥의의 등급제도에 부합되지만 '금루'를 사용한 것은 황제의 특사(特賜)로 추정된다. 1950년대 말까지 1기의 제후왕 무덤만이 발굴되어 동한 제후왕묘의 무덤 형태와 옥의제도에 대해서는 기초적인 이해만이 가능하였다.

2) 1960년대 말에서 1970년대까지 제후왕묘의 발굴과 연구

1960년대 말에서 1970년대까지 다수의 한대 제후왕묘의 발굴이 진행되어 관련 연구에 획기적인 진전이 이루어졌다. 이 시기에는 주로 제후왕묘의 무덤 형식에 대한 새로운 인식과 관련 매장제도에 대한 토론이 집중적으로 이루어졌다.

이 시기 발굴된 서한 제후왕묘의 형식은 주로 산을 굴착하여 분구(墳丘)로 사용하는 애동묘(崖洞墓)와 '황장제주'의 수혈식 무덤으로 구분할 수 있다.

1968년 발굴된 중산정왕(中山靖王) 유승(劉勝)과 왕후 두관(竇綰)의 무덤은 처음으로 발견된 제후왕의 애동묘이다.[7] 두 무덤은 하북성 만성현 서남의 능산 주봉의 동쪽 사면 정상 부근에 위치한다. 두 무덤은 동향이며 남북 병렬 형태로 동굴을 조성한 것이다. 유승의 무덤은 전체 길이 51.7m에 최대 폭은 65m이고, 최고 높이는 7.9m이다. 두 무덤의 형식과 구조는 대체로 동일하며, 무덤은 묘도, 용도, 남이실, 북이실, 전실과 후실 등으로 구성되어 있다. 묘도는 비교적 긴 경사 형태이며, 돌과 황토로 복토하였다. 묘문은 벽돌로 막고, 다시 철제 담장을 만들었다. 묘문의 안쪽은 용도이며, 양측에는 대칭의 남·북이실이 위치한다. 다시 내부로 들어가면 넓고 큰 전실이 있고, 전실과 후실 사이에 석문이 있다. 유승묘의 후실은 전실의 서쪽에 위치하며, 두관묘의 후실은 전실 남쪽에 위치한다. 유승묘의 용도, 남이실, 북이실과 전실, 및 두관묘의 전실에는 원래 기와지붕의 목조구조 방이 있었으나, 지금은 이미 무너져 내린 상태이다. 두 무덤의 후실은 모두 동굴에 석판으로 지은 석실이며, 문도, 주실, 측실의 3부분으로 구성되어 있다. 또한 유승묘의 후실은 주위에 회랑을 갖추고 있다.

실내 부장품의 배치 형태를 보면 애동묘의 설계의도를 파악할 수 있다. 유승묘의 후실 한 쪽에는 관상(棺牀)이 설치되어 있고, 상부의 1곽1관에 묘주는 금루옥의(金縷玉衣)를 착용하였다. 실내에는 다수의 진귀한 물품을 배치하였는데 '장락식관(長樂食官)'종(鍾), '초대관조(楚大官糟)'종(鍾), 조충서호(鳥蟲書壺), 훈노(薰爐) 등의 청동기와 옥기, 청동, 철제 무기 및 금병(金餠)과 다량의 오수전(五銖錢)이 부장되었다. 작은 측실에는

....

7)　中国社会科学院考古研究所等,『滿城汉墓发掘报告』, 文物出版社 1980年版.

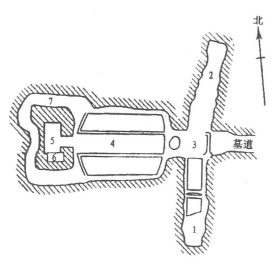

그림 10 만성한묘 유승묘 평면도

청동목반(靑銅沐盤), 동뢰(銅罍), 동훈노(銅薰爐), 동등(銅燈)과 때를 미는 돌과 석재의 남자 하인이 부장되었는데, 이는 이곳이 목욕을 하는 장소임을 상징한다. 전체 후실은 묘주 생전의 침소를 모방하였다. 전실에는 음식물을 요리하는 정(鼎), 부(釜), 언(甗)과 술을 담는 종(鐘), 뢰(罍), 호(壺) 및 일상생활용의 분(盆), 등(燈), 훈노 등의 청동기와 각종 철기, 금·은기, 칠기와 도기 및 도·석재의 시종용 및 출행 시 사용된 의장(儀仗) 등이 출토되었다. 중앙에는 2개의 장막(帷帳)이 설치되었으나 장막과 목질의 틀은 이미 부식되었으며 청동 재질 구조물만이 확인되었다. 이러한 물품의 배치는 전실이 묘주가 생전에 연회와 손님접대를 하던 전당(前堂)을 상징한다. 전방의 남이실과 용도에는 6량의 수레와 16필의 말, 11마리의 개, 1마리의 사슴이 배치되었다. 북이실에는 다량의 도기와 술을 담는 항아리, 어육과 양식을 담는 호, 옹(甕) 및 정, 증(甑), 반(盤), 이배(耳杯) 등의 그릇과 음식용구가 배치되었다. 이실의 남쪽에는 절구와 가축의 유해가 발견되었다. 출토 정황으로 보아 남이실은 마구간을 상징하며, 북이실은 창고를 상징한다. 두관묘 부장품의 배치상황은 유승묘와 기본적으로 일치하며, 다만 부장품이 대체로 소략하다. 유승, 두관의 무덤 형식은 이미 선진 시기 다중(多重)의 관곽제도에서 탈피하여, 완전히 생전에 거주하던 전당, 후침, 좌우창고, 마구간을 모방한 형식으로 설계되었으며 이는 서한 시기부터 시작된 새로운 매장형식이다.

1972년 산동 곡부 구룡산에서 4기의 대형 애동묘가 발굴되었는데 유승·두관묘와 대체로 유사하다.[8] 모두 5기가 발견되었으며 동서 병렬 배치로 묘문은 모두 남향이며 산허리를 굴착하였다. 발굴조사된 4기는 모두 묘도, 묘문, 용도, 묘실 및 이실로 구성되어 있다. 5호묘는 소형으로 묘실은 단실이며 전·후실을 함께 사용하였다. 유승묘와의 차이는 전실의 양측에 각각 2개의 측실과, 묘도, 용도의 양측에 모두 4개의 이실이 설치되어 있다는 점이다. 묘도 양측의 2개 이실에는 3량의 실제 거마를 배치하고, 용도의 측면에 있는 2개의 이실에는 주로 식량, 가축, 식품들을 부장하였다. 전실 측면의 4개 측실에는 주로 예악기와 생활용구 및 화폐를 부장하였다. 3호묘 봉문(封門) 새석(塞石)에는 "왕릉새석광사척(王陵塞石廣四尺)"의 문자가 새겨져 있으며, 염복은 은루옥의를 착용하고, "왕미앙(王未央)" "왕경기(王慶忌)"명(銘) 동인(銅印)이 함께 출토되었다. 발굴자는 『한서·경십삼왕전(漢書·景十三王傳)』을 근거로 묘주를 노효왕(魯孝王) 유경기(劉慶忌)인 것으로 추정하고 있다. 이 무덤 4기의 배열이 일치하고 형식이 동일한 대형 애동묘는 서한 시기의 노왕과 왕후묘로 추정된다. 무덤의 형태는 생전의 주거를 모방하여 설계하였으며, 다만 마구간, 창고, 저장실이 유승묘보다 수량이 많다.

'황장제주'는 1970년대 발견된 서한 제후왕묘에서 사용된 또 다른 무덤 형식이다. 이 시기 모두 8기의 황장제주묘가 발굴되었다. 북경 대보대 광양경왕(廣陽頃王) 유건(劉建)부부묘, 하북 정현 팔각랑(八角廊) 중산회왕(中山懷王) 유수(劉修)묘, 석가장 소연촌 조왕(趙王) 장이(張耳)묘, 장사 두

....

8)   山東省博物馆, 『曲阜九龙山汉墓发掘简报』, 『文物』 1972年 第5期.

벽산 장사왕후(長沙王后) 조손(曹媺)묘, 상비취(象鼻嘴) 장사왕(長沙王)묘, 강소 고우(高郵) 광릉려왕(廣陵厲王) 유서(劉胥)부부묘[9] 등이 있다. 이러한 무덤의 발굴은 문헌에서 언급되었던 서한 귀족들의 황장제주 장제를 확인시켜 주었다. 황장제주의 주요 특징은 반듯한 방목(枋木)을 대량으로 쌓아 올려 방형의 목제담장을 축조하고, 그 내부에 곽실과 관실을 축조하는 것이다. 대개 지역과 시기에 따라 각 무덤의 구체적인 구조형식은 조금의 차이가 있다.

현재까지의 고고학 자료에 의하면, 한대 황장제주 장제는 1978년 발굴된 하북 석가장 소언촌 조왕 장이묘가 가장 이른 시기의 것으로 보인다. 이 무덤은 도굴로 인해 보존이 양호하지 않아서 그 흔적을 통해 대략적인 상황만을 알 수 있다. 수혈토광에 1곽2관을 설치하고 목곽의 사면과 곽벽은 수직방향이 되게 방목장(枋木牆)을 축조하여 목두(木頭)가 모두 내향이 되게 하였다.

1973년 발굴된 하북 정현 팔각랑 중산회왕 유수묘는 서한 중기에 해당한다. 전체 수혈묘실은 '凸'자형으로 묘도, 전실, 후실의 세 부분으로 나뉘어져 있다. 전실은 대형 목재를 사용하여 축조하였으며 내부에는 다시 입목을 횡치(橫置)하여 좌, 중, 우 3실을 구성하였다. 우실에는 실제 거마 3량을 배치하여 마구간을 상징하고, 좌실에는 대량의 생활용 도기를 배치하여 주방을 상징하며, 중실에는 4량의 우거마(偶車馬) 장식품을 배치하였다. 후실의 가장 외곽은 방목을 쌓아 올려 방형 목장을 축조하고, 내부는 다시 목판으로 전당, 후실과 좌우실로 분리하였다. 전당에는 청동기를 배치하고, 후실에는 2곽3관의 5중관을 안치하고, 관내의 염복은 금루옥의를

....
9)   北京市古墓发掘办公室,『大葆台西汉木椁墓发掘简报』,『文物』1977年 第6期; 河北省文物研究所,『河北定县40号汉墓发掘简报』,『文物』1981年 第8期; 石家庄市图书馆文物考古小组,『河北石家庄市北郊西汉墓发掘简报』,『考古』1980年 第1期; 长沙市文物局文物组,『长沙咸家湖西汉曹墓』,『文物』1979年 第3期; 湖南省博物馆,『长沙象鼻嘴一号西汉墓』,『考古学报』1981年 第1期; 梁白泉,『高邮天山一号汉墓发掘记』,『文博通讯』第32期, 1980年;『高邮天山二号汉墓的秘密被揭开』,『新华日报』1980年 5月 26日.

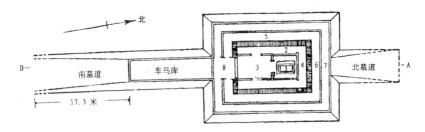

그림 11 북경 대보대 1호묘 평면도

사용하였다. 좌·우실에는 다량의 실크 제품과 칠기, 죽간이 부장되었다.

1974년과 1975년 발굴된 북경 대보대 광양경왕 유건부부묘는 서한 후기에 속하는 무덤이다. 유건묘의 장구는 비교적 보존상태가 양호하다. 가장 외곽에는 대형 목재로 이중의 외곽회랑을 만들고, 그 안쪽에는 1만 5,000개의 방목(枋木)으로 방형의 상자형 목장을 조성하였다. 방목은 길이 90cm, 폭 10cm이며, 목두의 방향은 모두 내향(内向)이다. 목장의 내부에는 목판으로 삼면을 에워싸서 관실을 조성하고, 그 내부에는 2곽3관을 설치하였다. 관실과 목장 사이 공간에는 내곽회랑이 형성된다. 관실의 앞은 전실이며 칠상(漆床), 도기와 각 종 식품이 남아 있다. 내·외회랑에는 도기, 용(俑), 거마장식, 말, 표범의 잔편이 남아 있다. 묘도 내에는 목판으로 곽실을 축조하고 내부에는 3량의 실제 거마를 배치하였다. 광양경왕 왕후묘의 형식은 대체로 유건의 무덤과 유사하다(그림 11).

남방의 장사왕묘와 광릉왕묘는 장구의 보존이 비교적 양호하다. 서한 문경 시기의 장사 상비취 장사왕묘는 황장제주의 형식이 비교적 뚜렷하다. 암반의 바닥에 먼저 백회를 깔고, 다시 목판으로 전체 곽실의 바닥면을 조성하였다. 상부에는 내·외층의 곽실과 관실을 축조하여 이중의 회랑을 형성하였다. 외회랑에는 칸막이문으로 12개의 방과 문실(門室)로 분할하고, 내회랑은 격문으로 7개의 방과 전당으로 분리하였다. 관실에는 3중관을 배치하였다. 전체 곽실의 주위에는 길이 150cm, 폭 20~33cm의 백목(柏木) 908개를 쌓아 올려 거대한 상자형의 방목담장을 형성하였다. 앞쪽의 벽체

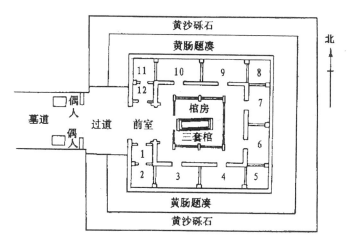

그림 12 장사 상비취 1호묘 평면도

정중앙에는 통로를 남겨 두고, 목판을 쌓아 올려 전방의 묘도와 연결하였다(그림 12).

　고우 광릉왕 유서부부묘의 형식은 비교적 복잡하다. 2기의 무덤은 동서 병렬의 남향이며, 봉토의 잔고는 5~6m이다. 묘지의 상부에는 한대 기와편들이 산포하고 있는 것으로 보아 본래 능원, 침묘(寢廟)류의 건축이 있었던 것으로 추정된다. 두 무덤은 모두 1개의 묘도를 가진 수혈 암갱묘(岩坑墓)이다. 유서묘의 깊이는 24m이며, 무덤 바닥에 먼저 잡석, 황토, 목탄을 깔고 그 위에 목재를 깔아 전체 곽실의 바닥을 조성하였다. 묘광의 4벽을 따라 목판을 세워 외곽장(外廓牆)을 축조하였다. 외곽장 내부에는 길이 94cm, 폭 40cm의 방목으로 상자형의 목장을 축조하였다. 목장과 외곽장 사이에는 폭 1.6~1.7m의 외회랑이 형성되었으며 외곽방이라 칭한다. 상자형의 목장 내에는 다시 삼중의 곽방(槨房)과 관방(棺房)을 축조하였다. 곽방은 다시 15칸의 작은 방으로 나누고, 각 방에는 문미(門楣), 문틀, 문턱, 문짝을 설치하였다. 문짝 위에는 칠서(漆書)의 "식관제×내호(食官第×內戶)", "중부제×내호(中府第×內戶)"의 명문이 확인되었다. 중앙 관방은 전후의 두 부분으로 나누어 뒷부분에 이중관을 안치했으며, 앞부분은 전실에 해당하며 앞·뒤에 각각 문을 설치하였다. 유서의 부인묘는 형식에서 유서묘와 동일하며, 다만 규모 면에서 소형이다. 외회랑이 없으며, 상자형 목장 내부 곽방의 수량도 적다. 목장 남벽에서 묘도의 끝부분까지 목판을 세워 마구간을 설치하고 내부에는 거마고(車馬庫)를 설치하였다. 묘주는 금루옥의을 착용하고 있었으며 "광릉사부(廣陵私府)"봉니와 목독(木牘)이 출토되었다. 목독에는 "육십이년팔월무술(六十二年八月戊戌)"의 묵서명이 발견되었다. 『한서·제후왕표(漢書·諸侯王表)』에 의하면, 역대 광릉왕 가운데 재위 기간이 62년을 초과하는 사람은 1대왕 유서(재위 63년)가 유일하므로, 이를 근거로 두 무덤을 유서부부묘로 추정하고 있다.

이러한 무덤자료를 근거로 연구자들은 "황장제주"의 장제와 내용에 관한 전문적인 연구를 진행하였다. 노기(魯琪)의 『대보대서한묘의 '재궁(梓宮)', '편방(便房)', '황장제주(黃腸題湊)'에 대하여』, 단선진(單先進)의 『서한 '황장제주' 장제고찰(西漢 '黃腸題湊' 葬制初探)』, 유덕증(劉德增)의 『한대 '황장제주' 장제에 대하여(也談漢代 '黃腸題湊' 葬制)』 논문은 모두 황장제주 장제에 대한 전문적인 연구이다.[10] '황장제주'라는 명칭은 『한서·곽광전(漢書·霍光傳)』에서 가장 먼저 확인되는데, 곽광의 사후에 선재(宣帝)가 "벽, 주기, 옥의, 재궁, 편방, 황장제주 각각 한 구와 외장곽 열 다섯 구(璧, 珠璣, 玉衣, 梓宮, 偏旁, 黃腸題湊各一具, 樅木外藏槨十五具)"를 하사하였다고 전하고 있다. 안사고(顏師古)는 이에 대한 주에서 "측백나무와 전나무로 관 외부를 둘러싸는데 그래서 황장이라 부른다. 끝부분이 모두 안쪽을 향하여 제주라 부른다(柏木黃心致累棺外, 故曰黃腸. 段頭皆向內, 故曰題湊)"고 설명하고 있다. 이와 같이 황장제주의 장제는 황장제주, 재궁, 변방, 외장곽 등의 부분으로 이루어져 있으며, 한대의 황제, 황후, 제후왕, 왕후 등 대귀족들이 사용한 장제임을 알 수 있다. 이와 같이 '황장제주', '재

....

10) 魯琪, 『试谈大西汉墓的 "梓宫", "便房", "黃肠题湊"』, 『文物』 1977年 第6期; 单先进, 『西汉 "黃肠题湊" 葬制初探』, 『中国考古学会第三次年会论文集』, 文物出版社 1981年版; 刘德增, 『也谈汉代 "黃肠题湊"』.

궁', '외장곽'에 대한 논자의 관점은 대체로 일치한다. 황장제주는 상술 무덤 가운데 방목(枋木)으로 상자형의 담장을 조성한 것으로 북경 대보대 유건묘에 사용된 황장목도 백목(柏木)이었다. 이러한 상자형의 담장에 사용된 목재와 그 축조방법은 소림(蘇林)의 해석과 부합된다. 재궁(梓宮)은 재목(梓木)으로 제작된 관이다.『한서·곽광전』의 안사고 주에 "재목으로 그것을 만드는데 몸을 담는 관이다. 천자를 위해서 만드는데 그래서 재궁이라고도 부른다(以梓木爲之, 親身之棺也. 爲天子制, 故亦稱梓宮)"라고 설명하고 있다. 경사(京師)의 제후왕도 천자의 제도와 동일하게 적용하는 관계로 북경 대보대 유건묘의 외곽과 외관은 재목을 사용하여 제작하였으므로 재궁으로 본다. 또한 안사고는 주에서 '외장곽'은 정장(正藏)의 바깥에 있는 비첩(婢妾)의 장실(藏室)을 이르며, 혹은 주(廚)로 별칭되고, 구(廐)에 속한다고 설명하고 있다. 이와 같이, '외장'은 '정장'에 상대되는 말로, '정장'은 재궁이 안치되는 장실을 지칭하는 것으로 내곽실에 해당한다. 아울러 제후왕묘에서 거마, 금수, 금백(金帛), 식품, 용구 및 도용·목용(木俑)을 부장하는 외곽실, 혹은 외회랑이 외장곽에 해당하는 것이다. 그러나 '편방'에 대한 이해는 서로 상이하다. 노기는 황제의 상장의식 참가 관련 내용인『후한서·예의지』의 "묘도가 열리면 황제가 편방에서 쉰다. 태상(太常)이 묘도로 이끌면 지팡이를 놓고 중상(中常)이 모시고 구(柩) 앞에 이르면 쉬었다가 엎드려 곡하는 것이 의례에 맞다(羨道開通, 皇帝謁便房, 太常導至羨道, 去杖, 中常侍受, 至柩前, 謁, 伏哭止如儀)"에 근거하여 재궁의 전방에 있는 무덤의 전실을 '편방'으로 이해하였다. 그는 이후 자신의 의견을 수정하여 '凹'자형의 내회랑을 '편방'으로 주장하였다.[11]

유위초(兪偉超)는 무덤의 '정장'은 명당, 후침(后寢), 편방으로 구분되며, 관실의 양측 측실, 혹은 내회랑을 '편방'으로 이해하였다.[12] 단선진은

....

11) 鲁琪,『北京大葆台汉墓·结语』, 文物出版社 1989年版.
12) 俞伟超,『汉代诸侯王与列侯墓葬的形制分析』,『先秦两汉考古学论集』, 文物出版社 1985年版.

3장 한대 제후왕과 열후 무덤의 발굴과 연구 | 89

내곽과 관실의 총칭을 '편방'으로 이해하였다. 그는『한서·곽광전』의 장구 순서에 대한 서술에 근거하여 '편방'은 '재궁'과 '황장제주' 사이에 위치하며, 황장제주 무덤에서 내곽과 관실이 바로 '황장제주'와 '재궁' 사이에 위치하므로, 내곽과 관실 전체를 '편방'으로 추정하였다. 또한 안사고의 주석에 '편방' '소곡실(小曲室)'로 기재하고 있고, 황장제주의 "凹"자형 내곽방이 곡실형(曲室形)이라는 점을 주장하였다. 유덕증, 황전악(黃展岳)은『한의주(漢儀注)』의 "內梓宮, 次楩槨, 柏黃腸題湊" 기재에 근거하여 내곽, 혹은 관방은 편목(楩木)으로 제작되었으며, 이를 '편방(便旁)' 혹은 '편곽(便槨)'으로 지칭하였다고 주장하였다.[13] 비록 현재까지 편방에 대한 이해는 결론을 도출하기 어려운 상황이지만, 전체적으로 보아 1970년대 고고학 발견과 연구를 통해 제후왕묘에 사용되었던 '황장제주' 장제에 대한 기본적인 이해는 이루어졌다.

이 시기에 발견된 동한 시기 제후왕묘는 모두 2기이다. 1969년 발굴된 하북 정현 북릉두(北陵頭) 중산목왕(中山穆王) 유창(劉暢)부부의 무덤[14]과 1970년 발굴된 강소 서주 토산(土山) 팽성왕(彭城王)부부의 무덤이다.[15] 정현 중산목왕 유창부부묘는 동한 후기에 속하는 대형 전실묘이다. 무덤은 묘도, 묘문, 용도, 좌우이실, 전실, 중실과 두 개의 후실로 구성되어 있다. 이 두 개의 후실은 유창부부가 각각 거처했던 후침(后寢)을 상징하며, 중실은 전당, 전실은 정원을 상징한다. 이러한 3실 구조는 동한 후기에 유행한 보편적인 형식이다. 또한 제후왕뿐만 아니라, 이천석(二千石)의 관리무덤도 대부분 3실인 경우가 많다. 하북 망도 1호묘의 경우에도 전, 중, 후 3실과 양 측실로 구성되며,[16] 망도 2호묘는 전·후 5실과 양측의 8이실(八耳室) 구조이다. 내몽고 화림객이(和林客爾)의 호오환교위묘(護烏桓校尉墓)

....

13) 黃展岳,『釋 "使房"』,『中国文物報』1993年 6月 20日.
14) 定县博物馆,『河北定县43号汉墓发掘简报』,『文物』1973年 第11期.
15) 『徐州土山东汉墓清理简报』,『文博通讯』第15期, 1977年.
16) 北京历史博物馆等,『望都汉墓壁画』, 中国古典艺术出版社 1955年版.

는 전, 중, 후 3실과 3개의 이실 구조이다.[17] 또한 하남 밀현 타호정(打虎亭)의 홍농태수묘(弘農太守墓), 산동 기남(沂南)의 일천석(一千石) 관리에 해당하는 화상석묘도 모두 전, 중, 후 3실묘로 축조되었다.[18] 이상에서 소개한 대형 무덤의 형식으로 볼 때, 동한 후기에는 제후에서 이천석 혹은 일천석의 관리 무덤들이 모두 3실, 혹은 다실묘(多室墓)를 사용하였다. 이는 이 시기 각 지방별로 관리와 유력세력의 발전과 더불어 제후왕 세력은 쇠락하였으며 이는 장제에도 반영되고 있음을 보여 주고 있다. 서주(徐州)의 토산묘(土山墓)는 동한 후기의 전석(塼石)혼합 무덤인데 묘도, 묘문, 용도, 전실, 후실로 구성되어 동한 중·후기의 대형 쌍실 전묘와 별다른 차이가 없다. 다만 묘석의 배열이 정교하고, "관십사년성(官十四年省)" 등의 명문이 다수 발견된다. 무덤에서는 은루옥의가 발견되었는데, 이는 묘주의 특수한 신분을 보여 준다. 무덤의 지역적 특징과 부장품에서 추정되는 연대로 볼 때 동한 후기 어느 팽성왕 부부의 무덤으로 추정된다. 1970년대 한대 제후왕묘의 발굴과 연구는 제후왕묘의 무덤 형식과 발전 과정 및 특수한 상장제도에 대해서도 인식이 확대되었다.

3) 1980년대에서 1990년대까지 제후왕묘의 발굴과 연구

1980년대와 90년대에도 다수의 한대 제후왕묘가 발견되어 관련 상장제도에 대한 인식이 더욱 확대되었다. 이 시기 발굴된 8기의 서한 시기 제후와 왕후묘로는 강소성 서주의 귀산(龜山) 초양왕(楚襄王) 유주(劉注)부부묘, 동동산(東洞山) 초왕(楚王)부부묘, 북동산(北洞山) 초왕묘, 사자산(獅子山) 초왕묘, 타람산(馱籃山) 초왕묘, 하남성 영성(永城)의 망탕산(芒碭山) 보안산(保安山) 양효왕(梁孝王) 유무(劉武)부부묘, 망탕산 시자원(柿子園) 양왕(梁王)묘, 망탕산 희산(僖山) 초왕(혹은 초왕후)묘, 산동성 창락(昌樂)의 치

....

17) 內蒙古自治区博物馆文物工作队, 『和林格尔汉墓壁画』, 文物出版社 1978年版.

18) 河南省文物究所, 『密县打虎亭汉墓』, 文物出版社 1993年版; 曾昭燏 等, 『沂南画像石墓发掘报告』, 文化部文物管理局 1956年版.

천왕후(菑川王后)묘, 장청(長淸) 쌍유산(雙乳山) 제북왕(濟北王)묘, 장사(長沙) 망성파(望城坡) 장사왕후(長沙王后) 어양(漁陽)묘, 광주(廣州) 상강산(象崗山) 남월왕(南越王)묘 등이 있다.[19] 이러한 제후왕과 왕후묘의 형식은 1970년대 발견된 애동묘(崖洞墓), 황장제주 외에도 석실묘와 목곽묘가 있다. 또한 초왕과 양왕의 애동묘는 중산왕 유승묘, 노왕 유경기묘보다 더욱 복잡한 형식이다.

1981~1995년, 서주 부근에서 모두 8기의 초왕과 왕후묘가 발굴되었으며 모두 산을 굴착한 애동묘이다. 북동산 초왕묘, 사자산 초왕묘, 귀산 초양왕 유주부부묘의 규모가 가장 크고 구조도 가장 복잡하다.

북동산 초왕묘는 서한 전기에 속하며, 무덤에서 출토된 사수반량전(四銖半兩錢)으로 보아, 묘주는 문·경제(文·景帝)에서 무제 전기의 어느 초왕으로 추정된다. 무덤의 전체 길이는 66.3m 이상이며, 묘도는 노천에서 개착하였으며, 남쪽에서 북쪽으로 모두 3개의 구간으로 나뉘어져 있다. 중간 구간의 묘도 양 측벽에는 7개의 작은 감(龕)이 있고, 감에는 시위용(侍衛俑), 의장용(儀仗俑) 222개를 안치하여 호위를 상징하였다. 북단의 양 측벽에는 2개의 이실을 배치하였다. 이어서 북향으로 굴착하였으며, 동굴 전체 길이는 21.3m이다. 동굴의 입구에는 문을 설치하였으며, 문의 뒤쪽에는 용도를 설치하고 용도의 양측에는 각각 하나의 측실을 축조하였다. 용도에서 북쪽으로 전실, 후실이 바로 연결된다. 전실 동북 모퉁이에는 통로가 있

19) 南京博物院, 铜山县文化馆,『铜山龟山二号西汉崖洞墓』,『考古学报』1985年 第1期; 南京博物院,『铜山龟山二号西汉崖洞墓一文的重要补充』,『考古学报』1985年 第3期; 徐州博物馆,『江苏铜山县龟山二号西汉崖洞墓材料的再补充』,『考古』1997年 第2期; 徐州博物馆,『徐州石娇汉墓清理报告』,『文物』1984年 第11期; 徐州博物馆等,『徐州北洞山西汉墓发掘简报』,『文物』1988年 第2期; 狮子山楚王陵考古发掘队,『徐州狮子山西汉楚王陵发掘简报』,『文物』1988年 第8期;『徐州市驮蓝山西汉墓』,『中国考古学年鉴』(1991年) 第173页, 文物出版社 1992年版; 河南省文物考古研究所,『永城西汉梁国王陵与寝园』, 中州古籍出版社 1996年版; 潍坊市博物馆等,『山东昌乐县东圈汉墓』,『考古』1993年 第6期; 山东大学考古系等,『山东长清县双乳山一号汉墓发掘简报』,『考古』1997年 第3期; 宋少华, 李鄂权,『西汉长沙王室墓发掘概述』, 中国考古学会第九次 (1993)年会论文;『长沙发掘西汉长沙王室墓』,『中国文物报』1993年 8月 22日; 广州市文物管理委员会等,『西汉南越王墓』, 文物出版社 1991年版.

고, 통로의 북측에는 2개의 측간(厠間)이 설치되었다. 묘도 중간 구간의 동벽 북단에는 통로용 계단이 있는데, 이는 11개 노천 석실로 연결된다. 출토된 유물로 볼 때, 11개의 석실은 거마고, 창고, 음식창고와 저장실에 속하는 '외장실'이다(그림 13). 도굴 후에 남겨진 옥의 잔편으로 보아 묘주는 금루옥의를 착용하였던 것으로 추정된다.

사자산 초왕묘는 서한 초기에 속하며, 전체 길이는 117m이다. 묘도는 3개 구간으로 구분되는데, 묘도 중간 구간의 북단 동측 저부에서 1기의 배장묘(陪葬墓)가 발견되었다. 배장묘에서는 "식관감인(食官監印)" 동인(銅印)이 1매 출토되었으며 초왕의 음식을 책임지던 관원으로 추정된다. 무덤의 서측 묘도 벽 아래에서 채회도용(彩繪陶俑) 25점이 발견되었다. 묘도의 후단 상부는 천정(天井)인데, 한묘에서는 유일한 발견 사례이다. 천정 아래 묘도 양측에는 3개의 이실이 있다. 천정에서 북쪽으로 동굴을 굴착하고 동굴의 입구에 문을 설치하였다. 문의 내측으로는 용도, 전실, 후실과 4개의 측실, 2개의 배장실이 연결된다. 두 개의 배장실에는 2명의 여성이 배장되었다. 이 무덤은 이미 도굴된 상태이다. 다행히 천정 아래 3개의 이실은 도굴되지 않았는데, 이곳에서 2000여 점의 유물이 출토되었다. 출토 유물 가운데 가장 주목되는 것은 240매의 관인(官印)과 봉니(封泥), 옥기 200여 점, 반량전 20여 만 매가 출토되었다. 출토 유물로 보아 3개의 이실과 4개의 측실은 창고, 금고, 무기고, 주방, 저장고, 창고로 추정된다. 다른 제후왕묘와 달리 무덤 전실은 침실을 상징하고, 실내의 한쪽에 관상(棺床)을 배치하였으며, 옥으로 상감된 칠관(漆棺)과 금루옥의가 확인되었다. 후실은 연희가무를 위한 장소로 상징된다. 또한 사자산 묘지의 지상에는 능원, 침원(寢園)의 건축 유적이 발견되었다. 능원 밖에는 배장묘와 배장갱이 확인되었으며, 2기의 병마용갱이 발굴되어 병마용 2300점이 출토되었다.

귀산 초양왕 유주부부묘는 2기의 남북 병렬 무덤이 연결된 것으로 제후왕부부묘가 병혈합장(幷穴合葬)에서 동혈합장(同穴合葬)으로 이행되는 과도기적 형태에 해당한다. 두 무덤의 구조는 기본적으로 동일하며 묘도,

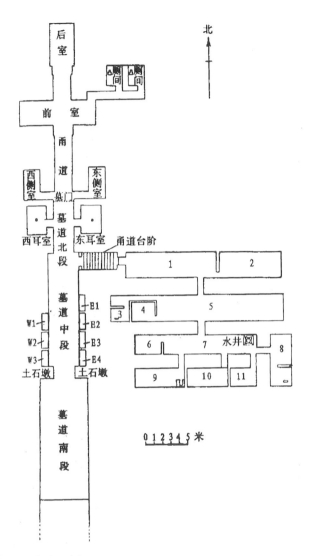

그림 13 서주 북동산 한묘 평면도

용도, 전실, 중실, 후실과 약간의 측실, 이실로 구성되어 있다. 남쪽 무덤 전체 길이는 82.5m, 북쪽 무덤 길이는 83.5m이다. 묘도는 모두 노천에서 굴착되었으며 경사식으로 각각 10여 m이다. 용도와 묘실은 전부 산의 중턱에 축조되었다. 두 무덤은 이실을 제외하고 각 실이 모두 기와지붕의 목조구조 방식이며 모두 배수구가 있다. 북묘의 전실과 남묘의 중실은 통로로 서로 연결되어 하나의 구조를 이루고 있다. 잔존 유물과 동물유체 및 식품으로 판단할 때, 전·중·후실은 전정(前庭), 중당(中堂), 후침(后寢)을 상징하며, 이실과 측실은 거마고, 창고, 음식창고, 주방에 속한다. 남묘에서 출토된 "유주(劉注)" 은인(銀印)으로 볼 때, 남묘의 묘주가 유주이며 북묘 묘주는 그 부인임을 확인할 수 있다. 유주는 제6대 초왕으로 무제 원정(元鼎) 원년(116년)에 사망하였으며, 시호는 양왕이다.

하남 영성 망탕산은 서한 시기 양국의 왕릉구역으로, 수대에 걸친 양왕들이 여기에 매장되었다. 이미 발견된 대형 능묘는 8곳이며 보안산은 양효왕(梁孝王) 유무(劉武)와 왕후의 능묘이다. 양효왕 유무는 문제(文帝)의 아들이며 경제(景帝) 중원(中元) 6년(144년)에 사망하였다. 양효왕의 부인 이후(李后)는 대략 무제 원삭(元朔) 6년(123년) 전후에 사망하였다. 양효왕 부부묘는 현재까지 발견된 최대 규모의 제후왕릉으로 여러 방면에서 서한 황릉을 모방하였다. 양효왕릉은 보안산 남쪽 봉우리에 위치하고 왕후는 북쪽 봉우리에 위치하며 서로 간의 거리는 200m이다. 산을 굴착하여 능묘로 사용하는 구조이며 대규모의 건축 유적도 발견되었다. 전체 왕릉구역은 판축으로 조성되었으며, 평면 형태 방형의 대형 능원으로, 남북 길이 900m, 동서 폭은 750m이다. 동문 밖에는 문궐(門闕)과 유사한 건축 유적이 확인되었다. 양효왕릉의 동부에는 대형의 침원(寢園) 유적이 있으며, 담장, 전조(前朝), 후침(后寢), 회랑 등의 건축으로 구성된 건축군이며, 다량의 건축용 기와에는 "효원(孝園)" 명문이 있다. 동쪽에는 다수의 대·중·소형의 배장묘가 있다. 두 무덤은 모두 암반을 굴착한 대형의 애동묘이며, 묘도, 용도, 이실, 주실, 회랑 및 다수의 측실로 구성되어 있다. 양효왕묘의 용도 양측에는 3개의 이실과 1개의 측실이 있다. 용도는 주실과 연결되어 있으며, 주실의 양측에는 모두 6개의 측실이 있다. 주위는 회랑으로 연결되어 회랑의 네 모서리에는 모두 4개의 각실(角室)이 있으며 무덤 내부는 원래 목조건축이다. 묘실은 일찍이 도굴된 상태로 유물이 발견되지 않아 각 실의 성격은 판단하기 어렵다. 다만 이실은 마구간, 각 측실은 창고와 음식실, 욕

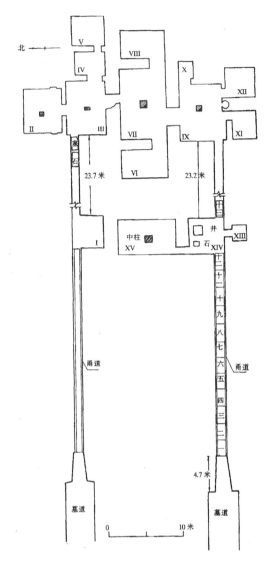

그림 14 서주 귀산 한묘 평면도

실 및 측간으로 상징된다. 왕후의 무덤은 양효왕묘보다 규모가 더 크며, 동서 2개의 묘도, 3개의 용도, 전정, 전실, 후실, 회랑 및 30개의 측실로 구성되어 있다. 묘도와 전정은 노천에서 개착되었으며 전정 북벽에는 2개의 측실이 있다. 석문 바닥에는 "동거(東車)", "서거(西車)"의 명문이 석각되어 있는 것으로 보아 마구간으로 추정된다. 동쪽 용도의 양측에는 4개의 측실이 있으며, 검과 화살촉의 무기 및 거마구가 출토되어 전장실(前藏室)로 추정된다. 다시 안쪽으로 진입하면 전실인데, 용도의 새석(塞石)에는 "동궁동남방제×(東宮東南旁第×)" 명문이 확인되고 있어서 전실은 '동궁(東宮)'이며 실내는 본래 목조구조 건축이었다. 다량의 시유도기, 도기 등 생활용구가 출토되었으며, 동궁은 묘주의 연회와 접객을 위한 장소로 상징된다. 동궁 양측에는 모두 6개의 측실이 있는데, 주방과 저장을 위한 공간이다. 전실과 후실 사이에 용도가 있고, 양측에는 모두 4개의 측실이 있다. 측실은 이미 도굴되었으며, 용도의 위치와 각 측실의 배치구조로 보아 4개의 측실은 대형의 예기(禮器)를 비치하던 내장실(內藏室)과 중장실(中藏室)로 추정된다. 용도는 후실과 연결되어 있으며, 후실의 4면에는 방형 회랑과 9개의 측실이 설치되어 있다. 서쪽 용도의 각 측실 문도의 새석에 "서궁서남방제×(西宮西南旁第×)" 등의 명문이 있는 것으로 보아, 후실은 서궁으로 지칭되며 묘주의 침소를 상징하는 것으로 추정된다. 기타 각 실은 침실, 탈의실, 목욕실, 화장실, 저장실을 상징한다. 서궁의 서쪽은 용도와 묘도이며, 용도의 양측에는 6개의 측실이 설치되어 있다. 각 측실의 유물은 이미 도굴된 상태이며 일부 거마장식(車馬裝飾)과 반량전(半兩錢)이 발견되었다. 이로 보아 서쪽 용도 각 실은 후장실(後藏室)로 추정된다. 이러한 무덤구조는 묘주 생전의 궁전건축을 모방한 것이다.

1980년대 이래 발굴된 서주 초왕묘과 영성 양왕묘로 판단할 때, 산을 굴착한 동굴형태의 제후왕묘는 문경(文景) 시기에 매우 성행하였던 것으로 보인다. 『사기·문제본기(史記·文帝本紀)』에 기재된 문제의 유조(遺詔)와 관련하여 "패릉의 산천은 원래의 모습을 개조하지 말라(覇陵山川因其古, 毋有所改)"고 기재하고 있다. 이는 문경 시기 출현한 제후왕의 애동묘는 문제 패릉(覇陵)의 인산위장(因山爲藏)을 모방한 장제로 추정된다. 능묘에는 능원, 침원, 배장갱, 배장묘 등이 있는 것도 서한 제릉을 모방한 것으로 추정된다. 이 시기에 발굴된 황장제주 무덤은 장사 함가호(咸家湖)

망성파(望城坡)의 서한 전기 장사왕후(長沙王后) 어양(漁陽)묘가 유일한 사례이다. 이 무덤의 형식은 1970년대 발굴된 상비취(象鼻嘴) 무덤, 두벽산(陡壁山) 무덤과 유사하다. 또한 무덤의 제주(題湊) 목장(木牆)에 "제주(題湊)" 명문이 처음으로 확인되었다. 이로써, 단목(短木)을 쌓아 올려 목장을 축조한 형태의 무덤이 『한서·곽광전』에서 말하는 '황장제주' 장제임이 확인되었다.

서한 말기에는 석재로 황장목을 대신하는 황장석묘가 발견되어 제후왕묘의 새로운 형식이 출현하였음을 보여 준다. 하남 영성 희산 1호묘는 산의 암반을 굴착한 수혈식 무덤이다. 지상에는 10여m의 봉토가 있다. 1개의 묘도가 있으며, 묘도의 뒷부분에는 408개의 새석으로 무덤을 막았다. 대부분의 석재에는 문자가 있으며, 그 내용은 돌의 방위, 번호 및 장인의 인명으로 구분된다. 묘실은 방형으로 석재를 쌓아 올려 네 벽을 축조하고, 무덤 입구는 14개의 장조석(長條石)으로 밀봉하였다. 이와 같이 석축의 석장이 목질의 황장제주를 대체하여 황장석묘로 발전하였다. 무덤에서 출토된 금루옥의와 금기, 옥기로 볼 때 서한 말기에 속하는 양왕묘이다. 산동 장청 쌍유산 서한 무제 시기의 제북왕묘는 산의 암반을 굴착한 수혈목곽묘이다. 장구는 2곽3관으로 선진(先秦) 시기의 관곽제도가 계승되었다.

1983년 발굴된 광주 상강산(象崗山) 남월왕묘(南越王墓)는 중국 영남(嶺南)지역의 독특한 장제이다. 무덤에서 출토된 인장으로 볼 때(그림 15), 묘주는 제2대 남월왕 '조매(趙昧)'로 추정되며, 무제 원삭에서 원수(元狩) 연간(BC 128년~BC 117년)에 사망하였다. 이 무덤은 암반을 대형 굴착한 수혈석실묘이며, 전체 묘실은 홍사암(紅砂岩) 석판으로 축조하였으며, 전실 양측의 이실은 동굴을 파서 조성하였다. 무덤은 전후 2부분으로 나뉘어져 있으며, 모두 7개의 무덤방으로 구성되어 있다. 전반부는 전실, 동이실, 서이실이며, 후반부는 주실, 동측실, 서측실과 주실 뒷부분의 별도 후장실로 나뉘어져 있다. 주실 내에는 1곽1관이 배치되어 있으며, 묘주는 사루옥의(絲縷玉衣)를 착용하고 있다. 동측실에는 3~4인이 순

그림 15 광주 남월왕묘 출토 인장

장되었으며, 다수의 부인 인장이 발견되어, 이곳을 비첩장실(婢妾藏室)로 추정한다. 서측실에는 주로 두 종류의 물품을 배치하였는데, 묘주가 사용한 희생(犧牲)과 각종 기물 및 7인의 순장이 발견되었다. 도기 입구를 막은 봉니에는 "주승지인(廚丞之印)"의 문자가 확인되어, 주방으로 추정된다. 후장실에는 동·도기 100여 점을 배치하였는데, 대부분은 식기류이며, 용기에는 돼지와 소의 뼈, 자라의 등딱지들이 채워져 있었으며 "태관(泰官)"명 봉니도 다수 발견되었다. 태관은 황제 음식과 조정연회를 주관하는 관리이므로 후장실은 묘주의 연회장소를 상징한다. 전실의 출토 유물은 목거(木車)의 부품이 대부분이며, 원래 3량의 수레와 거구(車具)가 부장되었던 것으로 추정된다. 이와 더불어, 1구의 순장관도 부장되었는데, "경항령인(景巷令印)"의 동인(銅印)이 1매 출토되었다. '경항령(景巷令)'은 조정의 첨사속관(詹事屬官) '영항령(永巷令)'을 모방한 것으로 남월왕실의 가사를 담당한 관리로 추정된다. 전실 전체에는 모두 권운문(卷雲紋)이 채색되어 있는데, 이는 정원을 상징하며 주로 행차를 위해 거마를 준비하는 곳으로 추정된다. 동이실에는 주로 악기를 비치하였으며, 뉴종(鈕鐘) 14점, 용종(甬鐘) 5점, 요(鐃) 8점, 편경(編磬) 2세트 18점이 발견되었다. 동요(銅鐃)에는 "문제구년악부공조제×(文帝九年樂府工造制×)" 명문이 확인되었다. 『한서·백관공경표(漢書·百官公卿表)』에 의하면, 악부(樂府)는 소부(少府) 소속이다. 이는 남월왕의 악부에 해당하며, 예악을 관장하여 동이실은 예악과 연회를 거행하던 곳을 상징된다. 서이실에는 가장 많은 물품이 비치되었는데, 청동예기, 생활용기, 부기, 거마장식, 금·은·옥장식, 실크제품 등 모두 500여 점이 발견되었다. 이곳은 저장공간을 상징하는 것으로 추정된다. 이와 같이 다수의 연구자들은 남월왕묘의 구조와 배치는 다른 제후왕묘와의 유사점과 더불어 남월왕국의 독특한 장제를 보여 준다고 지적하고 있다.

1980년대 이래 발굴된 동한 시기 제후왕의 무덤은 모두 4기이다. 동한 전기에 속하는 강소 감천산(甘泉山) 광릉사왕(廣陵思王) 유형(劉荊)부부의 합장묘, 산동 임치(臨淄) 금령진(金嶺鎭) 제양왕(齊煬王) 유석(劉石)묘, 동한 중기에 속하는 하남 회양(淮陽) 북관(北關) 진경왕(陳頃王) 유숭(劉崇)묘, 동한 후기에 속하는 산동 제녕(濟寧) 임성왕(任城王) 혹은 왕후의 무덤을 들 수 있다.[20] 상술한 무덤의 발굴과 연구 및 발굴된 동한 제후왕묘와의 비교를 통해, 현재 동한 시기 제후왕 무덤 형태의 변화양상에 대해서는 기본적인 이해가 이루어졌다.

감천산 2호묘에서는 "광릉왕새(廣陵王璽)" 귀뉴금인(龜鈕金印)과 동등(銅燈)에서 "산양저(山陽邸)"와 "건무이십팔년조(建武二十八年造)" 명문이 발견되어, 묘주는 명제(明帝) 영평(永平) 원년(58년) 산양왕(山陽王)에서 광릉왕(光陵王)에 봉해진 유형으로 추정하고 있다. 유형은 광무제 유수의 아홉 번째 아들이며, 명제 연간에 여러 차례 반란을 도모해 영평 10년(67년) 자살하였다. 이 무덤은 대형의 전권묘(塼券墓)이며, 묘도, 묘문, 용

....

20) 南京博物院, 『江苏邗江甘泉二号汉墓』, 『文物』1981年 第1期; 山东省文物考古研究所, 『山东临淄金岭镇一号东汉墓』, 『考古学报』1999年 第1期; 周口地区文物工作队等, 『河南淮阳北关一号汉墓发掘简报』, 『文物』1991年 第4期; 济宁市博物馆, 『山东济宁发现一座东汉墓』, 『考古』1994年 第2期.

도, 전실 및 이관실(二棺室)과 회랑으로 구성되어 있다. 전실은 횡장방형이며, 이관실 및 회랑 사이에 칸막이가 없다. 이관실은 묘실 중앙의 뒤편으로 치우쳐 있으며 후면에는 칸막이가 없다. 이관실의 좌·우·후면에는 회랑이 형성되어 있다.

임치 금령진 1호묘는 동한 전기의 제양왕(齊煬王) 유석(劉石)의 무덤으로 추정된다. 무덤의 형태는 광릉왕 유형부부묘와 유사한 대형의 전권묘이다. 무덤은 묘도, 봉문, 용도, 좌우이실, 전실, 주실, 회랑으로 조성되어 있다. 유형묘에 비해 좌·우이실이 추가되었으며, 주실은 완전한 전권실이다. 용도, 전실, 주실 및 회랑의 내측에는 모두 초석을 깔았는데, 이는 황장석을 상징적으로 보여 주는 형태이다. 이러한 형태는 동한 말기까지 사용되었는데 산동 제녕 임성왕의 배치와 유사하다. 전체 묘실은 석재로 축조되어 있다.

상술한 무덤 3기의 평면배치는 하남 당하(唐河)의 신망(新莽) 시건국(始建國) 천봉(天鳳) 5년(18년) 풍유인(馮孺人)묘와 유사하다.[21] 동한 황족은 하남 남양지역에서 연원한 것으로, 동한 전기 제후왕묘는 서한 말과 왕망 시기 남양지역 호족 무덤의 형식과 특징을 계승하고 있다. 또한 상술한 무덤 3기는 1950년대 발굴된 하북 정현 북장 중산간왕(中山簡王) 유언(劉焉)묘의 중부 전실(塼室)의 배치와도 일치하는데, 단지 주위에 황장석이 없는 차이 정도이다. 전체적으로 볼 때, 동한 전기 제후왕묘의 주요 특징은 주위에 회랑을 설치한 전·후실 구조의 전권묘이며, 황장석의 유무는 대체로 묘주의 제력과 물자 및 지위 등에 따라 결정되었다.

동한 중기의 하남 회양 북관 진경왕 유숭묘의 형태는 동한 전·후기 제후왕묘의 변화를 연결해 주는 형태이다. 이 무덤은 회랑을 가진 전석다실묘(塼石多室墓) 형태이며, 묘도, 묘문, 용도, 좌·우이실, 전실, 후실, 회랑으로 조성되어 있다. 주변은 회랑이며 회랑의 사각과 동·서·북 3면에는 7

....

21) 南阳地区文物队等,『唐河汉郁平大尹冯君孺人画像石墓』,『考古学报』1980年 第2期.

개의 장방형 아치형 묘실[券室]이 있으며, 아치형 묘문[券門]과 회랑은 서로 연결되어 있다. 회랑 중부에는 중심축선을 따라 용도, 좌·우이실, 전실과 후실이 축조되었다. 석재를 바닥에 깔고 용도벽과 후실 내벽을 쌓아 올렸다. 그러나 정현 북장 유언묘처럼 주위에 황장석장을 하지는 않았다. 이는 새로운 형식으로 시기적인 계승관계를 보여 준다. 외부에 단독으로 쌓아 올린 회랑은 실제는 '황장제주'의 회랑을 모방한 것인데, 서한에서는 황장목을 사용하고, 동한 전기에는 주로 황장석을 사용하는데, 이 시기에는 벽돌을 사용하여 축조한 것이다. 그리고 중부의 좌·우실과 전·후실은 서한 후기 이래로 중간관리층이 주로 사용하던 무덤 형식이다. 이는 초기 제후왕묘의 형식과 중간관리층의 무덤 형식이 결합된 것으로 파악할 수 있다. 동한 후기의 제후왕묘에 이르면 외부의 회랑은 사라지고 중부는 전·중·후의 3실묘로 변하게 된다. 이와 같이 이미 무덤 형식에서 제후왕과 지방호족세력의 경계가 모호해지고 있음을 확인할 수 있다.

2. 한대 열후묘

1) 1950~60년대 열후묘의 발굴과 연구

이 시기 열후묘에 대한 인식은 출토 옥의(玉衣)에서 시작되었다. 1954년 강소 휴영(睢寧) 구녀돈(九女墩)의 동한 후기 화상석묘에서 200여 매의 옥편(玉片)이 출토되었다. 발굴 당시에는 이를 옥의로 판별하지 못하고 일반적인 복식으로 추정하였다. 이후 1958년 이울연(李蔚然)이 구녀돈 옥편의 용도와 관련한 연구를 진행하면서 문헌기록과의 고찰을 통해 네 모서리에 천공(穿孔)이 있는 방형의 옥편을 한대에 '옥갑(玉匣)'으로 기록하고 있음을 밝혀내고, 구녀돈 무덤이 제후왕이나 대귀인(大貴人), 장공주(長公主)와 동급 무덤임을 추정하였다.[22] 이를 통해 한대 고급귀족의 상장(喪葬)에 사

....

22) 李蔚然, 「江苏睢宁九女墩汉墓出土玉牌用途的推測」, 『考古通讯』 1958年 第2期.

용된 옥의가 고고학 실물로 처음 확인되었다. 그러나 그 구체적 등급에 관해서는 확정하지 못하였다.

1950년대 처음으로 확인된 열후묘는 한단(邯鄲) 낭촌(郞村) 서한묘이다. 낭촌한묘는 1946년 발견되었지만 1958년에 처음 보도가 되었으며, 무덤의 형식도 명확하지 않았다.[23] 출토된 옥편과 남아 있는 청동녹으로 볼 때, 동루옥의(銅縷玉衣)로 추정되며, "유안의인(劉安義印)" 동인(銅印)이 함께 함께 출토되었다. 『한서·왕자후표(漢書·王子侯表)』에 의하면, 유안의(劉安義)는 조경숙왕(趙敬肅王) 유팽조(劉彭祖)의 손자이며, 경제의 증손으로 상씨후(象氏侯)에 사봉(嗣封)되어, 소제(昭帝) 시원(始元) 6년(BC 81년)에 사망하였다. 『한서·지리지(漢書·地理志)』에 거록군(巨鹿郡)에 상씨현(象氏縣)이 있으며 후국(侯國)이라 전하고 있다. 묘주인 유안의는 상씨후로 동루옥의를 착용한 것은 문헌기록과 대체로 부합하는 것이다.

이 시기 발견된 열후등급으로 옥의가 출토된 동한 시기 무덤은 구녀돈 한묘 외에도 산동 동평왕릉(東平王陵) 한묘와 하북 망도(望都) 2호묘를 들 수 있다.[24] 구녀돈 한묘, 망도 2호묘, 동평왕릉 한묘에서는 모두 동루옥의편이 출토되었다. 구녀돈 한묘는 전·중·후 3실의 화상석묘이며, 망도 2호묘는 전·후 5실과 8개의 이실로 구성되어 있으며, 전·후실이 각각 두 개로 나뉘어져 중실과 함께 5실의 구조이다. 동평왕릉 한묘는 전·후 2실과 좌·우이실 구조이다. 상술 무덤 3기 가운데 전자의 2기는 동한 시기 비교적 대형에 속하는 무덤이다. 망도 2호묘에서 출토된 매지권(買地券)의 내용을 통해, 묘주는 태원태수(太原太守) 유공(劉公)으로 황족에 해당한다. 동평왕릉 한묘는 열후에 봉해진 동평왕 유창(劉蒼)의 자손 무덤으로 추정된다. 구녀돈 한묘에서 출토된 동루옥의와 3실 구조는 묘주의 신분이 다른 2기의 무덤보다 낮지 않음을 보여 주는데, 대체로 열후 혹은 황족으로 추

....

23) 黎晖, 『玉衣片』, 『文物參考資料』 1958年 第11期.
24) 山東省博物館, 『山東東平王陵山汉墓清理简报』, 『考古』 1966年 第4期; 河北省文化局文物工作队, 『望都二号汉墓』, 文物出版社 1959年版.

정된다.

2) 1970년대 열후묘의 발굴과 연구

1970년대에는 서한 시기 열후묘에 대한 매우 중요한 발굴들이 이루어졌다. 섬서 함양 양가만(楊家灣)에서 강후(絳侯) 주발(周勃)부부(혹은 周亞夫)의 병혈합장묘와 하북 형대(邢臺) 남곡(南曲) 양후(煬侯) 유천(劉遷)묘, 호남 장사 마왕퇴(馬王堆) 대후(軑侯) 이창(利倉)가족묘, 안휘 부양(阜陽) 쌍고퇴(双古堆) 여양후(汝陽侯) 하후조(夏侯竈)부부의 병혈합장묘 등이 발굴되었다.[25] 또한 광서 귀현(貴縣) 라박만(羅泊灣) 한묘 2기도 그 규모와 출토 문자자료로 볼 때, 묘주의 신분이 열후에 해당하는 것으로 추정된다.[26] 이러한 열후묘의 형식은 황하유역과 장강유역 및 영남지역이 각기 서로 다른 특징을 가지고 있다. 1970~1976년 발굴된 함양 양가만 한묘(4호묘, 5호묘)는 황하유역에서 발굴조사된 열후묘의 대표적인 사례이다. 이 무덤은 고조(高祖) 장릉(長陵)의 동부에 위치하는 장릉의 배장묘이다. 2기의 무덤은 남북 병렬 형태이며 형식이 유사하고, 모두 거대 봉분을 가지고 있다. 묘도는 곡척형(曲尺形)이며 묘광과 묘도의 측벽은 계단형식을 하고 있다. 4호 무덤의 묘실은 방형에 가까우며, 길이와 폭 각각 20m, 깊이 24.5m에 묘도의 길이는 80m이다. 묘실과 묘도의 내부는 복잡한 목조건축이며 관, 곽조차도 원형을 확인할 수 없다. 묘도의 안쪽과 바깥쪽에는 벽돌과 나무를 쌓아 배장갱 18개를 축조하였는데 거마갱(車馬坑) 5기, 도기갱 3기, 병마용갱이 10기이다. 이 무덤에도 '정장(正藏)'과 '외장(外藏)'의 구분이 있어서 묘실은 '정장'에 속하며, 18개의 배장갱은 '외장곽'으로 볼 수 있다.

....

25) 陝西省文管会, 博物馆等, 『咸阳杨家湾汉墓发掘简报』, 『文物』1977年 第10期; 河北省文物管理处, 『河北邢台南郊西汉墓』, 『考古』1980年 第5期; 湖南省博物馆等, 『长沙马王堆一号汉墓』, 文物出版社 1973年版; 湖南省博物馆等, 『长沙马王堆二, 三号汉墓发掘简报』, 『文物』1974年 第7期; 安徽省文物王作队等, 『阜阳双古堆西汉汝阴侯墓发掘简报』, 『文物』1978年 第8期.
26) 广西壮族自治区博物馆, 『广西贵县罗泊湾汉墓』, 文物出版社 1988年版.

두 무덤에서는 모두 은루옥의편이 출토되었는데, 두 무덤의 규모와 장제로 보아 묘주의 지위는 열후보다 낮지 않다. 북위 역도원(酈道元)의 『수경주(水經注)』에 언급된 방위에 따라, 한대 초기의 강후 주발(혹은 주아부)부부의 무덤으로 추정하고 있다.

1978년 발굴된 형대 남곡의 양후 유천묘는 비교적 소규모이다. 유천은 청하(淸河) 강왕(綱王)의 아들로 소제 시원 6년(BC 81년)에 남곡후(南曲侯)에 봉해져 재위 31년인 선제(宣帝) 감로(甘露) 3년(BC 51년)에 사망하였다. 이 무덤은 장방형의 수혈토광묘로 묘실은 하나이며, 동서 길이 7.15m에 남북 폭은 2.85m이다. 네 벽은 벽돌로 담장을 축조하고 목판으로 덮었다. 묘실의 전방에는 묘도가 있고 묘실의 남쪽 1.5m 지점에는 소와 돼지를 부장한 배장갱이 있다. 유천은 비록 열후이지만 그 지위는 개국원로인 주발이나 주아부와는 비교되지 않으므로 이 무덤의 규모는 양가만 한 묘에 비해 작다. 다만 무덤에서 출토된 금루옥의편으로 보아 그 특수한 신분을 알 수 있다.

1972~1974년 발굴된 장사 마왕퇴 대후 이창의 가족묘는 장강유역에서 가장 대표적인 열후묘이다. 2호 무덤에서 출토된 "장사승상(長沙丞相)", "대후지인(軑侯之印)"과 "이창(利倉)" 인장(印章)은 이 무덤의 주인이 이창 본인임을 보여 준다. 『한서(漢書)』에 의하면 이창은 혜제(惠帝) 2년(BC 193년)에 장사왕국 승상으로 대후에 봉해졌으며, 여후(呂后) 2년에 사망하였다. 1호묘에서 발견된 50세 전후의 여성은 무덤에서 발견된 "첩신추(妾辛追)"명장(名章)으로 보아, 이창의 부인으로 추정된다. 3호묘의 30세 전후 남성 묘주는 이창의 아들로 추정하고 있다. 3호묘의 매장 연대는 문제 12년(BC 168년)이다. 3기의 무덤 형태는 기본적으로 동일하며 모두 봉토와 지하에는 묘도가 설치된 수혈토광목관묘이다. 1호묘는 규모가 최대로, 무덤의 입구 길이는 20m, 폭은 17.9m이다. 무덤의 입구 아래는 4층의 계단 형태이고, 그 아래는 두형(斗形)의 묘광이다. 무덤의 바닥은 길이가 7.6m, 폭이 6.7m, 깊이는 16m이다. 거대한 곽실은 묘광의 바

닥 정중앙에 축조되어 있다. 곽실의 평면 형태는 '정(井)'자형이고 중앙은 관실(棺室)이며 주위는 두상(頭箱), 족상(足箱), 좌변상(左邊箱), 우변상(右邊箱)으로 나누었다. 목곽의 바닥은 3개의 받침목으로 받쳤다. 곽실 주위에는 목탄과 백회를 채웠다. 관실에는 4중의 칠관(漆棺)을 설치하였다. 내관의 덮개판 위에는 백화(帛畵)가 한 폭 있다. 묘주는 앙신직지(仰身直肢) 형태이며 전신에는 모두 20종의 실크와 마직물을 착용하였다. 부장품은 네 개의 변상(邊箱)에 집중적으로 배치하였으며 칠기, 의복, 도기, 죽·목기, 목용(木俑), 악기, 동경, 농축산물, 식품, 과일, 약재, 죽간, 인장 등 1,000여 점이 출토되었다. 2호묘와 3호묘는 규모가 약간 작으며, 2호묘는 2중관을, 3호묘는 3중관을 사용하였다. 특히 3호묘에서 다량의 백서와 죽간이 출토되었다.

마왕퇴 한묘의 장제는 북방지역 한묘와 많은 차이를 보여 주고 있어서 이에 대한 깊이 있는 연구가 진행되었다. 전체적으로 볼 때, 마왕퇴 한묘는 선진 시기 예제와 초(楚)나라의 장속(葬俗)을 계승하였다. 목곽의 4면에 백회를 채워 넣은 것과 목곽의 분상(分箱) 형식은 모두 초나라의 대표적인 전통이다. 『예기(禮記)』 등의 문헌에는 선진 시기 관곽(棺槨)제도에 대한 많은 기록이 있으나, 한당(漢唐) 시기 경학가의 주석은 대부분 불분명하다. 그러나 마왕퇴 한묘에서 완전하게 보존된 관곽의 출토를 통해 문헌기록의 내용들이 제대로 이해가 되었다. 유위초는 마왕퇴 한묘에서 사용된 관곽제도에 대한 고증을 진행하였다.[27] 1호묘는 선진 시대 '제공(諸公)'의 2곽4관제를 사용하였는데, 이를 통해 서한 전기 장사왕국의 귀족들이 여전히 선진 시기 구제(舊制)를 사용하였음을 알 수 있다. 그리고 4중관은 『예기』에 기재된 "대관(大棺)", "속관(屬棺)", "비관(椑棺)"에 해당하는 것으로 주장하였다. 다수의 연구자들은 1호묘 내관 상부의 백화는 유책(遺冊)에서 언급된 "비의(非衣)"로 이해하고 있다. 이는 실제로는 '삼례

....

27) 俞伟超, 『马王堆一号汉墓棺制的推定』, 载 『先秦两汉考古学论集』, 文物出版社 1985年版.

(三禮)'에 기재된 사자의 명분을 표시하는 '명정(銘旌)'이다.[28] 『의예·토상례(儀禮·土喪禮)』와 『예기·상대기(禮記·喪大記)』에는 선진 시기 상의(喪儀)에서 사자를 여러 겹의 옷과 이불로 싸고 이를 묶는 '교금(絞衾)'의 기록이 있다. 그러나 이 장제에 대해 역대 주석가들도 명확하게 규명하지 못했는데 마왕퇴 한묘에서 처음으로 구체적 사례가 확인되었다. 1호묘의 묘주는 비단 포(袍)와 마포의 단의(單衣)를 착용하고, 발에는 푸른 실크 신발을 신고, 얼굴에는 장색(醬色)의 비단수건을 덮은 채로 비단 띠로 양 어깨와 두 발을 묶었다. 그리고 다시 18겹의 의금(衣衾)으로 싸고 나서 비단 띠를 9번을 돌려 묶었다. 이러한 장제가 바로 문헌에서 언급된 '교금'제도이다. 이후 강릉(江陵) 마산(馬山), 구점(九店) 전국초묘(戰國楚墓)에서도 '교금'의 실례는 확인되고 있다.[29] 유위초는 마왕퇴 한묘의 용정(用鼎)제도에 대한 연구도 진행하였다. 유책의 기록에 의거하여 1호묘는 대뢰구정(大牢九鼎) 1세트와 칠정(七鼎) 2세트, 배정(陪鼎) 3세트를 사용한 것으로 보고 이는 선진 시기 상경(上卿)의 상례임을 지적하였다.[30] 전체적으로 볼 때, 그는 마왕퇴 한묘에 대한 연구를 통해 '주제(周制)', '초제(楚制)', '한제(漢制)'로 변화한 것으로 이해하였다.

1978년 발굴된 부양 쌍고퇴 여양후 하후조부부묘는 무덤의 형식이 마왕퇴 한묘와 유사한 수혈토광목관묘이다. 1호묘의 묘주 하후조는 한대 초기 장군 하후영(夏候嬰)의 아들이며, 문제 전원(前元) 15년(BC 165년)에 사망하였다. 2호묘의 묘주는 하후조의 처로 추정된다. 두 무덤은 동서 병렬이며 묘도는 남향이다. 상부에는 거대 봉분이 있고, 곽실의 4면에는 상하로 목탄과 석회로 채워 넣었다. 1호묘의 곽실은 남북 길이 6.2m, 동서 폭 3.8m이다. 곽실의 중부 남쪽에는 횡치(橫置)의 격판이 있어 곽실을 전후

....

28) 金景芳, 『关于长沙马王堆 1号汉墓帛画的名称问题』, 『社会科学战线』 1978年 创刊号.

29) 湖北省荆州地区博物馆, 『江陵马山一号楚墓』, 文物出版社 1985年版; 湖北省文物考古研究所, 『江陵九店东周墓』, 科学出版社 1995年版.

30) 俞伟超, 『马王堆一号汉墓用鼎制度考』, 载 『先秦两汉考古学论集』, 文物出版社 1985年版.

두 부분으로 분리한다. 관상(棺床)은 후방의 중간에 위치하며 관의 양측에는 측실이 있다. 전실과 측실 및 목관의 후방부에 부장품을 부장하였다. 2호묘의 곽실은 1호묘보다 작지만 구조는 유사하다. 2기의 무덤은 모두 도굴되었으며 관목과 시신은 확인되지 않았다. 장식(葬式)은 분명하지 않으며 북방지구 왕후묘에서 사용된 옥의편도 발견되지 않았다. 전체적으로 쌍고퇴 한묘와 마왕퇴 한묘는 같은 유형에 속하는데, 다만 관곽구조에 조금의 차이가 있다.

1976년과 1979년에 발굴된 광서 귀현의 라박만 한묘는 영남지역의 특징을 잘 보여 준다. 2호묘에서는 "부인(夫人)" 옥인(玉印)과 "가색부인(家嗇夫人)" 봉니가 출토되었다. 『한서』 기록에 의하면, 한대 황제의 첩과 열후의 처를 부인으로 호칭하였다. 제후왕은 가령(家令)이 있고 열후에게는 가승(家丞)이 있다. 연구자들은 묘주를 조씨(趙氏)왕국에서 현지에 파견한 왕후급 관리의 배우(配偶)로 추정하거나, 혹은 서구군(西甌君)부부묘로 추정하고 있다. 두 무덤은 모두 대형의 수혈토광목관묘이다. 1호묘의 곽실구조는 복잡하여 곽실에는 목판을 사용하여 전, 중, 후의 세 부분으로 구분하고, 전·중부는 각각 3개의 곽상(槨箱), 후부는 6개의 곽상으로 분리하였다. 전부의 중실에는 1구의 순장관이 발견되었으며, 동·서 변상(邊箱)에서는 칠기, 대나무 바구니, 목척(木尺)과 과일의 씨앗이 출토되었다. 중부의 중실이 비어 있으며, 동변상에는 다량의 목탄, 서변상에는 다량의 목독과 칠기, 과일 종자들이 출토되었다. 후방의 중간은 관실이며 이중관을 안치하였다. 동변상에는 순장관 1구와 빗, 목척, 옥벽(玉璧)이 부장되었다. 서변상에는 동경과 거문고가 출토되었으며, 후방의 3개 상(箱)에서는 화살촉과 목고(木鼓), 육박기반(六博棋盤), 이배(耳杯), 칠반(漆盤)이 출토되었다. 곽실 바닥 아래에서는 7개의 배장갱이 발견되었는데, 모두 7인이 순장되었으며 1남 6녀이다. 배관의 북쪽에는 2개 기물갱(器物坑)이 있으며 다량의 부장품이 출토되었다. 2호묘의 구조는 보다 더 간단한 형태이다. 두 무덤은 초문화의 영향을 받았으며 부장품에서는 중원문화의 요소도 확인되지만 기본적으로 토착 월(越)문화의 독특한 풍속이 구현되었다.

1970년대 발견된 동한 열후묘는 많지 않으며, 확인된 것으로는 안휘 박현(亳縣) 동원촌(董園村) 조후(曹侯)묘가 있다.[31] 1974~1977년 박현 원보갱(元寶坑), 동원촌, 마원촌(馬園村), 원패방(袁牌坊) 일대에서 모두 5기의 조씨(曹氏)묘가 발굴되었다. 무덤의 형식은 기본적으로 동일하고 규모는 모두 대형이며, 전석(塼石)구조의 다실묘로 전실, 중실, 후실과 서로 다른 수량의 이실로 구성되어 있다. 동원촌 2호묘는 전부 돌로 조성된 것으로 나머지 4기는 석제의 묘문 외에 묘실은 모두 벽돌을 쌓아 올려 축조하였다. 일부 묘실에는 채색벽화가 남아 있으며, 일부 묘문에는 화상석이 조각되어 있다. 무덤은 모두 도굴되었으며 일부 부장품만이 남아 있다. 마원촌 2호묘에서는 "조헌(曹憲)"과 "조헌인신(曹憲印信)"의 동인이 발견되었다. 특히 원보갱 1호묘와 동원촌 1호묘에서는 300여 개의 문자전(文字塼)이 발견되었다. 그 내용은 주로 전의 수량, 제조 시간, 조씨 종족 성원 및 지방관리의 성명이다. 확인된 기년으로는 연희(延熹) 7년(164년)과 건녕(建寧) 3년(170년)이며, 모두 동한 말기에 속한다. 동원촌 1호묘에서는 은루옥의와 동루옥의가 한 세트씩 발견되었다. 무덤 벽돌에는 "조후(曹侯)"가 각인되어 있으며, 동한 환제(桓帝) 시기 비정후(費亭侯)에 봉해진 조등(曹騰)부부의 합장묘로 추정된다. 2호묘의 규모는 더욱 대형이며, 동루옥의가 발견되어 묘주의 신분이 열후에 상당하는 것으로 추정된다. 조씨 종족묘의 발굴을 통해, 동한 말기에는 제후왕묘와 열후묘의 매장제도에 이미 큰 차이가 없음을 알 수 있다.

....

31) 安徽省亳县博物馆, 『亳县曹操宗族墓葬』, 『文物』1978年 第8期.

3. 제후왕과 열후묘에 대한 종합연구

한대 제후왕묘와 관련된 고고학 자료의 지속적인 축적으로 연구자들은 이러한 유형의 무덤에 대한 종합적이고 전문적인 연구를 진행하였다.

1980년대 초, 유위초는 제후왕묘의 무덤 형식의 발전변화에 대한 체계적인 설명을 시도하였다.[32] 그는 제후왕묘의 변화를 3개의 발전단계로 구분하였다. 먼저, 서한 전기 제후왕묘에서 나타나는 '재궁', '명당', '후침', '편방', '황장제주'의 '정장'과 '외장곽'에 대한 논증을 통해, 이러한 '한제(漢制)'의 생성과 그 연원을 '주제(周制)'에서 변화 발전하는 것으로 이해하였다. 이들은 기본제도의 내용은 일치하며, 다만 그 표현형식에서는 일정한 변화가 발생하는 것으로 이해하였다. 무제 시기에서 동한 전기까지의 제후왕묘는 기본적으로 두 가지의 발전계통을 가지는데, 산을 굴착하는 애동묘와 흙을 파서 묘광을 만드는 '황장제주'로 구분하였다. 애동묘의 배치 형태도 동일하게 '명당'과 후침 형식의 '정장(正藏)', 그리고 좌우이실 형식의 '외장(外藏)'으로 구성되어 있으며, '황장제주'는 기본적으로 한대 초기의 형식을 계승한 것이며, 후기에 석재를 사용한 '제주'의 형식이 출현하는 것으로 이해하였다. 동한 후기에는 제후왕묘와 지방호족묘의 형식은 이미 서로 차이를 보이지 않으며, 기본적으로 전축(塼築)의 전·중·후 3실 구조이다. 이는 당시 호족들도 기존의 제후왕제를 마음대로 사용하였음을 보여준다. 그리고 변화의 사회적 근원은 동한 후기 대토지 소유제의 팽창으로 인한 지방호족세력 발전과 관련 있는 것으로 이해하였다.

고숭문(高崇文)은 장사왕묘와 남월왕묘의 특징과 형성원인에 대한 연구를 진행하였다.[33] 그는 장사왕묘에 사용된 '황장제주' 장제는 중원 제후왕묘 장제의 일반적 특징과 아울러 다양한 특성도 반영하고 있음에 주

....

32) 俞伟超, 『汉代诸侯王与列侯墓葬的形制分析』, 载 『先秦两汉考古学论集』, 文物出版社 1985年版.

33) 高崇文, 『西汉长沙王墓和南越王墓葬制初探』, 『考古』1988年 第4期.

목하였다. 장사왕묘의 '제주' 내부의 회랑은 모두 분실(分室) 형식이며, 상비취묘의 외회랑은 12개 실, 내회랑은 7개의 실로 구성되어 있으며, 두 벽산묘와 망성파묘의 회랑이 모두 4개 실로 구성되어 있다. 이러한 회랑의 분실 형태는 전국 시기 초묘의 곽내분실(槨內分室) 형식과 관련이 있는 것으로 지적하였다. 그리고 또 다른 일부 특징들도 초제(楚制)의 전통을 표현하는 것으로 이해하였다. 그 사례로 장사왕묘에 사용된 중관(重棺)은 그 외관의 뚜껑이 모두 호형이며 전국시대 초묘(楚墓)에서도 호형관이 유행하였다는 점과 두벽산묘에서 발견된 조각된 관상도 초묘에서 유행하던 형식이라는 점을 지적하였다. 광주 상강산 남월왕묘에서는 농후한 지방 특색도 확인되는데, 묘실을 전후 두 부분으로 나누고 후방을 다시 상하방향의 병렬 구조 3실 형태로 분할한 것은 광동, 광서지역의 서한 전기 대형 목곽묘의 형식과 일치한다는 점을 지적하였다. 또한 그는 무덤 부장품의 위치, 각 실의 용도 및 순장 등은 광서 귀현의 라박만 한묘와 대체로 유사하며, 이러한 특징은 대체로 현지의 전통문화 요소에 의해 조성된 것으로 보았다. 전체적으로 볼 때, 장사지역은 한제에 초제가 섞여 있으나 초제 위주인데 비해, 양광지역은 한제, 초제, 월제의 혼합형으로, 특히 백월(百越) 장제에 초제가 섞여 있는 것을 특색으로 한다고 주장하였다.

이여삼(李如森), 유진동(劉振東)은 한대 제후왕묘의 외장곽에 대한 전문적인 연구를 진행하였다.[34] 외장곽이라는 용어는 한대의 문헌에서 처음으로 확인되지만 그 연원은 은상(殷商) 시대로 거슬러 올라가는 것으로 이해하였다. 상대 후기의 대형 무덤 가운데 다수의 순장은 일반적으로 묘광의 관곽 밖에 있는 이층대(二層臺), 묘도 혹은 무덤 밖에 위치한다. 이는 이미 관곽의 '정장' 개념에 대한 '외장'의 특징이 이미 구비된 것으로 보았다.

....

34) 李如森, 『汉代 "外藏椁" 的起源与演变』, 『考古』 1997年 第12期; 刘振东, 『中国古代陵墓中的外藏椁』, 『考古与文物』 1999年 第4期.

춘추전국시대에는 대형 무덤의 경우 관곽의 외부 혹은 묘실 밖에 새로이 곽실을 축조하여 예기를 비롯한 연음용품(宴飮用品)과 거마선(車馬船)을 부장함으로써 이미 정형화된 외장곽의 형태가 마련되었다. 한대의 외장곽은 이미 황제, 제후왕을 비롯한 대귀족의 상장제도에서 필수불가결한 부분으로 고정되었다.

고숭문은 서한 제후왕묘 외장곽의 거마순장(車馬殉葬)제도에 대한 연구를 진행하였다.[35] 서한 초·중기에는 선진 시기의 실제 거마순장의 구제가 여전히 사용되었으며, 일반적으로 3량의 실제 거마를 매장하여 일정한 예제를 형성하였다. 이러한 3량의 거마순장은 선진 시기 상장제도에서 사자의 정기(旌旗)와 의관(衣冠), 묘혈의 승(乘)·도(道)·고(橐)의 삼귀거(三鬼車)의 관념을 계승한 것이다.

노조음(盧兆蔭)은 한대 옥의(玉衣)제도에 대한 연구를 진행하였다.[36] 그는 옥의의 출현을 서한 문경(文景) 시기로 보고 엄격한 등급에 따른 사용제도는 아직 형성되지 않았다고 주장하였다. 문헌기록에 의하면 당시 황제와 왕후의 옥의는 모두 금루(金縷)를 사용한 것으로 전하고 있으나, 출토 자료는 서한 제후왕과 열후의 옥의는 대부분 금루이지만, 일부 은루, 동루, 사루를 사용한 예도 발견되고 있다. 그러나 동한 시기에는 옥의의 등급에 따른 사용제도가 확립이 되었다. 『후한서·예의지』에는 동한 시기의 옥의 사용제도에 대해 언급하면서 황제는 금루옥의, 제후왕과 시봉열후(始封列侯), 귀인(貴人), 공주는 은루옥의, 대귀인과 장공주는 동루옥의를 사용한다고 하였다. 발굴조사된 동한 시기 옥의는 등급제도가 『후한서·예의지』의 내용과 대체로 부합한다. 옥의는 한대 황족의 전문적 염복으로 외척, 총신 등 황족 외에도 조정의 사여를 통해 사용하였다.

황전악은 한대 제후왕묘에 대한 종합적인 논술을 하면서 제후왕묘에

....

35) 高崇文, 『西汉诸侯王墓车马殉葬制度探讨』, 『文物』 1992年 第2期.
36) 卢兆荫, 『试论两汉的玉衣』, 『考古』 1981年 第1期; 卢兆荫, 『再论两汉的玉衣』, 『文物』 1989年 第10期.

대한 가장 풍부한 자료를 소개하였다.[37] 논문은 각종 무덤 형식의 발전변화의 규칙성을 다루면서 일부 상장제도에 대해서는 새로운 의견을 제시하였다. 제후왕묘의 상장제도를 전체적으로 이해하는 중요한 참고자료가 되고 있다.

....

37) 黃展岳,『汉代诸侯王墓论述』,『考古学报』1998年 第1期.

4장 한대 중소형 무덤의 발굴과 분구(分區), 분기(分期) 연구

20세기 초에서 1940년대 말까지 근대 고고학이 중국에 전래된 이래 고고학 발굴의 중점은 대부분 선사시대와 상주 시기에 집중되어 있어서 한묘(漢墓)의 발굴은 그 수량에서나 지역범위에 있어서 매우 한계가 있었다. 그러나 일본에 의한 중국동북 및 화북, 장강중·하류지역에 대한 점령기간 동안 일본인에 의해 요령 남부의 여순, 대련, 금주(金州) 및 산서 양고(陽高)의 한묘에 대한 발굴이 진행되어 『목양성(牧羊城)』, 『남산리(南山里)』, 『영성자(營城子)』, 『양고고성보(陽高古城堡)』 등의 보고서가 출판되었다.[1] 또한 1909년부터 평양 부근의 낙랑군시대 한묘에 대한 발굴이 진행되었으며, 『낙랑왕광묘(樂浪王光墓)』, 『낙랑채협총(樂浪彩篋塚)』, 『낙랑-오관연왕우의 분묘(樂浪-五官椽王旰の墳墓)』, 『낙랑군시대의 유적(樂浪郡時代の遺迹)』 등의 보고서들이 출판되었다.[2] 이 시기 중국학자들에 의한 발굴조사는 주로 중앙연구원, 북평연구원에 의해 하남 휘현(輝縣), 급현(汲縣), 안양(安陽), 섬서 보계(寶鷄), 사천 팽산(彭山,) 중경(重慶) 등지에서 100여 기의 한묘가 발굴조사 되었다. 소병기(蘇秉琦)에 의해 보계 두계대(斗鷄臺))에서 발굴된 10여 기 한묘 자료가 발표되었으며,[3] 이문신(李文信)은 요양(遼陽)의 북원벽화묘(北園壁畵墓)와 심양의 남호한묘군(南湖漢墓群)에 대한 발굴 및 조사를 진행하였다.[4]

....

1) 东亚考古学会, 『牧羊城』, 昭和 6年 (1931年); 『南山里』, 昭和 8年 (1933年); 『营城子』, 昭和 9年 (1934年); 八木奘三郎, 『满洲考古学』, 昭和 19年 (1994年); 『阳高古城堡』.

2) 朝鲜总督俯, 『乐浪郡时代的遗迹』, 大正 14年 (1925年); 东京帝国大学文学部, 『乐浪—五官 掾王旰の坟墓』, 昭和 5年 (1930年); 朝鲜古迹研究会, 『乐浪彩箧冢』, 昭和 9年 (1934年); 『乐浪王光墓』, 昭和 10年 (1935年).

3) 苏秉琦, 『斗鸡台沟干东区墓葬』, 中国科学院出版, 1954年.

4) 李文信, 『辽阳北园壁画古墓记略』, 『李文信考古文集』, 辽宁人民出版社 1992年版.

1949년 건국 이후, 중앙과 지방에서 문물관리와 고고 연구를 위한 기관들이 성립되면서 각지의 국가기반 건설사업에서 다량의 한묘가 수습, 발굴되었다. 통계에 의하면, 1950년대 초기부터 1970년대 전반까지 과학적 발굴이 진행된 한묘의 전체 수량은 이미 1만 기 이상으로 확인되었다. 이들 한묘 가운데 일부 대형묘를 제외한, 일반 중·소형묘는 낙양 소구한묘(燒溝漢墓)[5]와 장사한묘(長沙漢墓)[6]의 발굴이 중요한 의미를 가진다. 종합연구와 관련해서는 1970년대 초 유위초(兪偉超)가 집필한 『전국진한고고강의(戰國秦漢考古講義)』에서 처음으로 한묘에 대한 전반적인 정리와 분석을 시도하였다. 이 강의는 정식으로 출판되지는 않았지만, 이후 한묘를 이해하는 데 가장 기본적인 참고서가 되었다.[7]

1970년대 후반부터 20세기 말까지, '문화혁명(文化革命)' 이후 고고학의 새로운 발전을 통해, 각 지역의 한묘 발굴은 비약적으로 증대되었다. 또한 『고고(考古)』, 『문물(文物)』, 『고고학보(考古學報)』 등 10여 종의 문물고고 관련 잡지에서 다량의 한묘 발굴 자료들이 소개되었으며, 10여 부의 한묘 발굴 보고서도 출판되었다. 중·소형 한묘와 관련한 주요 보고서는 『광주한묘(廣州漢墓)』[8]를 비롯하여, 『상손가채한진묘(上孫家寨漢晉墓)』,[9] 『내몽고중남부한묘(內蒙古中南部漢墓)』,[10] 『윤만한묘간독(尹灣漢墓簡牘)』,[11] 『섬현동주진한묘(陝縣東周秦漢墓)』,[12] 『서안용수원한묘(西安龍首原漢墓)』,[13] 『형주고대진한묘(荊州高臺秦漢墓)』,[14] 『나주성과 한묘(羅州城

....

5) 中国科学院考古研究所,『洛阳烧沟汉墓』, 科学出版社 1959年版.
6) 中国科学院考古研究所,『长沙发掘报告』, 科学出版社 1957年版.
7) 北京大学历史系考古专业 (俞伟超执笔),『战国秦汉考古』讲义, 1973年 铅印本.
8) 中国社会科学院考古研究所等,『广州汉墓』, 文物出版社 1981年版.
9) 青海省文物考古研究所,『上孙家寨汉晋墓』, 文物出版社 1993年版.
10) 魏坚,『内蒙古中南部汉代墓葬』, 中国大百科全书出版社 1998年版.
11) 连云港市博物馆等,『尹湾汉墓简牍』, 中华书局 1997年版.
12) 中国社会科学院考古研究所,『陕县东周秦汉墓』, 文物出版社 1993年版.
13) 西安市文物保护考古所,『西安龙首原汉墓』, 西北大学出版社 1999年版.
14) 湖北省荆州博物馆,『荆州高台秦汉墓』, 科学出版社 2000年版.

與漢墓)』[15] 등이 있다. 한대 제후왕과 열후의 대형묘는 한대 문화의 정수를 보여 주는 데 비해, 중소형 한묘의 대규모 발굴은 한대 지역문화의 특징과 지역의 분기편년에 기초를 제공한다. 풍부한 한묘 자료의 축적은 종합연구를 새로운 단계로 도약시키면서, 현재까지 국내외에 발표된 한묘와 출토 유물 관련 연구논문은 수백 편에 이르며 전문적인 저서도 10여 권에 이른다. 연구의 주요 내용은 한묘의 분구, 분기 및 주요 무덤의 연대와 묘주의 고증, 한대 상장예속과 제도, 한묘 출토 유물의 연구 등이다. 한묘에 대한 종합적인 연구는 1980년대 중국사회과학원고고연구소에서 펴낸『신중국의 고고 발견과 연구(新中國的考古發現與研究)』[16]를 비롯하여『중국대백과전서 고고편(中國大百科全書 考古編)』,[17] 왕중수(王仲殊)의『한대고고학개설(漢代考古學概說)』[18]이 개괄적인 서술을 하였다. 1990년대 산동대학, 남경대학, 사천대학에서도 개별적으로『전국진한고고강의(戰國秦漢考古講義)』[19]가 출판되어 한묘의 내용이 더욱 충실해졌으며, 분구, 분류, 분기 연구도 세분화되었다. 이여삼(李如森)의『한대상장제도(漢代喪葬制度)』는 다량의 자료를 통해 한묘에 대한 전면적이고 체계적인 정리를 하였다.[20] 또한, 한국하(韓國河)의『진한위진남북조묘장제도연구(秦漢魏晉南北朝墓葬制度硏究)』는 한진 시기 묘제의 원류와 변화에 집중하여 서술하였다.[21] 일본학자 하야시 미나오(林巳奈夫)는 80년대『한대문물(漢代文物)』을 통해 한대 무덤에서 출토된 각종 문물에 대해 고증하였다.[22] 1990년대 손기(孫機)는 대량의 자료를 통해『한대물질문화자료도설(漢代物質文化資料圖說)』을 완성하

....

15) 黃冈市博物馆等,『罗州城与汉墓』, 科学出版社 2000年版.
16) 中国社会科学院考古研究所,『新中国的考古发现和研究』, 文物出版社 1984年版.
17) 『中国大百科全书·考古学』, 中国大百科全书出版社 1986年版.
18) 王仲殊,『汉代考古学概说』, 科学出版社 1991年版.
19) 李发林,『战国秦汉考古』, 山东大学出版社 1991年版; 查瑞珍,『战国秦汉考古』, 南京大学出版社 1994年版; 宋治民,『战国秦汉考古』, 四川大学出版社 1993年版.
20) 李如森,『汉代丧葬制度』, 吉林大学出版社 1955年版.
21) 韩国河,『秦汉魏晋南北朝墓葬制度研究』, 吉林大学考古学系博士学位论文 打印稿.
22) 林巳奈夫,『汉代の文物』, 朋友书店 1996年版.

였는데, 앞서 소개한 두 권의 저서는 한대 문물 연구의 집대성이다.

한묘 관련 내용은 매우 광범위하여 본 장에서는 한대 중·소형 무덤의 발굴과 분구, 분기 연구의 성과에 집중하여 서술하고자 한다. 본 장에서 소개하는 중·소형 한묘는 왕후신분 이하의 무덤을 지칭하는 것이다. 그러나 실제로는 지방호족의 무덤 가운데에는 제도의 구속을 벗어나거나 규모가 대형화하는 경향도 발견되는데 이러한 현상은 특히 동한(東漢) 중·후기에 흔히 발견된다.

1) 낙양(洛陽) 중심의 중원지역 한묘

좁은 의미의 중원지역은 주로 현재의 하남성과 산서성 남부 일대를 지칭한다. 이 지역에서 한묘의 발굴이 집중되거나 분기편년 연구가 진행된 곳은 주로 낙양지역의 한묘와 산서성 남부지역의 진한묘이다.

낙양은 중원의 중심에 위치하며 서한 시기에는 하남군(河南郡)의 치소였던 곳으로 관중(關中)지역에서 동쪽으로 나아가는 관문이며 동한 시기에는 수도였다. 한대 낙양경제의 발달과 인구의 번성으로 이 지역에 분포하는 한묘도 많은 수량이 발견된다. 현재까지 발굴된 수량은 3,000여 기이며, 자료가 발표된 것은 다음과 같다. 1953년 소구(燒溝)에서 발굴된 225기, 1953~1955년 중주로(中州路, 西工段)와 한대 하남현성(河南縣城)의 성벽 부근에서 발굴된 50기, 1954년 간서(澗西) 주산(周山)의 81기, 1955년 간서 십육공구(十六工區)의 80여 기, 1957~1958년 낙양 금곡원(金谷園)과 칠리하(七里河)에서 발굴된 217기, 1957~1959년 소구에서 2차 발굴된 200여 기, 1984년 언사현(偃師縣) 행원촌(杏園村)의 27기 등이 있다. 이외에도 현재까지 발굴자료들이 발표되지 않은 무덤이 대체로 2,000여 기에 이른다.[23]

....

23) 朱亮,『新中国建立以来洛阳秦汉魏晋北朝考古发现与研究』,洛阳市文物工作队编『洛阳考古四十年』,科学出版社 1996年版.

1953년 낙양 소구에서 발굴된 양한(兩漢) 시기 무덤 225기는 1959년 장약시(蔣若是)에 의해『낙양소구한묘(洛陽燒溝漢墓)』보고서로 출간되었다. 보고서는 발굴 한묘에 대한 체계적인 형식학 연구를 진행하여 낙양지구 한묘의 분기편년서열을 수립하였다. 한대의 지방은 문화적 통일성이 강화되는 경향을 보이는 관계로 인해 소구한묘의 분기 연구는 중원지역 한묘의 분기편년의 기준이 될 뿐만 아니라 다른 지역 한묘 연구에도 중요한 참고가 된다. 특히 한대 화폐와 동경에 대한 최초의 연구는 그 내용에 보편적인 의의가 있다.[24] 낙양한묘는 좁은 의미의 중원지역에서 고유한 대표성도 가지고 있다. 예를 들면, 공심전묘(空心塼墓)의 경우, 낙양, 정주(鄭州), 신정(新鄭), 밀현(密縣), 공현(鞏縣), 우현(禹縣)을 중심으로 분포하며, 하남성의 10여 개 현(縣), 시(市)와 인접한 산서성 남부 일대에서도 광범위하게 분포한다. 이러한 공심전묘는 전국 말기 정주 일대의 한(韓)지역에서 처음 출현하여 서한 시기에는 중원지역의 가장 특징적인 무덤 형식으로 자리 잡았다.[25] 그러나 중원의 다른 지역에서는 서한 시기 고유한 문화전통이 유지됨과 동시에 새롭게 지역적 특징의 장제가 나타난다. 낙양 서쪽 지역인 섬현(陝縣)과 산서성 남부 일대의 경우에는 서한 전기 무덤은 상당 부분 진문화(晉文化) 요소를 보여 주면서 문화적 특징은 오히려 관중지역과 더욱 밀접하여 공심전묘의 수량은 적고 동실목곽묘(洞室木槨墓)의 형태가 장기간 지속된다. 남양(南陽) 일대는 서한 중기 이래 화상석묘의 형태가 유행한다. 하남성 북부지역의 안양 일대에서는 공신전묘의 형태가 발견되지 않는다. 낙양지역의 동한 중·후기 무덤에서 유행하던 주서해제문(朱書解除文)은 관중지역을 제외하면 중원지역의 다른 지방에서는 쉽게 발견되지 않는다. 이와 같이 서한 중기 이후에는 중원지역 다른 지방의 한묘는 낙양지역 한묘와 많은 공통적 특징을 공유하고 있다.

....

24) 中国科学院考古研究所,『洛阳烧沟汉墓』, 科学出版社 1959年版.

25) 叶小燕,『洛阳汉墓之管见』, 洛阳市文物工作队編『洛阳考古四十年』, 科学出版社 1996年版.

산서성 남부 후마(侯馬) 곡옥(曲沃)의 천마-곡촌(天馬-曲村) 유적은 전국 시기 진국(晉國)의 초기 도성 소재지이다. 1980~1989년 진행된 발굴 조사에서는 진국(晉國)무덤의 발굴과 더불어 82기의 진한 시기 무덤이 발견되었다. 발굴보고는 이들 무덤의 편년을 모두 6기 13단계로 나누고, 그 연대를 전국 말기의 동한 후기로 편년했는데, 그 대부분의 무덤은 서한 시기의 무덤이다.[26]

천마-곡촌의 진한묘는 산서 남부지역 서한묘의 편년기준이 된다. 이를 낙양지역의 한묘와 비교해 보면, 이 지역에서는 공심전묘의 수량은 많지 않으며, 수혈묘와 동실묘의 목곽 혹은 목관묘가 비교적 장기간 지속된다. 진대 전후 시기와 서한 전기 무덤에서는 견형호(繭形壺)와 같은 진문화 특징의 유물 부장이 발견된다. 이러한 특징은 이 지역에 대한 진인(秦人)의 점령이 비교적 이른 시기부터 진행되었으며 더불어 대량의 진인의 이민과 관련이 있다.

2) 관중지역의 한묘

관중 한묘의 발굴은 1930년대 북평연구원의 소병기에 의해 보계(寶鷄) 두계대(斗鷄臺)에서 10여 기의 한묘가 발굴되면서 시작되었다.[27] 건국 이후부터 관중지역 한묘의 발굴은 수적으로는 상당히 증가하였지만, 1980년대 전반까지 대부분 산발적인 수습발굴 위주로 진행되어 낙양 소구한묘와 같은 대규모의 발굴은 진행되지 않았다. 그러나 1980년대 후반부터 1990년대까지 국가기반 건설사업의 대규모 추진과 더불어 일련의 구제발굴 과정에서 여러 기관이 참여하여 한대 장안성 교외지역에서 2,000여 기의 한묘가 발굴조사되어 현재까지 발굴자료가 정리되고 있다.[28] 최근 서안시 문물보호

....

26) 北京大学考古学系商周组, 山西省考古研究所, 『天马一曲村』的第四部分 『秦汉时代墓葬』, 科学出版社 2000年版.

27) 주 3과 같음.

28) 『新中国考古五十年·陝西省文物考古五十年』, 文物出版社 1999年版.

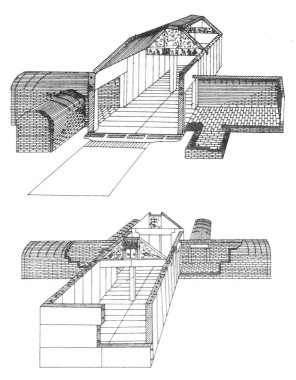

그림 16 낙양 소구 61호묘 묘실 구조도

고고연구소에서 펴낸『서안용수원한묘(西安龍首原漢墓)』는 주로 서한 전기
무덤자료들을 중심으로 소개하고 있다. 이후 전체적인 한묘발굴보고가 이
루어지면, 관중지역 한묘에 대한 전면적인 인식이 가능하리라 본다. 관중지
역 한묘에 대한 종합연구는 호림귀(呼林貴)의『관중양한소형묘간론(關中兩
漢小型墓簡論)』, 유군사(劉軍社)의『상흥한묘의 분기(常興漢墓的分期)』, 한
국하(韓國河)·정림천(程林泉)의『관중서한조기중소형묘분석(關中西漢早期
中小型墓析論)』, 후영빈(侯寧彬)의『섬서한묘형식시론(陝西漢墓形制試論)』
들이 서로 다른 각도에서 관중지역 한묘에 대한 분석을 시도하였다.[29] 한국

....

29) 呼林貴,『关中两汉小型墓简论』,『文博』1989年 第1期; 刘军社,『常兴汉墓的分期』,『文博』
     1989年 第1期; 韩国河, 程林泉,『关中西汉早期中小型墓析论』,『考古与文物』1992年 第6期;
     侯宁彬,『陝西汉墓形制试析』,『远望集』, 陝西人民美术出版社 1999年版.

하의 논문 「관중한묘의 연구(關中漢墓的研究)」는 다량의 1차자료에 기초하여 관중지역 한묘의 분기와 편년을 제시하였다.[30] 관중지역 한묘는 낙양지역 한묘와 비교하여 전체 서한 시기에 걸쳐 뚜렷한 차이점을 보여 준다. 관중지역에서 수혈목곽묘와 동실(同室)목곽묘는 서한 중기까지 지속되며, 전실묘는 조금 이른 시기에 출현하여 서한 중, 만기에 유행하게 된다. 공심전묘는 우연히 몇 기 정도의 수량이 발견된다. 부장토기 가운데 창(倉), 조(竈)는 문·경제(文·景帝) 시기에 이미 유행하고 이는 진(秦)문화의 특징을 계승한 것이다. 전체적으로 관중지역은 서한 시기 수도의 소재했던 곳으로, 새로운 상장예속과 제도들이 이 곳에서 출현하여 이후 낙양과 관동(關東)지구로 확산되었다. 그러나 관중지역의 한묘도 낙양지역 한묘의 영향을 받았으며, 특히 동한 이후 낙양이 수도가 되면서 더욱 많은 영향을 받게 된다.

3) 하서(河西)지역과 청해(青海) 동부지역의 한묘

감숙(甘肅)의 하서주랑(河西走廊)은 선진(先秦) 시기 강(羌), 융족(戎族)의 분포지역이었으며 서한 전기에는 흉노에 점령되었던 지역이다. 무제(武帝) 시기 흉노와의 전쟁에서 승리하면서 이 지역 강족과 흉노와의 관계를 격리시키면서 변새(邊塞)를 축조하여 군대를 주둔시키고, 무위(武威), 장액(張掖), 주천(酒泉), 돈황(敦煌)의 사군(四郡)을 설치하였다. 무제 이후부터 동한 시기까지, 한 왕조는 이 지역을 지속적으로 경영하였다. 이러한 역사적 배경으로 인해, 하서지역 한묘의 묘주는 대부분 중원의 이민자와 그 후대이며 무덤의 특징도 중원지역, 특히 관중지역과 매우 유사하다.

하서지역은 1950년대 후반기부터 100여 기의 한묘가 발굴되었는데, 주로 무위, 주천을 중심으로 하여 시기적으로는 대부분 서한 말기에서 동한 말기에 해당한다.[31] 하서지역은 기후가 비교적 건조한 관계로 일부 한

....

30) 韩国河, 『关中汉墓的研究』 待刊.
31) 蒲朝绂, 『武威汉墓的分期与年代』, 『酒泉汉代墓葬』, 分别见 『西北史地』 1990年 第1, 2期; 杜斗城, 『河西汉墓记』, 『敦煌学辑刊』 1992年 第2期.

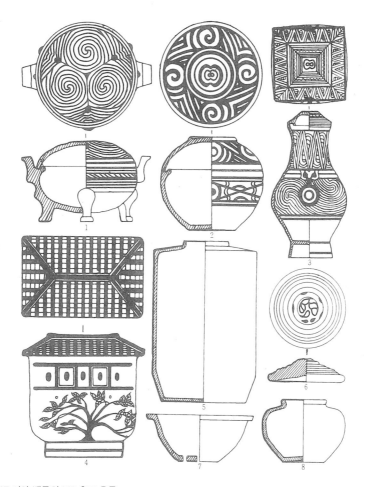

그림 17 서안 백록원 M2 출토 유물

묘에서는 부장된 실크와 간독, 목기, 지류(紙類) 등이 잘 보존되어 있다. 특히 하서지구와 청해 동부지역은 한대 말기에서 위진 시기의 무덤이 다수를 차지하는데, 그 형식과 부장품은 대체로 중원지역 한묘의 전통을 계승한 것이다. 실례로 낙양과 관중지역 동한묘에서 많이 발견되는 주서해제문은 위진 시기가 되면 이 지역에서는 이미 소멸되지만, 돈황 일대에서는 유행하기 시작한다. 중원지역 위진 시기 무덤들은 주로 단실구조의 경향을 나타나는 데 비해, 이 지역에서는 다실구조의 전실묘가 여전히 성행한다.

그 원인을 살펴보면, 중원지역은 전란으로 경제가 피폐하면서 장속도 새로운 변화가 일어나지만, 상대적으로 안정적인 하서지역과 청해 동부지역은 원래의 문화적 전통이 연속되거나, 일부 중원지역의 이민으로 인해 중원지역의 장속이 유입되는 경향을 보여 준다.

한대 청해 지역은 주로 강족의 거주지역이며, 일부 흉노와 월지가 잡거(雜居)하는 상황이다. 한 무제 시기 한의 세력이 황중(湟中)에 진입하면서 황수(湟水)유역에 현을 설치하고 롱서군(隴西郡)에 예속하였다. 또한 호강교위(護羌校尉)를 설치하고 강현(羌縣)에 주둔하게 하였으며, 소제(昭帝) 시기에는 금성군(金城郡)을 설치하였다. 선제(宣帝) 시기는 다시 서령(西寧) 일대에 사평정(四平亭) 설치와 더불어 금성속국(金城屬國)을 설치하여 강족 전체를 관리한다. 이후에는 낙도(樂都)에 파강현(破羌縣)을, 황원(湟原)에는 임강현(臨羌縣)을, 귀덕(貴德)에는 유중현(楡中縣)을 설치하였다. 왕망 시기에는 청해호 이동의 삼각성(三角城)에 서해군(西海郡)을 설치하였다가 후에 폐지하였다. 이후 동한 영원(永元) 원년(89~105년)에 다시 설치되었다. 군현의 설치를 따라 한 왕조의 주둔과 둔전이 확대되면서 청해 동부 일대에는 다수의 한인 이민의 거주지가 출현한다.

청해지역 한대 고고학의 출발은 비록 늦지만 그 성과는 주목할 만하다. 최근 50년간 모두 200여 기의 한대와 위진 시기의 유적 및 무덤들이 발굴되었으며, 대통(大通), 호조(互助), 낙도, 서령, 황중, 평안(平安) 등지에서 200여 기의 한묘가 발굴조사되었다. 특히 대통현 상손채가(上孫寨家)에서 발굴된 182기의 한대와 위진 시기 초기 무덤은 이미 보고서도 출간되어 청해지역 한묘의 분기편년 연구에 기준이 된다.[32] 상손채가 한진묘(漢晉墓)는 전체적으로 중원지역 무덤의 변화와 궤를 같이하며 변화 발전하였다. 특히 관중과 감숙 하서지역과 유사하며 일부 새로운 장속은 중원보다 늦거나 차이를 보인다. 또한 상손가채 한진묘에는 토착문화의 특

....

32) 주 9와 같음.

징이 뚜렷하게 남아 있는데, 사질토기, 쌍이기(雙耳器)의 발달, 이차장(二次葬)과 부신장(俯身葬) 등의 장속, 순생(殉牲)풍속, 간단한 부장품 매장 등이 대표적이다. 상손가채의 동한 말기에 속하는 乙M1무덤에서는 "한흉노귀의친한장(漢匈奴歸義親漢長)"동인(銅印)이 출토되어 묘주인의 족속과 신분을 보여 준다. 그러나 상손가채 한진묘의 족속의 상당부분은 한화(漢化)된 강인(羌人)이거나 유사한 풍속의 '월지호(月氏胡)', 혹은 한인이나 한말 위진 초기 귀화한 흉노별부(匈奴別部) '노수호(盧水胡)' 등으로 추정하고 있다.

4) 북방 장성지대(長城地帶)의 한묘

북방 장성지대는 대체로 내몽고 중남부와 영하, 섬서, 산서, 하북의 북부지구를 포함하는 지역 개념이다. 한대 흉노를 방어하기 위하여 주둔한 3~4백년 동안 이 지역에 장성을 축조하면서 군현 설치, 장새(障塞) 수리와 함께 많은 성곽과 무덤들을 남겼다. 이 지역에서는 한묘의 발굴이 다수 진행되었으며, 편년서열이 밝혀진 곳으로는 내몽고 중남부지역의 한묘와 산서성 북부 삭현(朔縣)지방의 한묘가 대표적이다.

　내몽고 중남부지역의 범위는 북쪽의 음산(陰山)에서 남으로 산서성·섬서성의 접경지역, 동으로 장가구(張家口) 북쪽의 초원에서 서쪽으로는 오르도스고원 서북평원에 이르는 구역이다. 행정구역상으로는 이극소맹(伊克昭盟)과 오해시(烏海市)와 파언뇨이맹(巴彦淖爾盟), 포두시(包頭市), 호화호특시(呼和浩特市), 오란찰포맹(烏蘭察布盟)의 음산 이남지역이다. 한 왕조는 이곳에 삭방(朔方), 오원(五原), 운중(雲中), 서하(西河), 정양(定襄), 안문(雁門) 등의 군현을 설치하였다.

　이러한 군치(郡治)와 그 소속인 현(縣)인 임융(臨戎), 삼봉(三封), 오원(五原), 운중(雲中), 정양(定襄)의 성곽 주변으로 다수의 한묘가 분포하고 있다. 이러한 한묘는 중원지구 한묘와 기본적으로 동일하며, 일부 지역적인 특색이 있다. 내몽고 중남부지구 한묘에 대한 조사와 발굴은 1950년

대부터 시작되어 1980년대 중반까지 수십 개 지점에서 300여 기의 한묘가 발굴되었다. 특히 화림격이(和林格爾) 벽화묘가 대표적이며 자료는 이미 대부분 발표되었다. 1980년대 후반에서 1990년 전반까지 파언뇨이(巴彥淖爾), 오르도스, 포두(包頭), 호화호특(呼和浩特), 오란찰포(烏蘭察布)의 5개 구역 18개 지점에서 모두 300여 기의 한묘가 발굴되었으며, 발굴자료는 이미 내몽고 문물고고연구소에 의해 출간되었다.[33]

산서성 북부의 삭현은 진한 시기의 안문군(雁門郡) 마읍현(馬邑縣)으로 이곳은 중원과 연결되는 지점으로 당시의 유명한 군사적 요충지이다. 1982~1986년, 평삭(平朔) 노천탄광의 시설공사 과정에서 산서성고고연구소와 중국역사박물관 등이 이곳에서 대규모의 발굴을 진행하여 모두 2,000여 기의 분묘를 발굴조사하였는데, 진한 시기의 무덤은 모두 1,285기가 조사되었다. 삭현한묘의 분기편년은 모두 6기로 구분할 수 있으며, 제1기는 진에서 서한 초기, 제2기는 서한 전기, 제3기는 서한 중기, 제4기는 서한 후기, 제5기는 서한 말에서 동한 초기, 제6기는 동한 중·후기로 편년된다.[34] 한편 황성장(黃盛璋)은 출토 문자자료에 대한 고증을 통해 일부 무덤의 연대에 대해 의견을 제시하고 있다.[35]

북방 장성지대의 한묘는 서한 시기 주로 동실목곽묘, 수혈목곽묘 등이 발달하였으며 대체로 동한 초기까지 지속된다. 이러한 무덤 형태의 묘실과 목곽은 대부분 협장형(狹長形)이며, 낙양 한묘에 비해 전실묘의 출현이 대체로 늦고, 공심전묘는 확인되지 않는다. 동한 중·후기에 이르면, 궁륭정(穹窿頂)의 다실묘가 주류를 이루지만 전당횡치형(前堂橫置形)의 무덤은 많지 않다. 부장 도기는 주로 일상용 토기이며, 모형명기(模型冥器)는 중원지역만큼 발달하지 못하며, 창(倉), 조(竈), 정(井)의 출현은 비교적 늦고 누각(樓閣), 원락(院落), 풍자(風車), 창고 및 가축용(家畜俑)은 많지 않

....

33) 주 10과 같음.
34) 乎朔考古队, 『山西朔县秦汉墓发掘简报』, 『文物』 1987年 第6期.
35) 黃盛璋, 『朔县战国秦汉墓若干文物与墓葬断代问题』, 『文物』 1994年 第5期.

다. 토기는 니질회도(泥質灰陶) 위주이며, 시유도기는 비교적 소량이며, 동경과 화폐는 대체로 중원지역과 동일하다. 북방 장성지대의 한식 무덤은 시기에 따라 무덤의 수량, 규모, 부장품의 수량에 큰 변화가 있다. 이는 이지역 한과 흉노세력의 흥쇠와 한 왕조 이민과 군사적 주둔 및 경제발전 단계들을 반영한다. 이외에도, 동한 시기 섬서 북부와 산서 서북부지역에서는 화상석묘가 유행한다.

5) 동북 및 하북 북부, 북경지역의 한묘

동북지역은 역사 이래로 여러 민족이 잡거하던 지역으로 주대(周代) 연국(燕國)세력이 처음으로 진출하기 시작하였다. 진한 이후, 특히 한 무제 시기에는 한문화가 신속하게 확산되면서 풍부한 유적을 남겼다. 한말에서 동한 초기에는 선비, 고구려 등이 흥기와 더불어 한의 세력은 쇠락하여 동한 시기의 유적은 상대적으로 희소하다.

　동북지구 한묘의 조사와 발굴은 비교적 이른 시기부터 일본인들에 의해 동북지역과 평양을 중심으로 전개되었음을 이미 전술하였으며, 대략 총 40여 기에 이른다. 신중국 성립 후에서 1960년대 후반까지 동북지역 한묘의 발굴은 1,300여 기 이상이지만, 공식적인 발표 자료의 수량은 많지 않다. 이후 1990년대 말까지 다시 한묘 수백 기가 발굴되었다. 동북지역 한묘의 발굴은 비록 그 수량에서 매우 풍부하지만 자료가 대부분 분산되어 연구는 상대적으로 정체되어 있으며, 기초적인 분기편년 연구가 미약하다. 최근 정군뢰(鄭君雷)는 이를 주제로 삼아, 동북지역 한묘에 대한 체계적인 정리를 하였다. 그는 동북지역 한묘를 대련(大連), 조양(朝陽), 금주(錦州), 요양(遼陽)의 4개 구역으로 나누고, 무덤 형식과 부장품에 대한 유형학적 분석을 통해, 분기편년 연구를 진행하였다. 또한 주변지구 한묘와의 비교를 통해, 동북, 북경, 하북성 동부, 평양지역의 한묘를 동일 범주의 '유주문화구(幽州文化區)'로 설정하였다. 그리고 동북지구 한대 토착문화의 무덤에 대한 분석을 통해, 이에 존재하는 한문화 요소에

주목하였다.[36)]

북경지역은 1960년대부터 1980년대까지 회유(懷柔), 창평(昌平), 평곡 (平谷) 등지에서 160여 기의 한묘가 발굴되었다. 1990년대에는 해정구(海 淀區) 첨단산업단지에서 523기의 한묘가 발굴되었는데, 이는 북경지구 한 묘 가운데 수량이 가장 풍부한 것으로 현재 발굴 자료를 정리하는 과정에 있다.[37)]

6) 산동과 강소성 북부 및 주변지역의 한묘

한묘의 전체적인 특징으로 보면 산동, 강소성 북부, 하남성 동부, 안휘성 북부지역은 동일한 문화구역이다. 이 지역에서는 한대의 여러 제후왕국이 분봉되어, 현재 발굴된 제후왕의 대형묘가 수십 기에 이르며 전국 최고 수 준이다. 예로 임치(臨淄)의 제국(齊國)왕릉, 장청(長淸)의 제북국(濟北國) 왕릉, 곡부(曲阜)의 노국(魯國)왕릉, 영성(永城)의 양국(梁國)왕릉, 서주(徐 州)의 서한 초국(楚國)왕릉과 동한 팽성국(彭城國)왕릉, 양주(楊洲)의 광릉 국(廣陵國)왕릉이 대표적이다. 이러한 왕릉들은 서한 시기에는 주로 대형 의 애동묘(崖洞墓)와 황장제주묘(黃腸題湊墓)이며, 동한 시기에는 주로 대 형전실묘이다. 이 지역은 한대 화상석이 가장 발달한 지역으로 이미 100 여 기의 화상석실묘와 20여 기의 화상사당(畫像祠堂)이 발굴조사되었다. 이 지역의 한묘발굴은 비교적 이른 시기부터 진행되었다. 1930년대 중앙 연구원 역사어언연구소가 산동 등현(滕縣)의 전(傳) "조왕(曹王)" 화상석묘 를 발굴하였다.[38)] 1950년대부터 현재까지 이 지역에서 발굴조사된 한묘는 5,000여 기에 이르며, 특히 산동지역이 4,000여 기를 차지한다. 또한 1980 년대 임치의 제노(齊魯)석유화학공장에서는 모두 1,700여 기의 소형 한묘

....

36) 郑君雷, 『东北地区汉墓研究』, 吉林大学考古系博士学位论文打印稿, 待刊.

37) 『新中国考古五十年北京市考古五十年』, 文物出版社 1999年版.

38) 董作宾, 『山东滕县曹王墓汉画像残石』, 『大陆杂志』第21卷 12期, 台北 1960年.

들이 발굴조사되었다.[39]

한묘는 지역, 연대, 등급의 차이에 따라 무덤이 다양하고, 전술한 애동묘, 화상석묘 이외에도 토광묘, 목곽묘, 전곽묘, 석곽묘, 전실묘 등이 있다. 소형의 무관(無棺) 혹은 유관(有棺)의 수혈토광묘의 수량이 가장 많고 분포범위도 가장 넓다. 특히 임치, 유방(濰坊), 제남 등의 산동성 북부에서 다수 발견된다. 수혈토광(竪坑)목곽묘는 산동성 남부의 래서(萊西), 문등(文登), 임기(臨沂) 등지에서 다수 발견된다. 강소성 북부와 안휘성 북부지역에서는 목곽묘가 상당히 발달했는데, 특히 강소 양주, 연운항(連雲港), 안휘 부양(阜陽), 천장(天長) 일대에서 집중적으로 발견된다. 이 지역의 목곽묘는 곽실에 대부분 분상(分箱)이 있으며, 이는 초(楚)문화 장제의 전통이다. 양주 일대의 목곽묘는 전체 목재를 사용하여 제작한 것으로 다른 지역에서는 희소한 형식이다. 석곽묘는 산동성 남부, 강소성 북부, 하남성 동부, 안휘성 북부지역에서 유행하며 서한 초기에 출현하여 동한 초기까지 유행한다. 이러한 석곽묘는 목곽묘를 모방한 것으로 장식이 없고, 석판재에 화상을 조각하여 화상석묘의 연원이 된다. 연생동(燕生東)은 논문「소노예환교계구역 서한석곽묘와 화상석의 분기(蘇魯豫皖交界區西漢石槨墓及其畫像石的分期)」에서 이에 대한 종합적인 연구를 진행하였다.[40] 전곽묘(磚槨墓)는 무덤 바닥과 그 주위에 전곽을 축조하고 상부에 개판석(蓋板石)이나 목판을 덮은 것으로 서한 말기에 유행하였다가 동한 시기에 전실묘로 대체되었다. 전실묘(磚室墓)는 전체 묘실을 작은 벽돌로 축조한 것으로, 벽돌과 석재를 함께 축조한 경우도 있다. 서한 말기에서 동한 초기에는 주로 단실, 혹은 전후실의 쌍실묘(혹은 耳室이 있는)가 대부분이며 동한 중·말기에는 전, 중, 후 삼실과 측실이 추가된 대형 다실묘가 주류를 이룬다. 전자는 주로 아치형 천정 형식이며, 후자는 대부분 궁륭정(穹窿頂)이

....

39) 山东省文物考古研究所,『山东省文物考古五十年』, 载『新中国考古五十年』, 文物出版社 1999年版.

40) 燕生东, 刘智敏,『苏鲁豫皖交界区西汉石槨墓及其画像石的分期』,『中原文物』1995年 第1期.

다. 전실묘의 분포는 광범위하며 전체 지역에 걸쳐 비교적 많은 수량이 발견된다.

산동지구 한묘 부장품의 조합은 대체로 중원지역과 유사하며, 변화형태도 궤적을 같이한다. 다만, 서한 전기 산동성 남부와 강소성 북부지역은 초문화의 영향을 일정정도 받았으며, 산동성 북부 일대에서는 제(齊)문화와 현지 토착문화의 일부 영향을 받았다. 강소성 북부, 안휘성 북부지역의 서한묘에서는 칠기 부장품이 풍부하며, 칠기의 특징으로 보아 대체로 현지 생산품이다. 특히 양주 일대에서는 시신의 머리를 덮는 일종의 칠면조(漆面罩)가 흔히 발견되는 데 비해, 다른 지역에서는 드물게 확인된다. 이 지역에서는 다수의 한묘에서 간독이 발견되었는데, 특히 임기 은작산, 안휘 부양 쌍고퇴 여양후묘(汝陽侯墓), 강소 연운항 화과산(花果山), 연운항 윤만한(尹灣漢) 죽간이 중요한 발견이다.

7) 장강 중류지역의 한묘

장강 중류는 주로 호북, 호남과 그 주변지역을 포함하는 지역 개념이다. 특히 호북성의 강한(江漢)지구, 동부의 황강시(黃岡市) 기춘현(蘄春縣), 호남성의 장사(長沙)지구는 한묘의 발굴이 집중된 곳으로 상당한 연구가 이루어져 있다. 호북 강릉(江陵)을 중심으로 하는 강한지구는 동주 시기 초국(楚國)의 정치중심으로 전국 말기(BC 278) 진(秦)에 점령되었으며, 한대에는 주로 남둔(南郡), 강하군(江夏郡)의 관할이었다. 강한지구는 경제가 비교적 발달한 지역으로 전국 상업의 중심 가운데 하나이다. 이러한 이유로 한묘의 분포가 넓고, 특히 서한묘의 발굴수량이 많아 대체로 500여 기에 이른다. 동한묘는 200여 기에 이르며, 주로 강릉, 운몽(雲夢), 의창(宜昌), 양양(襄陽), 노하구(老河口) 등지에서 집중적으로 발굴되었다. 강한지구의 한묘 가운데 서한묘는 수량이 많을 뿐 아니라 보존상태가 양호하고 부장품이 풍부하며, 특히 간독이 자주 출토되고 있어 주목된다. 한편 분기편년

의 연구는 주로 서한 시기를 중심으로 이루어져 있다.[41]

강한지구는 비교적 이른 시기에 진인에 의해 점령되었던 곳으로, 전국 말기에서 진대에 걸친 풍부한 진문화 유적이 남아 있으며, 운몽 수호지 진묘(睡虎地秦墓)가 대표적이다. 서한 초기까지 진문화 특징을 강하게 가지고 있으며, 부장 청동기의 경우 왜족정(矮足鼎), 산두원호(蒜頭圓壺), 산두편호(蒜頭扁壺), 무(鍪)와 토기 가운데 부(釜), 우(盂), 옹(瓮), 관(罐)의 일상용기 조합은 모두 전형적인 진문화의 특징으로 진의 중심지역 무덤과 구분하기 어려울 정도이다. 문경(文景) 시기 부장품의 종류는 대체적으로 앞 시기와 유사하지만 청동기는 현저하게 감소한다. 서한 초기에 이미 출현한 부뚜막토기와 원형도창(圓形陶倉)이 이 시기에 특히 유행하는데 이는 관중지역 동주 시기 진묘에서 먼저 출현한 대표적인 진문화 요소이다. 서한 중·후기에는 부부합장이나 토기 조합은 대체로 앞 시기와 동일하지만 정(鼎)의 출토는 줄어들고, 도정(陶井)과 목질의 가축, 가수(家獸)가 새롭게 출현하고 유행한다. 특수한 자연환경으로 인해 강한지역의 서한묘에서는 간독, 칠·목기의 보존이 양호한 편이다. 봉황산 168호묘에서 출토된 칠기의 문자를 통해, 마왕퇴 한묘의 칠기도 촉군(蜀郡) 성도(成都)에서 제작된 것으로 확인된다. 강한지역의 동한묘 발굴조사는 상대적으로 소량이며, 주로 진실묘 위주에 그 발전추세도 중원지역과 대체로 일치한다.

경구(京九)철도의 건설과정에서 호북성 황강시박물관은 호북 기춘현의 한대 나주성(羅州城) 외곽의 7곳에서 한묘 발굴을 진행하였다. 발굴조사를 통하여, 한묘 115기가 확인되었으며, 서한묘가 77기, 동한묘가 38기이다. 최근 출판된 보고서에서는 이들 한묘의 연대를 모두 6기 9단으로 분기편년하여 이 지역 한묘분기의 편년서열이 확립되었다.[42] 한묘는 전체적으로 강한지역과는 차이를 보이며, 호남 장사지역과 보다 더 밀접한 관련

....

41) 陈振裕, 『湖北西汉墓初析』, 『文博』 1988年 第2期.
42) 주 15와 같음.

성을 보여 준다. 예로 서한 초기의 한묘는 초문화 성격을 강하게 띠며 진문화 요소는 많지 않다. 전체 한대에 걸쳐 경질도기가 비교적 발달하였다. 장사는 호남성의 중부에 위치하며 전국 시기 초국의 남부 영역에 속한다. 한대 초기 오예(吳芮)를 장사왕(長沙王)에 분봉해서 장사국을 건립하고 도읍을 임상(臨湘)으로 하였는데, 이후 경제 2년(155년) 유발(劉發)을 장사왕에 봉하고 도읍을 여전히 임상으로 하였으며 왕망 시기까지 17대에 걸쳐 전승되었다. 동한 시기에는 장사군(長沙郡)이 되었으며 현재의 장사시 일대에 해당한다. 장사지역에서는 이미 많은 수량의 한묘가 발굴되었으며 제후왕 열후급의 10기를 제외하면 대부분 중·소형 무덤이다. 장사지구 한묘의 분기와 관련하여 1950년대 『장사발굴보고(長沙發掘報告)』는 56기의 서한 시기 무덤에 대한 기초적인 분기편년 연구가 진행되었으며 화폐를 기준으로 전·후기로 분기하였다.[43] 1984년 송소화(宋少華)는 『장사서한중소형묘의 분기시론(試論長沙西漢中小形墓葬的分期)』를 통해 더욱 세밀한 분기편년 연구를 진행하였다.[44] 그 외 일부 발굴보고에서도 분기문제가 제기되었으나 전체적으로 동한 시기 무덤을 포함하는 체계적인 분기편년은 이루어지지 않고 있다.

8) 장강하류[江南]지역의 한묘

장강하류지역은 주로 강소성과 안휘성의 장강 이남지역과 상해시, 절강성을 포함하는 지역을 지칭한다. 한대 양주자사부(楊州刺史部)의 회계군(會稽郡), 오군(吳郡), 단양군(丹陽郡)의 관할지역이다. 이 지역의 한묘 발굴은 주로 건국 이후 시작되었으나, 1949년 이전에도 도굴에 의한 출토 청·자기와 동경들이 이미 소개된 바 있다. 1949년 이후 과학적 조사를 통해 한묘 2,000여 기가 발굴되었다. 동일 지점에서 발굴 수량이 다수인 지점들은

....

43) 주 6과 같음.
44) 宋少华, 『试论长沙西汉中小型墓葬的分期』, 『湖南考古辑刊』 第2辑, 1984年.

상해 복천산(福泉山)을 비롯하여 용유(龍游) 동화산(東華山)과 의총산(儀塚山), 소흥 리저(漓渚), 항주 노화산(老和山), 호주(湖州) 양가부(楊家埠), 무호(蕪湖) 하가원(賀家圓), 남경 서하산(栖霞山) 등의 20여 곳에 이르며 장강삼각주, 영진(寧鎭)지역, 영소(寧紹)평원, 금구(金衢)분지 일대에 비교적 집중 분포한다. 이 지역의 한묘는 장강 북안의 강소 북부지역과 비교해서 무덤 형식이나 부장품에서 모두 뚜렷한 차이를 보이며, 오히려 장강중류의 장사 일대와 유사한 경향을 보인다. 무덤의 형식은 주로 소형의 수혈토광묘와 수혈목곽묘, 전실묘이다. 수혈토광묘와 목곽묘는 서한 시기에 유행하여 동한 초기까지 지속되며 대형 목곽묘는 소량이다. 동한 시기에는 주로 전실묘 위주이며, 소형의 아치형 단실묘에서 중대형 아치형 전실묘(혹은 궁륭정)의 다실구조로 변화한다. 석곽묘와 화상석묘도 일부 발견되었지만 소수이다. 부장품은 서한 시기부터 동한 중기까지 경질도기와 시유도기가 발달하였다. 서한 시기에는 정(鼎), 합(盒), 호(壺), 부(瓿) 등의 예기 조합이 유행하며, 왕망 시기부터 동한 중기까지는 뢰(罍), 호, 관(罐), 완(碗, 鉢)의 일상용기 조합 위주이며 지역적 특징을 가진 오련관(五聯罐)과 모형명기의 사용이 보편적이다. 동한 후기부터는 청자기가 대량으로 부장되며 대부분이 일상용기이다. 여육성(黎毓馨)은「장강하류지구양한, 오, 서진무덤의 분기(論長江下流地區兩漢吳西晉墓葬的分期)」논문을 통해, 무덤 형식과 부장 도자기에 대한 유형학적 분석에 기초하여, 양한·오·서진(兩漢吳西晉) 시기 무덤을 3기의 대분기와 9기의 소분기로 분기, 편년하였다. 즉 서한 시기(早中晚), 왕망에서 동한 중기(王莽, 東漢早, 東漢中), 동한 말기에서 오진(吳晉) 시기로 분기하면서, 이 지역 한묘의 분기편년서열이 수립되었다.[45]

....

45) 黎毓馨,『论长江下游地区两汉吴西晋墓葬的分期』,『浙江省文物考古研究所学刊』, 长征出版社 1997年版.

9) 서남(西南)지역의 한묘

사천과 중경지역은 고대 파촉문화구(巴蜀文化區)에 속하며, 전국시대 중기와 후기에 진에 의해 점령된 후, 토착의 파촉문화와 진문화가 병존하였다. 이후 한대에는 그 문화면모가 급격하게 중원지구에 가까워졌으며, 무제 시기를 전후하여 파촉문화는 기본적으로 중원의 한문화와 일체화되었다. 무제 이후에는 중원문화와의 밀접한 관계와 더불어 환경 및 교통 조건들로 인하여, 이 지역의 한묘는 다양한 고유특징을 형성하면서 독립적인 문화면모를 보여 준다.

이 지역 한묘의 발굴조사는 항일전쟁 시기로 거슬러 올라가서 당시의 중앙박물원과 영조학사(營造學社)에서 진행한 사천 팽산 애동묘 조사와 함께 시작되었다. 또한 중경시 부근의 한묘에 대한 산발적인 발굴조사도 이루어졌다.[46) 1950년대 이래 이 지역에서 이미 2,000여 기의 한묘가 발굴조사되었으며, 주로 성도평원 일대에 집중되어 있다. 최근에는 삼협댐 건설과 관련하여 수몰지구 백여 곳에서 한묘가 발견되었다. 특히 중경, 풍도(豊都), 충현(忠縣), 운양(雲陽), 무산(巫山) 등지에서는 수백 기의 한묘가 발굴되어, 중경협강(重慶峽江)지역 한묘의 편년 연구에 중요한 자료가 제공되었다.[47) 사천과 중경지역 한묘에 대한 종합연구는 하지국(何志國)이 사천의 서한 시기 토광목곽묘에 대한 기초적인 연구를 진행하였다.[48) 나이호(羅二虎)의 『사천지구애묘연구(四川地區崖墓研究)』도 이 지역 한묘에 대한 전문 연구이다.[49) 그러나 전체적으로 이 지역의 한묘 연구는 분기편년 연구가 취약한 상황이다.

사천과 중경지구 한묘의 형식과 종류는 다양하다. 수혈토광묘와 수혈

....

46) 郭沫若, 『关于发现汉墓的经过』, 『说文月刊』, 1941年 10月 第3卷 第4期.
47) 重庆, 忠县, 丰都发掘资料待刊, 丰都发掘简报见 『丰都县汇南两汉一六朝墓发掘简报』, 『四川文物』1996年 增刊; 其他地点的汉墓资料见 『三峡考古之发现』, 湖北科学技术出版社 1998年版.
48) 何志国, 『四川西汉土坑木椁墓初步研究』, 『远望集』陕西人民美术出版社 1999年版.
49) 罗二虎, 『四川地区崖墓研究』, 『考古学报』1982年 第2期.

목곽묘는 주로 평원 및 산지의 일부 평탄지역에 분포한다. 한묘는 주로 서한 시기와 왕망 시기에 유행하지만, 중경협강지역은 동한 초기까지 지속된다. 사천과 중경지구의 전실묘는 주로 동한 시기에 유행하며, 대부분 단실과 다실의 아치형 무덤이다. 성도 일대의 전실묘에서는 묘벽에 방형 혹은 장방형의 화상전을 채워 넣은 화성전묘가 발견된다. 애동묘[崖墓]는 사천, 중경 및 그 주변지역의 가장 특징적인 무덤 형식으로 대부분 강의 양안 배수면(背水面) 쪽 산의 벽과 비탈에 동굴을 굴착한 것이다. 주로 민강(岷江), 타강(沱江), 부강(涪江), 가릉강(嘉陵江) 중·하류와 장강 연안 및 호북성 서부와 인접한 운남, 귀주의 일부지역까지 분포한다. 사천의 애동묘는 서한말에서 동한 초기에 출현하였으며, 동한 말기에 크게 발달하여 삼국·양진·남북조(三國兩晉南北朝) 시기까지 지속된다. 애동묘의 규모는 천차만별이며, 대형묘는 긴 묘도를 가진 다실묘이지만, 묘주의 신분은 지방관리나 부호에 불과하다. 여러 대에 걸쳐 합장을 하였으므로 묘실의 규모가 방대하다. 소형묘는 대부분 단실이며 일반 평민무덤이다. 대형의 애동묘 가운데에는 벽체와 천정에 화상을 조각하거나 건물을 모방하여 두공(斗栱), 양주(梁柱), 벽감(壁龕), 조대(竈臺) 등을 조각하고, 무덤에는 화상을 조각한 목관과 석관을 안치하였다. 이러한 애동묘의 족속(族屬)과 관련하여, 과거에는 현지의 소수민족 무덤으로 보았으나, 최근에는 대부분이 한인(漢人)으로 확인되었다.

운남, 귀주지역은 선진 시기와 한대에 서남이(西南夷)의 거주 지역으로 고유한 특색의 전(滇)문화, 곤명(昆明)문화, 야랑(夜郎)문화들이 전개되었다. 그러나 한 무제의 서남이 정벌을 통해 군현이 설치되고 한의 이민이 유입되면서 한문화와 서남이의 토착문화가 병존하였다. 현재까지 한식무덤도 상당수가 발견되는데 고유문화의 특색과 더불어 전체적으로는 사천지역 한묘와 대체로 유사한다.[50]

....

50) 宋世坤,『贵州汉墓分期』,『中国考古学会第五次年会论文集』, 文物出版社 1988年版.

10) 양광(兩廣)지역의 한묘

양광지역은 선진 시기 백월(百越)민족의 거주 지역으로 진의 통일 이후, 계림(桂林), 상군(象郡), 남해군(南海郡)이 설치되면서 임효(任囂)를 남해군위(南海郡尉)로 삼고 번우(番禺)를 군치(郡治)로 정하였다. 이후 조타(趙佗)가 남해위를 승계하면서 진말의 난을 계기로 영남(嶺南)에서 할거하여 남월국(南越國)을 건국하고 번우에 도읍하였다. 한 무제 원정(元鼎) 6년(111년) 남월국을 평정하고, 남해등 9군을 증설하면서 양광지역은 한의 세력권에 편입되었다. 양광지역 한묘의 발굴은 광주(廣州) 일대를 중심으로 집중되어 있다.

광주 한묘에 대한 정식 발굴조사는 대부분 건국 이후부터 진행되었다. 1953~1960년간 광주 교외의 수십 개 지점에서 한대 무덤 409기가 발굴조사되었다. 1981년『광주한묘(廣州漢墓)』의 발굴보고가 정식 출간되었다. 또한 1960년대 이후에도 지속적으로 400여 기의 한묘가 발굴되었다. 그 가운데 1980년대 광주 상강산(象崗山) 발굴을 통해 2대(二代) 남월왕묘가 발굴되는 중요한 성과도 마련되었다. 광주 이외 지역은 소관(韶關), 낙창(樂昌), 서문(徐聞), 불산(佛山), 봉개(封開), 번우에서 집중적으로 발굴조사가 진행되었다. 특히 낙창 발굴에서 200기의 한묘가 발굴되어 광주 이외 지역에서 최대 규모의 한묘군이 확인되었다. 그 외에도 갈양(楊陽), 보령(普寧), 등해(燈海), 매현(梅縣)에서도 한묘가 발견되었다.『광주한묘』발굴보고서에서는 409기 한묘에 대한 유형학적 분석을 시도하여, 이 지역 한묘의 분기편년서열을 수립하였다.

광서(廣西)지역의 한묘는 주로 귀항(貴港), 합포(合浦), 오주(梧州) 및 계림 북부의 각 지역에서 현재까지 200여 기가 확인되었으며 문화적 특징은 대체로 광주지역 한묘와 유사하다. 광서지역에서는 대형 한묘가 일부 발굴되었는데, 1970년대 발굴된 귀현(貴縣) 라박만(羅泊灣) 12호묘와 1980년 발굴된 귀현 풍류령(風流嶺) 31호묘, 하현(賀縣)의 금종(金鐘) 1한묘 등이 대표적이다. 이러한 무덤은 규모가 거대하고 부장품이 풍부하다. 묘주는 대체로 서한 전기 남월왕이 파견한 현지의 왕후급 봉군(封君) 혹은 관리로 추정하고 있다. 1971년 발굴된 합포 망우령(望牛嶺) 1호묘에서 발견된 2점의 도용(陶俑)에서는 주서(朱書)의 "구진부(九眞府)" 명문이 확인되어 묘주를 서한 후기 구진군(九眞郡)의 태수로 추정하고 있다.

양광지역은 백월의 거주지역이지만 전국 시기에는 초문화의 영향을 받았으며, 진의 통일 이후에는 많은 중원의 이민이 유입되었다. 그러므로 전기 남월국은 월한(越漢)의 잡거지역으로 고유한 문화전통과 한문화가 공존하고 있다. 한 무제의 영남 점령 이후에는 중원지역과의 문화적 연계가 가속화면서 문화적 융합이 이루어졌다. 양광지역의 광주는 고대 가장 이른 시기에 외부와 통상을 진행하였던 항구이다. 서한 중기 이후에는 마노(瑪瑙), 계혈석(鷄血石), 탁류석(拓榴石), 매정(媒精)을 비롯하여 호박과 유리 등으로 제작된 목걸이, 유리구슬, 유리잔 등의 수입품이 발견되고 있어 동남아시아 국가와의 해상무역의 창구임을 보여 준다.

이상과 같이 20세기 중·소형 한묘의 발굴과 연구사에 대해 간략하게 회고해 보았다. 한묘는 수량이 많고 각 지역의 상황도 복잡한 양상을 띠고 있다. 20세기 한묘의 발굴과 연구는 이미 다양한 성과를 내고 있으며 이를 개괄하여 보면 다음의 몇 가지를 언급할 수 있다. 먼저, 한묘의 발굴과 연구에서 이미 상당히 많은 성과를 얻었으나 일부 문제도 있다. 한묘의 상당한 발굴수량에 비해 정식 발표된 연구자료가 부족한 형편이다. 연구방면에서도 주로 수장품이 풍부한 대형 왕후묘에 치충하여 중소형 한묘의 기초적인 연구는 아직 빈약한 현실이다. 이러한 원인으로 다수 지역에서는 아직까지 한묘의 분기, 편년서열의 기초적인 연구들이 이루어지지 않고 있다. 이 외에도 한대 무덤과 관련한 사상, 신앙, 문화적 측면의 심층연구가 부족한 상황이다.

5장 한대 화상석, 화상전, 벽화, 백화의 발견과 연구

20세기에 들어와서 고고학 조사와 발굴을 통해 다량으로 출토된 한대의 화상석, 화상전, 벽화, 백화 자료들은 한대 회화예술의 고찰에 직접적인 자료를 제공하고 있다. 그리고 이러한 도상 자료들은 한대 물질문화와 정신문화의 다양한 영역을 반영하고 있어 이 시기 역사에 대한 풍부한 감성과 인식을 제공하고 있다. 현재까지 이와 관련한 연구자들의 노력으로 한의 화상석, 화상전, 벽화, 백화 연구는 더욱 심화되었으며 이미 역사고고학과 미술고고학 연구에서 중요한 연구영역으로 자리매김하고 있다.

1. 화상석[1]

한대 화상석 자료들은 주로 석조의 궐(闕), 사당(祠堂), 묘실(墓室), 관곽(棺槨)과 같은 건축물이나 장구(葬具)에서 발견된다. 20세기 이전에도 사람들은 우연히 발견된 한대 화상석에 대해 주목하였다. 동진(東晉) 시기 대연지(戴延之)의 『서정기(西征記)』, 북위(北魏) 여도원(麗道元)의 『수경주(水經注)』에는 산동, 하남에서 발견된 화상석 무덤과 사당에 대해 언급하고 있다. 조명성(趙明誠)의 『금석록(金石錄)』, 홍적(洪適)의 『예석(隷釋)』과 『예속(隷續)』 등의 송대 금석학 저작에서도 한대 화상석에 대한 기록들이 남아 있으며 특히 『예속』에는 산동 가상현(嘉祥縣)의 동한 시기 무씨사(巫氏祠)의 화상을 모사(摹寫)하기도 하였다. 건륭(乾隆) 51년(1786년)과 54년

....

1) 信立祥, 『汉画像石的分区与分期研究』, 俞伟超编 『考古类型学的理论与实践』第234~306页, 文物出版社 1986年版; 信立祥, 『中国汉代画像石の研究』第1~4页, 东京, 同成社 1996年版; 杨爱国, 『山东汉画像石研究的历史回顾』, 『山东大学学报』1992年 第3期; Wu Hung, *The wu Liang Shrine: The Ideology of Early Chinese Pictorial Art*, pp. 1~70, Stanford, Stanford University Press, 1989; 巫鸿, 『国外百年汉画研究之回顾』, 『中原文物』1994年 第1期.

(1789년)에는 황역(黃易), 이극정(李克正)이 장기간 지하에 매몰되어 있었던 무씨(巫氏)의 사당을 발굴하여, 한 화상석에 대한 관심을 불러 일으켰으며, 무씨사화상(巫氏祠畵像)과 방제(旁題)를 기록한 다수의 금석학 저작들이 출현하였다. 대표적인 금석학 저작으로는 완원(阮元), 필원(畢沅)의 『산좌금석지(山左金石志)』(1797년), 왕창(王昶)의 『금석췌편(金石萃編)』(1905년), 풍운붕(馮雲鵬)과 풍운완(馮雲宛)의 『금석색(金石索)』(1821년), 구중용(瞿中溶)의 『한무양사화상고(漢武梁祠畵像考)』(1825년) 등이 있다.

19세기 말에서 20세기 초에는 외국 연구자들도 중국 조사를 통해 다량의 한대 화상석 자료를 수집하였다. 프랑스의 샤반느는 1891년과 1907년, 두 차례에 걸쳐 산동의 무씨사와 효당산(孝堂山) 유적을 방문하였으며, 일본의 오무라 세이가이(大村西崖), 세키노 다다시(關野貞)도 산동, 하남, 사천 등지를 조사하였다. 특히 이러한 현지 조사에서는 사진촬영을 비롯하여 측량, 탁본, 문자기록이 이루어져, 이미 기초적인 고고학적 내용들을 갖추었다. 1893년 샤반느는 『중국양한석각(中國兩漢石刻)』의 출간을 통해 처음으로 한대 화상석 자료를 서방에 소개하였다.[2] 그리고 한대 화상석 자료를 다루고 있는 저작으로는 샤반느의 『중국북부고고조사(中國北部考古調查)』[3]와 오무라 세이가이의 『지나미술사·조소권(支那美術史·彫塑卷)』,[4] 세키노 타다스의 『중국산동한대무덤의 장식(中國山東漢代墓葬的裝飾)』[5]과 프랑스인 써가런의 『중국서부고고기(中國西部考古記)』[6]가 있으며, 이러한 저작은 상세한 기록과 도판으로 현재까지도 중요한 참고자료가 되고 있다.

서학의 영향으로 1920·30년대 중국에서도 미술사관련 저작들이 출

....

2) E. Chavannes, *La Sculpture sur pierre en Chine au temps des deux dynasties Han*, paris: Ernest Leroux, 1893.
3) E. Chavannes, *Mission archeologique dans la chine septentrionale*, Paris: Imprimerie Nationale, 1913.
4) 東京, 佛教刊行会図像部, 1915~1920年.
5) 关野贞, 『支那山東省こちける于汉代坟墓の表饰』, 東京, 1916年, 东京帝国大学工科大学.
6) 色伽兰著, 冯承钧译, 『中国西部考古记』, 中华书局, 1955年版.

현하였는데 주로 한 화상석을 중요한 내용으로 소개하면서 문헌사료와 전세품을 통한 한대 예술 연구의 공백을 보완하였다. 버셀의 『중국미술(中國美術)』, 오무라 세이가이의 『중국미술사(中國美術史)』 저작들이 1920년대를 전후하여 번역 출판되었다.[7] 이 시기 중국학자의 저작인 등고(滕固)의 『중국미술소사(中國美術小史)』, 진중문(秦仲文)의 『중국회화학사(中國繪畫學史)』, 주걸근(朱杰勤)의 『진한미술사(秦漢美術史)』, 정창(鄭昶)의 『중국미술사(中國美術史)』, 사암(史巖)의 『동양미술사』에서도 많은 한 화상석 관련 재료를 소개하였다.[8]

이상의 자료들은 대부분 개인소장 탁본이거나, 과거의 금석학 저작, 혹은 외국학자의 저작으로 대체로 개괄적이며 구설(舊說)을 인용하였다. 그러나 이러한 저작들은 한 화상석의 예술 가치에 주목하면서 역사적 맥락을 이해하려는 시도를 하였으며, 이로써 금석학 위주의 전통적 연구방법과는 차이를 보여 주었다.

과거 금석학 저작에서 도상의 모사는 종종 실제의 형태가 왜곡되는 경우가 있다. 그러나 인쇄기술의 발전과 더불어 사진제판기술의 응용으로 새롭게 출판된 도록의 탁본인쇄가 정교해지면서 연구자들에게 신뢰할 수 있는 자료가 제공되었다. 1930년대 관백익(關百益)의 『남양한화상집(南陽漢畫像集)』[9]과 손문청(孫文青)의 『남양화상회존(南陽畫像滙存)』[10]의 출판으로 남양 화상석묘의 도상 자료들이 발포되면서 남양 일대 한 화상석이 세인의 주목을 받게 되었다. 또한 나진(羅震)은 1935년 남양한화관(南陽漢畫館)을 통해 남양 화상석 118점을 전시하면서 최초의 한대화상석박물관

....

7) 波西尔著, 戴岳译, 蔡元培校, 『中国美术』, 商务印书馆 1923年版; 大村西崖著, 陈彬和译, 『中国美术史』, 商务印书馆 1928年版.

8) 滕固, 『中国美术小史』, 商务印书馆 1929年版; 秦仲文, 『中国绘画学史』, 立达书局 1933年版; 朱杰勤, 『秦汉美术史』, 商务印书馆 1934年版; 郑昶, 『中国美术史』, 中华书局 1935年版; 史岩, 『东洋美术史』, 商务印书馆 1936年版.

9) 中华书局 1930年版.

10) 哈佛燕京学社 1936年版; 上海金陵大学中国文化研究所 1937年版.

을 건립하였다. 노신(魯迅)도 1930년대 하남 남양, 산동, 강소, 사천 등지에서 한 화상석의 탁본 수백 점을 수집하면서 이를 통해 신목각예술(新木刻藝術) 운동의 참고로 삼았다.[11] 도록의 출판은 1940년대까지 해외에서 진행된 화상석 연구의 주류를 이루었고 중요한 저작으로 피셔(Fisher)의 『한대중국회화』[12]와 드러커(Drake)의 『한대화상석』[13]이 있다.

　　중국 고고학의 발전과 더불어 중국학자도 화상석묘에 대한 조사와 발굴을 시작하였다. 1933년 중앙연구원 역사어언연구소(歷史語言研究所)는 산동 등현(滕縣)의 대형 화상석묘[傳 曹王墓]를 발굴하였는데 이는 과학적 발굴조사가 진행된 최초의 한대 화상석묘이다. 항일전쟁 기간에도 영조학사(營造學社)의 연구자들은 사천성 팽산(彭山), 중경(重慶), 낙산(樂山) 일대의 한대 애묘(崖墓)와 석궐(石闕)에 대한 조사를 진행하였다.[14]

　　20세기 초의 한 화상석 연구는 대체로 금석학의 전통을 이어받아 방제(旁題)의 고증을 비롯하여 화상과 문헌의 검증, 화상내용의 고증이 주류를 이루었다.[15] 그러나 연구의 기본방법은 여전히 금석학의 범주에서 벗어나지 못하고 있으며 일부 고증에는 오류도 발견된다. 이와 관련하여 당시 일부 평론에서는 원석(原石)에 대한 현지조사를 통해 현황을 조사하고 상세한 측량이 필요하다고 주장하기도 하였다.[16] 그러나 일부 학자는 연구방법에서 새로운 진전을 보였는데 주로 화상석의 조각기법과 건축 형태 등의 문제에 대해 주목하기 시작하였다. 샤반느와 세키노는 처음으로 화상석의 조각기법에 대한 연구를 진행하였다. 등고는 1937년 『남양한화상석각

....

11) 魯迅所藏漢畵像石拓片后来结集出版, 见北京鲁迅博物馆, 上海鲁迅纪念馆编, 『鲁迅藏汉画像』, 共2冊, 上海美术出版社 1986, 1991年版.

12) O. Fischer, *Die Chinesische Malerei der Han Dynasties*, Berlin: Paul Neff Verlag, 1931.

13) F. S. Drake, "Sculptured Stones of Han Dynasty", *Monurmenta Serica*, 1943. 8, pp. 280~318.

14) 滕县曹王墓的资料丢失, 见董作宾 『山东滕县曹王墓汉画像残石』, 『大陆杂志』第21卷 第12期, 1960年.

15) 北平考古学社, 1936年.

16) 孙次舟 『汉武梁祠画像一二考释』, 『历史与考古』第三回 (1937), 第14~17页.

의 역사적 고찰(南陽漢畵像石刻之歷史的風格的考察)』에서 한 화상석의 조각기법을 '부조식'과 '회화식'의 두 가지로 구분하였다.[17] 또한 미국인 페어뱅크(Fairbank)는 산동 금향(金鄕)의 동한 시기 사당에 대한 실제조사를 통해 한 화상석의 조각기법의 연원에 대해 고찰하고, 이를 회화모방기법과 모방모인전(模倣摹印塼)기법의 두 가지로 분류하였다.[18] 페어뱅크는 1941년 『한무양사건축원형고(漢武梁祠建築原形考)』에서 무씨사화상석은 청대에 출토된 후에 건축의 원상이 훼손된 사실에 주목하고, 무씨사 원형에 대한 복원을 시도하였다. 비록 탁본에 근거한 복원으로 일부 오류가 있지만 그의 연구방법은 중요한 의미를 가진다. 그는 특히 화상 주제의 연구에서 화상의 위치가 가지는 의미에 대해서 강조하였으며, 이는 화상과 건축형식을 함께 결합하여 고찰한 것이다.[19] 이러한 관점은 지금까지도 중요한 의의를 가진다. 학술적 전통의 차이로 인해, 서방 연구자들에 의한 한대 화상석 연구는 현지조사 기록을 비롯하여 종합연구는 대체로 형식분석을 기초로 하였다. 바흐포엘(L. Bachhofer)은 1931년 한대 화상의 재료를 단선적인 형식진화론에 입각하여 몇 가지의 발전단계로 구분하였다.[20] 또한 로레디(G. Rowledy)는 시각심리학의 이론을 도입하였으며,[21] 샤퍼(A. Soper)는 한화(漢畵)의 지역성 문제에 대해 주목하였다.[22] 한편 중국학자의 사고와

....

17) 滕固, 『南阳汉画像石刻之历史的风格的考察』, 『张菊生先生七十生日纪念论文集』, 上海印书馆 1937年版.

18) Wilma Fairbank, "A Structural Key to Han Art", *Harvard Journal of Asiatic Studies*, 7, No. 1 (April 1942), pp. 52~88; reprinted in Wilma Fairbank, Adventures in Retrieval, pp. 87~140, Cambridge Mass, 1972, Harvard University Press.

19) Wilma Fairbank, "The Offering Shrines of 'Wu Liang 'ü'", *Harvard Journal of Asiatic Studies*, 6, NO. 1 (March 1941), pp. 1~36; reprinted in Wilma Fairbank, Adventures in Retrieval, pp. 42~86; 译文见 『中国营造学社汇刊』第7卷 第2期, 王世襄译.

20) L. Bachhofer, "Die Raumdarsellung in der chinesischen Malerei des ersten Jahrtausends n. Chr", in *Münchner Jahrbuch der Bildenden Kunst*, 1931, vol. 3.

21) G. Rowledy, *Principles of Chinese Painting*, Princeton; Princeton University Press, 1947. 3.

22) A. Soper, "Life-motion and the Sense of Space in Early Chinese Representational Art, *Art Bulletin*, 30, pp. 86~167.

유사하게 도상 주제에 대한 고찰을 위주로 한 외국의 한 화상석 연구도 주요 영역으로 진행되었다. 이 분야에서는 초기에는 문헌과 제기(題記)의 고찰을 통해 화상고사에 대해 고증하였다. 일부 연구자는 한 화상석이 특정한 역사인물과 사건을 표현한 것으로 이해하면서 묘주의 신분 및 일생과 관련이 있는 것으로 보았다. '교상전역(橋上戰役)'과 관련한 논쟁은 이러한 경향을 보여 준다.

1950년대 부석화(傅惜華)의 『한대화상전집』의 '초편(初編)'과 '2편(二編)'이 200부 출판되었다.[23] 전집에서는 파리대학의 북경한학연구소와 편저자 개인 소장의 산동 화상석 탁본 500여 종을 수록한 것으로 당시 산동지구 한 화상석에 대한 가장 완전한 자료이다. 이 책에는 탁본의 명칭과 연대, 원석의 발견지점과 수장처, 화상의 유형, 방제의 해석, 탁본의 규격 등이 수록되어 있다.

건국 이후, 고고학의 발전과 더불어 다수의 한 화상석묘가 발견되었다. 1954년 산동에서 화동(華東)문물공작대와 산동성 문물관리위원회에 대해 산동 기남현 북채촌의 대형 동한 화상석묘가 발굴되었다(그림 18). 화상석은 모두 44.2m²로 한대 화상석의 예술수준을 잘 보여 주고 있다.[24] 발굴보고서 발표 이후 학계에서는 화상석의 연대문제를 둘러싸고 논쟁이 진행되었다. 1956년 정식 발굴보고서의 출판 이후 관련 자료가 상세하게 공개되었다.[25] 1959년에는 산동성박물관에 의해 안구(安丘) 동가장(董家庄) 한묘에 대한 발굴이 진행되었으며 전체 화상은 146m²에 이른다.[26] 이와 더불어 산동지역의 여러 문화재관련 기관에서 다량의 한 화상석을 조사 수집하였다. 그 가운데 산동성 남부의 제녕(濟寧), 조장(棗庄), 임기(臨沂)

....

23) 巴黎大学北京汉学研究所, 1950, 1951年.

24) 원보고서 오류 442m².

25) 晉昭燏, 蔣宝庚, 黎忠义, 『沂南古画像石墓发掘简报』, 文化部文物事业管理局 1956年版.

26) 山东省博物馆, 『山东安丘汉画像石墓发掘简报』, 『文物』1964年 第4期; 安丘县文化局, 安丘县博物馆, 『安丘董家庄汉画像石墓』, 济南出版社 1992年版.

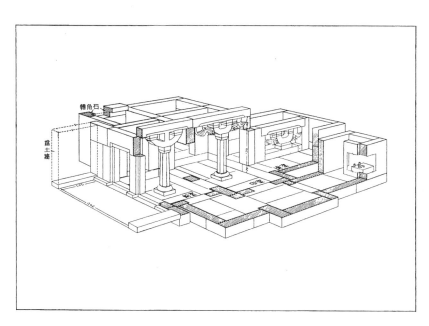

그림 18 기남 화상석묘 조감도

및 산동성 남부의 제남(濟南), 치박(淄博), 유방(維坊) 등지의 자료가 가장
풍부하다. 비교적 중요한 것으로는 1968년에 발굴된 제성 전양태묘(前涼
台墓),[27] 1970년 발굴된 제영 남장묘(南張墓),[28] 1972년 발굴된 임기 백장
묘(白庄墓),[29] 1973년 발굴된 창산 동한(東漢) 원가원년묘(元嘉元年墓)(151
년),[30] 1978년과 1980년 가상 송산(宋山) 출토 화상석묘 2기,[31] 1986년 발
굴된 평음 맹장묘(孟庄墓)[32] 및 1980년대 조장, 미산 등지에서 발견된 초
기 화상석곽묘 등을 들 수 있다.[33]

....

27) 任日新,『山东诸城汉画像石墓』,『文物』1981年 第10期.
28) 山东省博物馆, 山东省文物考古研究所,『山东汉画像石选集』图版 63~67, 齐鲁书社 1982年版.
29) 山东省博物馆, 山东省文物考古研究所,『山东汉画像石选集』图版 161~171, 齐鲁书社 1982
　　年版; 管恩诘, 霍启明, 尹世娟,『山东临沂吴白庄汉画像石墓』,『东南文化』1999年 第6期.
30) 山东省博物馆, 苍山县文化馆,『山东苍山元嘉元年画像石墓』,『考古』1975年 第2期.
31) 嘉祥县武氏祠文管所,『山东嘉祥宋山发现汉画像石』,『文物』1979年 第9期; 济宁地区文物组,
　　嘉样县文管所,『山东嘉祥 1980年出土的汉画像石』,『文物』1982年 第5期.
32) 刘善沂, 刘伯勤,『山东平阴孟庄汉画像石墓发掘简报』, 待刊.
33) 肖燕,『枣庄发现西汉早中期画像石』,『中国文物报』1991年 3月 24日; 王思礼, 赖非, 丁冲, 万

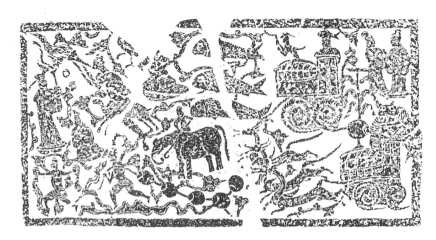
그림 19 동산 홍루사당 화상석

　　강소성 북부 서주지역은 산동성 서남지역과 인접한 곳으로 1950년 대 이후 다량의 한 화상석이 출토되었다. 비교적 완전한 무덤은 30여 기이 며 일부 사당 출토 자료도 발견되었다. 비교적 중요한 것으로는 1952년 조 사된 서주 모촌 동한(東漢) 희평4년묘(熹平四年墓)(175년),[34] 1957년 조사 된 동산 홍루사당(紅樓祠堂)(그림 19)과 무덤,[35] 1965년 발굴된 동산 백집 묘(白集墓),[36] 1954년 발굴된 휴영(睢寧) 구녀돈묘(九女墩墓),[37] 1982년 발 굴된 비현 동한(東漢) 원가원년묘(元嘉元年墓)(151년)이다.[38] 이외에도 강 소성 남경, 상주(常州), 회양(淮陽) 등지에서도 일부 화상석묘가 발굴되었 다. 주변지역의 비교적 중요한 발굴은 안휘 정원현 패왕장묘(壩王庄墓),[39] 1956년 조사된 숙현 저란묘(褚蘭墓)이다.[40] 1973년 절강 해녕(海寧)에서

········
　　良,『山東微山县汉代画像石墓调查报告』,『考古』1989年 第8期.
34)　王献唐,『徐州市区的茅村汉墓群』,『文物参考资料』1953年 第1期.
35)　王德庆,『江苏铜山东汉墓清理简报』,『考古通讯』1957年 第4期.
36)　南京博物院,『徐州青山泉白集东汉画像石墓』,『考古』1981年 第2期.
37)　李鉴昭,『江苏睢宁九女墩汉墓清理简报』,『考古通讯』1955年 第2期.
38)　南京博物院, 邳县文化馆,『东汉彭城相缪宇墓』,『文物』1984年 第8期.
39)　安徽省文物管理委员会,『定远县坝王庄古画像石墓』,『文物』1959年 第12期.
40)　王步毅,『安徽宿县褚兰汉画像石墓』,『考古学报』1993年 第4期.

발굴된 해녕중학묘(海寧中學墓)[41]는 장강 이남의 동남연안지구에서 처음으로 발견된 화상석묘로 화려한 선각(線刻)은 풍부한 개성을 보여 준다.

건국 이후에는 하남의 남양지역 화상석 발굴조사에 많은 진전이 있었다. 고고학자들은 남양, 당하(唐河), 방성(方城), 등주(鄧州), 신야(新野) 등지에서 40여 기의 화상석묘를 발굴하였다. 대표적인 것으로는 1962년 발굴된 남양 양관사묘(楊官寺墓),[42] 1963년 발굴된 양성 동한(東漢) 영건칠년묘(永建七年墓)(132년)(그림 20),[43] 1973년 발굴된 남양 동한(東漢) 건녕삼년(建寧三年)(170년) 허아구묘(許阿瞿墓),[44] 1976년 발굴된 남양 조채묘(趙寨墓),[45] 1977년 발굴된 당하의 신망(新莽) 천봉오년(天鳳五年)(18년) 풍유인묘(馮孺人墓)[46]이다. 이외에도 호북성의 수주(隨州), 당양(當陽), 조양(棗陽) 일대에서도 같은 형식의 한 화상석이 발견되었다. 1959년에서 1960년까지 발굴된 밀현 타호정(打虎亭)1호묘에서는 대규모의 화상석이 발견되었으며,[47] 중악(中岳) 한삼궐(漢三闕)에 대한 상세한 조사와 실측이 이루어졌다.[48]

섬서성 북부지역의 한 화상석은 20세기 초에 이미 발견되었으나 발표되지는 않았다. 1959년 섬서성박물관과 섬서성문관회(陝西省文管會)에서 출간한 『섬서 북부 동한화상석각선집(陝北東漢畫像石刻選集)』에서는 수덕(綏德), 미지(米脂), 유림(楡林) 등지에서 출토된 한 화상석 157개가 수록되면서 처음으로 섬서성 북부 화상석의 면모가 확인되었다.[49] 1971

....

41) 嘉兴地区文管会, 海宁县博物馆,『浙江海宁东汉画像石墓发掘简报』,『文物』1983年 第5期.
42) 河南省文物局文物工作队,『河南南阳杨官寺汉代画像石墓发掘报告』,『考古学报』1963年 第1期.
43) 河南省文物局文物工作队,『河南襄城茨沟汉画像石墓』,『考古学报』1964年 第1期.
44) 南阳市博物馆,『南阳发现东汉许阿瞿墓志画像石』,『文物』1974年 第8期.
45) 南阳市博物馆,『南阳县赵寨砖瓦厂汉画像石墓』,『中原文物』1982年 第1期.
46) 南阳地区文物队, 南阳博物馆,『唐河汉郁平大尹冯君孺人画像石墓』,『考古学报』1980年 第2期.
47) 河南省文物研究所,『密县打虎亭汉墓』, 文物出版社 1993年版.
48) 吕品,『中岳汉三阙』, 文物出版社 1990年版.
49) 陕西省博物馆, 陕西省文管会,『陕北东汉画像石刻选集』, 文物出版社 1959年版.

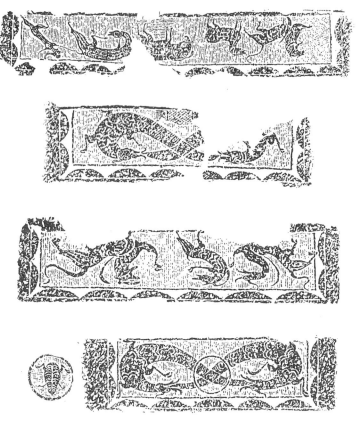

그림 20 양성 한묘 화상석

년 미지에서 4기의 화상석묘가 정리되었는데 그 가운데 동한(東漢) 영초
원년(永初元年)(107년) 우문명묘(牛文明墓)는 중요한 의의가 있다.[50] 우
문명묘는 이 지역에서 초기에 과학적 발굴을 통해 조사된 화상석묘이다.
1970·80년대에는 수덕, 자주(子洲), 신목(神木), 청간(淸澗), 유림 등지에
서 수십 기의 화상석묘가 발굴조사되었다. 이 가운데 1982년 발견된 수덕
양맹원묘(楊孟元墓),[51] 1986년 발견된 수덕 오인천묘(嗚咽泉墓) 등은 중

········

50) 陝西省博物馆, 陝西省文管会写作小组, 『米脂东汉画像石墓发掘简报』, 『文物』 1972年 第3
期.
51) 绥德县博物馆, 『陝西绥德汉画像石墓』, 『文物』 1983年 第5期.

요한 연구 가치를 보여 준다.[52] 1996년 발견된 신목 대보당묘(大保當墓)에서 출토된 채색화상석은 매우 새로운 자료이다.[53] 이외에도 산서성 서북의 이석(離石) 등지에서 발견된 화상석도 섬서성 북부지역과 밀접한 관계가 있다.

사천지역의 한 화상석은 주로 애묘와 석관, 석궐에서 확인된다. 사천성 서부평원의 낙산, 팽산 일대에서 화상(畫像)이 있는 100여 기의 애묘가 발견되었으며 연대는 대체로 한대 안제(安帝) 시기에서 촉한(蜀漢) 시기에 해당한다.[54] 후기의 애묘에서는 일부 화상석관이 사용되었으며 이러한 석관은 대부분 장강(長江), 민강(岷江), 타강(沱江), 부강유역에 분포한다.[55] 또한 일부 전석(塼石)혼합구조의 무덤에 해당하는 성도 증가포(曾家包)1호묘,[56] 성도 양자산(揚子山)1호묘[57]에서도 화상석이 출토되었다. 또한 사천지역의 석궐에 대한 조사와 실측을 통해, 화상이 있는 석궐 14기가 발견되었다.[58]

건국 이후 상술한 고고학 발견으로 인해 한 화상석의 출토 수량은 증대하였으며, 발굴보고서의 출판과 더불어 일부 도록도 출간되었다. 출판물은 주로 탁본을 위주로 한 것으로 선별한 일부 무덤, 사당, 석궐 관련 자료 외에도 지역에 산재한 일부 화상석 자료들도 수록되었다. 상임협(常任俠)의 『한대회화선집(漢代繪畫選集)』,[59] 왕자운(王子雲)의 『중국고대석각화선집(中國古代石刻畫選集)』,[60] 『중국미술전집, 회화편, 화상석화상전(中國美

52) 昊兰, 『绥德鸣咽泉画像石墓』, 『文博』1992年 第5期.
53) 陕西省考古研究所, 榆林地区文物管理委员会, 『陕西神木大保当第11号, 第23号汉画像石墓发掘简报』, 『文物』1997年 第9期.
54) 唐长寿, 『乐山崖墓与彭山崖墓』, 成都电子科技大学出版社 1993年版.
55) 高文, 高成刚, 『中国画像石棺艺术』, 山西人民出版社1996年版; 高文, 『四川汉代画像石』, 巴蜀书社 1987年版.
56) 成都市文物管理处, 『四川成都曾家包东汉画像砖石墓』, 『文物』1981年 第10期.
57) 于豪亮, 『记成都扬子山一号墓』, 『文物参考资料』1955年 第9期.
58) 重庆市文化局等, 『四川汉代石阙』, 文物出版社 1992年版.
59) 朝花美术出版社 1995年版.
60) 中国古典艺术出版社 1957年版.

術全集, 繪畫編, 畵像石畵像塼)』[61]에 일부 화상석이 수록되었으며, 산동지역의 도록은 산동성박물관과 산동성문물고고연구소가 출간한 『산동한화상석선집(山東漢畵像石選集)』[62]을 비롯하여 주석록(朱錫祿)의 『무씨사한화상석(武氏祠漢畵像石)』[63]과 『가상한화상석(嘉祥漢畵像石)』[64]이 있다. 서주지역 화상석에 대한 주요 도록은 강소성문물관리위원회의 『강소서주한화상석(江蘇徐州漢畵像石)』[65]과 서주박물관의 『서주한화상석(徐州漢畵像石)』[66]이 있다. 남양지역 화상석의 도록은 비교적 중요한 것으로 남양한대화상석 편집위원회의 『남양한대화상석(南陽漢代畵像石)』,[67] 섬수산(閃修山)의 『남양한대화상석각(南陽漢代畵像石刻)』,[68] 남양한화관(南陽漢畵館)의 『남양한대화상석각(속편)』,[69] 왕건중(王建中)·섬수산(閃修山)의 『남양양한화상석(南陽兩漢畵像石)』,[70] 남양한화관의 『남양한대화상석묘(南陽漢代畵像石墓)』[71] 등이 있다. 섬서성 북부지역의 화상석 관련 도록은 앞에서 언급한 『섬북동한화상석각선집』과 섬서성박물관의 『섬서동한화상석(陝西東漢畵像石)』[72]이 새로운 자료를 다수 수록하고 있다. 사천지역 한대 화상석에 대한 도록으로는 문유(聞宥)의 『사천한대화상선집(四川漢代畵像選集)』,[73] 고문(高文)의 『사천한대화상석(四川漢代畵像石)』,[74] 중경시문화국의 『사천한대석궐(四川漢代石闕)』, 대연만(戴延萬)의 『파촉한화상석(巴蜀

....

61)　上海人民出版社 1988年版.
62)　齐鲁书社 1982年版.
63)　山东美术出版社 1986年版.
64)　山东美术出版社 1992年版.
65)　科学出版社 1959年版.
66)　江苏美术出版社 1985年版.
67)　文物出版社 1985年版.
68)　上海人民美术出版社 1981年版.
69)　上海人民美术出版社 1988年版.
70)　文物出版社 1990年版.
71)　河南美术出版社 1998年版.
72)　陕西人民美术出版社 1985年版.
73)　上海群联出版社 1995年版; 中国古典艺术出版社 1956年版.
74)　巴蜀书社 1987年版.

漢畫像石)』[75]이 있다. 이외에도 고문·고성강(高成剛)의『중국화상석관예술(中國畫像石棺藝術)』은 다수의 사천지역 화상석관 관련 자료들을 수록하고 있다.

1950년대 이후 한 화상석 연구는 주로 다음의 몇 가지 분야에서 진행되었다. 첫째, 문헌과 도상의 비교를 통해, 화상 제재(題材)의 고증과 해석이 진행되었다. 이 분야의 연구 성과는 다수의 기초적인 문제들을 규명하였다.『기남고화상석묘발굴보고(沂南古畫像石墓發掘報告)』에서는 거마출행(車馬出行), 악무백희(樂舞百戱), 역사고사(歷史故事), 신화인물(神話人物)과 기금이수(奇禽異獸)에 대한 내용을 고증하여 이후 연구에 중요한 영향을 미쳤다. 이 보고서에서 제기한 가설은 무덤의 화상 사이에는 상호관련성이 있으며 묘주의 생전 공적과 부유한 생활, 장엄한 사후상례(死後喪禮) 및 지하세계에 대한 상상을 보여 주는 것으로 이해하였다. 비록 구체적인 일부 결론에 문제가 있지만 전체적인 맥락에서 화상에 대한 분석을 시도한 것이다. 반대로 일부 내용에서는 화상 사이의 상호관계보다는 고립적으로 개별화상을 분석하여, 화상과 문헌의 관계를 과도하게 단순화하거나, 문헌과의 비교에 있어서 일부의 결점이 발견된다.

둘째, 한 화상석이 한대 물질문화 연구의 도상 자료로 사용되었다. 이 분야에서의 연구는 많은 성과를 거두어 손기(孫機)의『한대물질문화자료도설(漢代物質文化資料圖說)』[76]은 다량의 화상석과 화상전 자료를 사용한 성공적인 사례이다. 이와 유사한 연구는 또한 정신문화의 일부 영역도 모색함으로써 한 화상석의 사료적 가치를 제고하였다.

셋째, 미술의 각도에서 한 화상석의 예술형식에 대해 분석하였다. 이와 관련하여 미술창작과 디자인에서 한 화상석의 도상형식과 창작방법이 연구가 되면서 한 화상석의 사회적 영향이 확대되면서 한 화상석 연구가 촉진되

....

75) 文物出版社 1998年版.
76) 文物出版社 1990年版.

었다. 일부 논문에서는 철학과 미학의 용어를 단순 원용함으로써, 조급하게 이론적 분야에서 논의를 전개하면서 구체적 분석이 결여되기도 하였다.

넷째, 한 화상석에 대한 고고학적 연구이다. 고고학 조사의 발전과 자료의 체계적인 축적으로 인해, 1960년대 중반 이후 많은 연구자들이 고고학의 유형학적 방법에 의거하여 한 화상석의 분포와 변화과정을 모색하여 한 화상석 연구의 기본적인 체계를 수립하였다. 이 방면의 연구는 먼저 각 지역 단위로 이루어졌는데, 장영거(蔣英炬)·오문기(吳文祺)의 『산동한화상석의 분포·조각법과 분기(試論山東漢畵像石的分布·刻法與分期)』[77]는 새로운 수준을 대표한다. 이러한 연구는 연구자들로 하여금 화상석에 대한 새로운 인식과 실질적인 자료를 제공하였다. 1980년대 산동 창산(蒼山) 원가원년묘(元嘉元年墓) 보고서의 연대 관련 오류와 수정은 당시 고고학적 방법론의 성공적인 사례를 보여 준다. 특히 주목되는 것은 1940년대 페어뱅크가 시도한 무씨사 복원의 과제는 1981년 장영거·오문기에 의해 완성되어 학계의 호평을 받았다.[78] 1986년 신입상(信立祥)이 발표한 『한화상석의 분구, 분기연구(漢畵像石的分區分期研究)』는 전국적 범위에서 화상석 자료에 대한 체계적인 연구를 진행한 연구 성과이다.[79] 이로써 한 화상석에 대한 고고학적 연구는 금석학의 한계를 극복하였다. 하지만 연구자들은 현재까지 진행된 한 화상석 건축원형의 복원, 혹은 형식학 연구의 성과들 대부분은 여전히 기초적인 작업에 속하는 것이며, 화상석의 연구를 어떻게 지속적으로 진행할 것인지에 대한 이론 방법에 대해 모색을 시도하였다. 1990년대 출판된 장영거·오문기의 『한대무씨묘군석각연구(漢代武氏墓群石刻研究)』[80]와 신입상의 『중국한대화상석연구(中國漢代畵像石研究)』[81]는 기존

....

77) 『考古与文物』1980年 第4期.
78) 蔣英炬, 吳文祺, 『武氏祠画像石建筑配置考』, 『考古学报』1981年 第2期.
79) 주 1을 보라.
80) 山东美术出版社 1995年版.
81) 주 1을 보라.

의 연구에 기초하여 한 화상석의 내용에 대해 새로운 해석을 제기한 중요한 저작이다. 1989년 중국한화학회(中國漢畵學會)가 성립되면서, 이미 여러 차례의 토론회가 개최되고 연구자 사이의 교류가 강화되었다. 1980년대 이래 각 지역에서 한 화상석 박물관이 연이어 개관되면서 한 화상석 연구의 사회적 영향이 확대되었다. 심천박물관에서 1995년 출간한『중국한대화상석화상전문헌목록(中國漢代畵像石畵像塼文獻目錄)』[82]은 20세기 초반에서 1993년 사이에 진행된 화상석 연구의 문헌목록으로 20세기 한 화상석 연구의 전체적인 면모를 파악할 수 있다.

1950년대 이후, 외국에서도 중국 고고학의 새로운 성과들을 소개하는 데 치중하면서 1951년 루돌프(R. C. Rudolph)는『사천한대화상석(四川漢代畵像石)』[83]을 출간하였다. 쉬(H. Y. Shih)는 기남(沂南) 한묘와 섬서성 북부지역 화상석을 소개하면서 1961년 완성한 박사논문『동한육조화상의 풍격(東漢六朝畵像的風格)』을 발표하여 당시 서방의 한 화상석 연구의 새로운 수준을 보여 주었다.[84] 1987년에는 미국 샌프란시스코에서 사천한대예술전(四川漢代藝術展)이 개최되어 사천지역의 한대 화상에 대한 전문적인 논문 발표와 토론이 진행되기도 하였다.[85] 국내의 고고학 발굴도 외국의 한 화상석 연구를 촉진하였다. 1960년대 한대 화상석 도상에 대한 상징주의 해석이 시도되어 화면을 상장예의(喪葬禮儀)의 구성부분으로 인식하고 화면의 상징 의미에 대해 모색하였다. 하야시 미나오(林巳奈夫)는 거마의장(車馬儀仗) 도상이 묘주의 신분과 지위에 대한 사실적인 표현이 아니라 일반 민중의 염원을 반영한 것이라고 주장하였다.[86] 또한 나가히로 도

....

82) 文物出版社 1995年版.

83) R. C. Rudolph, *Han Tomb Art of West China, Berkeley*, University of Berkeley Press, 1951.

84) H. Y. Shih, "Early Chinese Pictorial Style: From the Later Han to the Six Dynasties", Ph.D. dissertation, Bryn Mawr College, 1961.

85) *Stories form China's Past*, San Francisco, Chinese Cultural Foundation, 1987.

86) 林巳奈夫,『后汉时代の车马行列』,『车方学报』第37册, 京都版, 1964年.

시오(長廣敏雄)의 『한대화상연구(漢代畫像研究)』,[87] 하야시 미나오의 『한대문물(漢代文物)』,[88] 도이 요시코(土居淑子)의 『고대중국의 화상석(古代中國的畫像石)』[89] 등도 이 시기의 주요 저작이다. 최근 무홍(巫鴻)과 파워스(Martin Powers)는 고고자료와 미술 연구 사이의 연계를 시도하였다. 무홍은 무양사에 대한 고찰에서 '중층연구(中層研究)'의 방법론을 도입하여 무덤, 사당, 영역(塋域)에서 접근하여 제재(題材) 선택에 대한 세밀한 분석과 제재 사이의 관련 및 장식 부위의 의미, 제재의 건축적 의미 및 화상과 묘주, 그리고 가정에서의 지위와 사상의 관계에 대해 모색하였다.[90] 파워스는 사회풍속과 계급의 서로 다른 입장을 통해 그 특징적 차이를 해석하였다.[91] 톰슨(Lydia Thompson)은 기남묘(沂南墓)에 대한 새로운 해석을 시도하였다.[92] 이러한 성과는 현재 서방의 한 화상석 연구에 중요한 영향을 주고 있다.

2. 화상전

다수의 한대 무덤에는 화상전 장식이 유행하는데 주로 하남, 사천 지역을 중심으로 집중 분포한다. 또한 섬서, 강소, 강서, 호북, 운남 지역의 동한 시기 전실묘에서는 측면을 간단한 도안으로 찍어낸 전돌이 사용되었다. 한 화상전은 청대 말년 일부 수장가들의 저작에서도 확인되지만, 초기에는 주로 문자가 있는 전(塼)이 증시되었으나 도상에는 주목하지 않았다. 아울러

....

87) 长广敏雄, 『汉代画像の研究』, 東京, 中央公论美术出版, 1965年.

88) 林巳奈夫, 『汉代の文物』, 京都, 京都大学人文科学研究所, 1976年.

89) 土居淑子, 『古代中国の画像石』, 京都, 同朋舍, 1986年.

90) Wu Hung, *The Wu Liang Shrine: The Ideology of Early Chinese Pictorial Art*.

91) Martin Powers, *Art and Political Expression in Early China*, New Haven, Yale University Press, 1991.

92) Lydia Thompson, "The Yi'nan Tomb: Narrative and Ritual in Pictorial Art of the Eastern Han", Ph.D. dissertation, New York, New York University, 1998.

이렇게 산발적으로 출토된 화상전은 무덤에서의 위치가 명확하지 않아 연구 가치도 높지 않다. 1930년대 왕수남(王樹楠)의 『한위육조전문(漢魏六朝塼文)』, 왕진탁(王振鐸)의 『한대전문록(漢代塼文綠)』에 다수의 한대 화상전이 수록되어 있다.

하남지역에서는 화상전이 해방 이전부터 출토되어 상당수가 해외로 유출되었다. 체계적인 정리와 발굴은 건국 이후 전개되었으며, 반세기에 걸쳐 고고학자들은 하남지역에서 다수의 화상전묘를 발굴하였다. 비교적 중요한 것으로는 1970년 발굴된 정주 신통교(新通橋) 서한묘(西漢墓)[93]와 1985년 의양(宜陽) 패요(牌窯) 서한묘,[94] 1986년 신야 번집조요묘(樊集弔窯墓),[95] 남양지역에서 발굴된 화상전묘(畵像塼墓)도 50여 기에 이른다. 이 외 하남박물원, 신야 화상전박물관, 낙양시문물공작대, 정주시박물관, 형양(滎陽) 한화상전박물관 등의 기관에서도 산발적으로 출토된 다수의 화상전을 소장하고 있다.

사천지역에서 발견된 가장 이른 시기의 화상전은 청대 광서(光緒) 3년(1878년) 신번현(新繁縣)에서 발견된 '이십사자전(二十四字塼)'이다.[96] 1940년에는 곽말약(郭沫若)·상임협(常任俠)이 중경 부근의 화상전묘를 시굴하였다.[97] 1950년대 새로 발굴된 사천지역 화상전은 1953년 발굴된 성도 양자산(楊子山)1호묘[98]와 1955년 발굴된 신번 청백향묘(清白鄕墓)이다.[99] 그러나 화상전에 대한 체계적인 정리와 연구는 1960년대 이후에 시작되었다. 현재 발견된 사천 화상전은 주로 성도평원 일대에 분포하며 특

....

93) 郑州市博物馆, 『郑州新通桥汉代画像空心砖墓』, 『文物』 1972年 第10期.

94) 洛阳地区文管会, 『宜阳县牌窑西汉画像砖墓清理简报』, 『中原文物』 1985年 第4期.

95) 河南省南阳地区文物研究所, 『新野樊集汉画像砖墓』, 『考古学报』 1990年 第4期.

96) 高文, 『四川汉代画像砖』 第1页, 上海民美术出版社 1987年版.

97) 常任俠, 『整理重庆江北汉墓遗物纪略』, 『常任俠艺术考古论文选集』 第15~18页, 文物出版社 1984年版.

98) 주 57과 같음.

99) 四川省文物管理委员会, 『四川新繁清白乡东汉画像砖墓清理简报』, 『文物参考资料』 1956年 第6期.

히 성도, 광한(廣漢), 덕양(德陽), 신번(新繁), 신도(新都), 팽산, 신진(新津), 공래(邛崍), 의빈(宜賓) 등지에 밀집되어 있으며 대부분 동한 시기에 속한다.[100]

각 지역에서 한대 화상전의 도록이 다수 출판되었는데, 중경시박물관의 『중경시박물관장사천한화상전선집(重慶市博物館藏四川漢畫像塼選集)』[101]과 하남성문물공작대 제1대(第一隊)와 제2대의 『하남출토공심전탁본집(河南出土空心塼拓本集)』,[102] 주도(周到)의 『하남한대화상전(河南漢代畫像塼)』,[103] 황명란(黃明蘭)의 『낙양한화상전(洛陽漢畫像塼)』,[104] 고문(高文)의 『사천한대화상전(四川漢代畫像塼)』,[105] 장수청(張秀淸)의 『정주한화상전(鄭州漢畫像塼)』,[106] 조성보(趙成甫)의 『남양한화상전(南陽漢畫像塼)』,[107] 설문찬(薛文燦)·유송근(劉宋根)의 『하남신정한대화상전(河南新鄭漢代畫像塼)』[108] 등이 있다. 이러한 도록은 다량의 화상전 자료를 수록하여 연구자들에게 편의를 제공한다. 그러나 일부 도록은 미술창작에 참고를 제공하기 위한 목적에서 편집되어 화상전을 내용분류에 따라 배열하고 무덤에서 화상전의 위치와 서로간의 관계에 대해서는 주의하지 않았다. 이외에도 연구 관련 전문서적으로는 유지원(劉志遠)의 『사천한대화상전과 한대사회(四川漢代畫像塼與漢代社會)』[109] 등이 있다.

화상전과 화상석은 재료와 제작기술 면에서 큰 차이가 있으나 도상의 내용에서는 많은 공통점이 있다. 또한 분포지역도 중첩되어 있어 상호간의

....

100) 高文, 『四川汉代画像砖』第1页, 上海民美术出版社 1987年版.
101) 文物出版社 1957年版.
102) 人民美术出版社 1985年版.
103) 上海人民美术出版社 1985年版.
104) 河南美术出版社 1986年版.
105) 上海人民美术出版社 1987年版.
106) 河南美术出版社 1988年版.
107) 文物出版社 1990年版.
108) 上海书画出版社 1993年版.
109) 文物出版社 1983年版.

영향관계를 판단할 수 있다. 심지어 일부 무덤에서는 두 가지가 공존하는 현상도 발견된다.

3. 벽화

한대 묘실과 사당 벽면을 장식하는 화상석, 화상전은 주로 조각기술을 운용하여 제작된 것으로 일정한 부조 효과를 나타내지만 전체적으로 여전히 2차원 장식이며 일부 화상석은 명문에서 '화(畵)'를 자칭(自稱)한다. 결국 화상석, 화상전과 채색 벽화 사이에는 재료와 제작수단의 차이가 있을 뿐, 실제로는 벽화의 서로 다른 종류로 볼 수 있다. 그러나 연구과정에서 언급하는 한대 벽화는 일반적으로 채묵(彩墨)과 모필(毛筆)로 제작된 벽화만을 지칭한다. 1918년~1944년 사이 일본인들은 동북지구의 요양 북원(北園),[110] 영수사(迎水寺),[111] 옥황묘(玉皇廟),[112] 남림자(南林子),[113] 여순 영성자(營城子)[114]에서 동한 시기 벽화묘를 발굴하였으며, 일부 조위(曹魏) 시기의 무덤도 포함되어 있다. 이외에도 낙양의 '팔리대(八里臺)' 벽화묘는 1916년 도굴되어 벽화의 일부가 미국 보스턴미술관에 소장되어 있다.[115]

　　1950년대 이후 고고학자들은 하북, 하남, 산동, 요령, 내몽고, 섬서에서 다수의 한대 벽화묘를 발굴하였다. 비교적 중요한 발굴로는 1953년 조사된 양산(梁山) 후은산(后銀山) 동한묘(東漢墓),[116] 1954년 하북 망도(望都) 동관(東關) 동한만기묘(東漢晚期墓),[117] 1955년 발굴된 망도 2호묘,[118]

....

110) 李文信,『辽阳北园壁画古墓纪略』,『国立沈阳博物馆寿备委员会汇刊』第1期, 1947年.

111) 冢本靖,『辽阳太子河畔近の壁画ある古坟』,『考古学杂志』第11卷 第7号, 1921年, 东京.

112) 冈崎敬,『安岳三号坟の研究』,『史渊』第93辑, 福冈, 1943年, 东京.

113) 原田淑人,『辽阳南林子の壁画古坟』,『国华』629号, 1943年, 东京.

114) 东亚考古学会,『营城子』(『东亚考古学会丛刊』第四册), 1934年, 东京.

115) 苏健,『美国波士顿美术馆藏洛阳汉墓壁画考略』,『中原文物』1984年 第2期.

116) 关天相, 冀刚,『梁山汉墓』,『文物参考资料』1955年 第5期.

117) 北京历史博物馆, 河北文管会,『望都汉墓 画』, 中国古典艺术出版社 1955年版.

118) 河北省文化局文物工作队,『望都二号汉墓』, 文物出版社 1959年版.

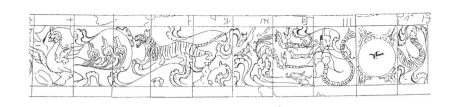

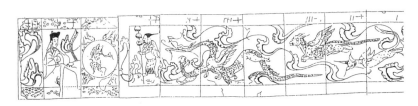

그림 21 낙양 복천추묘 천정 벽화

1956년 발굴된 내몽고 탁극탁현고성(托克托縣古城) 동한묘,[119] 1957년 발굴된 낙양 소구(燒溝) 서한묘,[120] 1959년 산서 평륙(平陸), 조원촌(棗園村) 신망묘(新莽墓),[121] 1960년 밀현(密縣) 타호정(打虎亭) 2호 동한묘,[122] 1971년 하북 안평(安平) 동한묘,[123] 1972년 내몽고 화림격이(和林格爾) 동한묘,[124] 1976년 낙양 서한 복천추묘(卜千秋墓),[125] 1978년 낙양 금곡원촌(金谷園村) 신망묘,[126] 1983년 광주 상강(象崗) 남월왕묘(南越王墓),[127] 1984년 하남 언사(偃師) 행원(杏園) 동한묘,[128] 1985년 섬서 서안 곡강지(曲江池) 동한조기묘(東漢早期墓),[129] 1987년 서안교통대학 서한 벽화묘[130] 등이다.

········

119) 罗福颐,『内蒙古自治区托克托县新发现的汉墓壁画』,『文物参考资料』1956年 第9期.

120) 河南省文化局文物工作队,『洛阳西汉壁画墓发掘报告』,『考古学报』1964年 第2期.

121) 山西省文物馆理委员会,『山西平陆枣园村壁画汉墓』,『考古』1959年 第9期.

122) 河南省文物研究所,『密县打虎亭汉墓』, 文物出版社 1993年版.

123) 河北省文物研究所,『安平东汉壁画墓』, 文物出版社 1990年版.

124) 内蒙古自治区博物馆文物工作队,『和林格尔汉墓壁画』, 文物出版社 1978年版.

125) 洛阳博物馆,『洛阳西汉卜千秋壁画墓发掘简报』,『文物』1977年 第6期.

126) 洛阳博物馆,『洛阳金谷园新莽时期壁画墓』,『文物资料丛刊』第9期, 1985年.

127) 广州市文物管理委员会 等,『西汉南越王墓』第28页, 彩版1, 2, 文物出版社 1991年版.

128) 中国社会科学院考古研究所,『杏园东汉墓壁画』, 辽宁美术出版社 1995年版.

129) 徐进 等,『西安南郊曲江池汉唐墓葬清理简报』,『考古与文物』1987年 第6期.

130) 陕西省考古研究所 等,『西安交通大学西汉壁画墓』, 西安交通大学出版社 1991年版.

또한 하남 영성(永城) 망탕산(芒碭山) 양왕릉(梁王陵)에서 벽화가 발굴되었는데, 정식보고서는 아직 발간되지 않았다.[131]

상술한 한대 벽화묘의 수량은 비록 화상석묘에 미치지는 못하지만 완전하게 보존된 몇 기의 벽화묘는 보고서가 출간되면서 전체적인 자료들이 발표되었다. 또한, 『중국미술전집』의 '묘실벽화(墓室壁畵)'[132]에는 일부 채색사진이 수록되었으며, 황명란(黃明蘭)·곽인강(郭引强)의 『낙양한묘벽화(洛陽漢墓壁畵)』는 낙양지역 한묘벽화의 자료를 체계적으로 수록한 것으로 한대 벽화 연구에 편의를 제공하고 있다. 한대 무덤벽화의 연구는 대체로 도상 자료의 내용에 대한 고증과 연대 및 묘주와 벽화에서 반영된 일련의 사회, 역사문제에 대해 비교적 집중되어 있다. 특히, 망도묘(望都墓), 화림격이묘(和林格爾墓), 복천추묘(卜千秋墓)에 대한 토론이 상대적으로 집중되어 있다. 양홍(楊泓),[133] 탕지(湯池)[134]는 한대 벽화묘 자료에 대한 종합적인 연구를 진행하였다. 그러나 전체적으로 보아, 벽화 자료는 현재 축적과정에 있으며 낙양지역을 제외한 대부분의 지역에서는 자료의 내용들이 아직 체계적으로 마련되지 못하여 전반적인 분기와 분구 연구는 이루어지지 않고 있다. 개별 무덤에 대한 연구는 대체로 고립적인 제재의 고증을 중심으로 이루어져, 무덤구조 및 부장품과의 관계에 기초한 벽화 내용에 대한 종합연구는 이루어지지 않았으며 연구방법론에 있어서도 대체로 단일하다. 이러한 문제는 앞으로 고고학 조사의 축적과 더불어 관련 연구가 심화될 것으로 기대된다. 외국 연구자에 의한 한묘벽화의 연구는 대체로 미약하며, 중요한 성과는 주로 초기 일본 연구자들에 의해 이루어진 동북지구 벽화묘 연구와 제임스(Jean James)에 의한 화림격이 벽화묘의 연구

....

131) 安金槐, 『芒碭山西漢时期梁国王陵墓群考察记』, 『文物天地』1991年 第5期.

132) 宿白主编, 『中国美术全集·绘画编12·墓室壁画』, 文物出版社 1989年版.

133) 杨泓, 『汉代的壁画墓』, 中国社会科学院考古研究所编 『新中国的考古发现和研究』第447~451页, 文物出版社 1984年版; 杨泓, 『半世纪中国美术考古发现史』第131~148页, 文物出版社 1997年版.

134) 汤池, 『汉魏南北朝的墓室壁画』, 『中国美术全集·绘画编12·墓室壁画』, 文物出版社 1989年版.

를 들 수 있다.[135]

4. 백화(帛畵)

한묘의 발굴과정에서 비단 채색 회화들이 발견되었다. 1972년 호남 장사
마왕퇴 1호묘에서는 'T'자형 백화가 발견되었다(그림 22).[136] 회화의 내용
은 풍부하고, 색채가 선명하여 서한 초기 회화 자료의 공백을 매워 주면서
국내외 연구자의 관심을 불러일으켰다. 이로 인해 한대 백화는 한대 고고
학과 미술사 연구의 중요한 과제가 되었다.

1950년대부터 1970년대 초반까지 고고학자들은 감숙 무위(武威) 마
저자(磨咀子)의 서한 말기에서 동한 초기의 4, 23, 54호 무덤에서 일월(日
月)이 그려진 명정(銘旌)을 발견하였다. 특히 23호묘에서는 마포(麻布)에
그려졌는데, 이는 비교적 늦은 시기에 속한다.[137] 마왕퇴 1호묘에서 한대
백화가 출토된 이래, 1974년에는 마왕퇴 3호묘에서 12폭의 백화가 출토되
었으며, 1폭은 1호묘와 유사한 명정이며, 나머지는 관실(棺室) 벽면에 내
걸어 놓은 것으로 지도 성격의 회화, 기공도보(氣功圖譜), 점복도보(占卜圖
譜)로 이루어져 있다.[138] 1976년 산동 임기 금작산(金雀山) 9호묘에서도 1
폭의 완전한 명정이 출토되었는데, 형식과 도상의 내용은 마왕퇴 명정보다
대체로 간단하다.[139] 1983년 광동 광주 상강 서한 남월왕묘에서도 백화의
잔편이 출토되었으나 확인하기 어렵다.[140] 1997년 임기 금작산 2호묘에서

....

135) Jean James, "An Iconographic Study of Two Late Han Funerary Monuments: The Offer-
ing shrines of the Wu Family And the Multichamber Tomb at Hoingor", Ph.D. dissertaion,
Iowa University, 1983.
136) 湖南省博物馆, 中国社会科学院考古研究所, 『长沙马王堆一号汉墓』, 文物出版社 1973年版.
137) 甘肃省博物馆, 『武威磨咀子三座汉墓发掘简报』, 『文物』1972年 第12期.
138) 傅举有, 陈松长, 『马王堆汉墓文物』, 湖南出版社 1992年版.
139) 临沂金雀山汉墓发掘组, 『山东临沂金雀山九号汉墓发掘简报』, 『文物』1977年 第11期.
140) 林力子, 『西汉南越王国美术略论』, 『美术史论』1991年 第4期.

그림 22 장사 마왕퇴 1호한묘 백화

도 1폭의 완전한 명정이 출토되었으며 이전에 발견된 9호묘 명정과 매우 유사하다.[141]

한대 백화의 연구는 대체로 마왕퇴 1호묘 출토 명정에 대한 토론을 중심으로 진행되었다. 1970, 80년대 학계에서는 이 백화의 명칭과 기능, 회화내용 등을 둘러싸고 다양한 토론이 전개되었다. 상지담(商志譚)은 이를 무덤에서 발견된 유책(遺策)에서 언급된 '비의(非衣)'[142]로 주장하였으며, 마옹(馬雍)은 '명정'[143]으로 주장하였다. 일반적으로 그 기능은 사자의 초혼이나 승천을 위한 것으로 이해된다. 안지민(安志敏)은 화면을 3단으로 구분하고 천상과 인간, 지하세계로 묘사한 것으로 이해하였으며,[144] 유돈원(劉敦愿)은 화면이 모두 지하세계를 묘사한 것으로 이해하였다.[145] 일부 연구자는 장사 일대에서 발견된 전국 시기 백화 자료와 임기, 무위 등지의 자료에 대한 분석을 통해 그 연원과 전개방향에 대해 모색하기도 하였다. 1992년 무홍(巫鴻)은 무덤에 대한 전체적인 시각에서 출발하여 백화가 대표되는 미술품의 상장예의에서 기능과 이에 반영된 한대 상장관념에 관한 문제에 대해 언급하였다.[146] 김유약(金維若)도 마왕퇴 3호묘 출토 백화에 대해 분석을 시도하였다.[147] 1990년대 초반 이후, 유효로(劉曉路)도 백화와 관련한 일련의 논문을 발표하면서 1994년에는 『중국백화(中國帛畵)』를 출간하였다.[148]

....

141) 金雀山考古发掘队, 『临沂金雀山 1997年发现的四座西汉墓』, 『文物』 1998年 第12期.

142) 商志□, 『马王堆一号汉墓 "非衣" 试释』, 『文物』 1972年 第9期.

143) 马雍, 『论长沙马王堆一号汉墓出土帛画的名称和作用』, 『考古』 1972年 第2期.

144) 安志敏, 『长沙新发现了的西汉帛画试探』, 『考古』 1973年 第1期.

145) 刘敦愿, 『马王堆西汉帛画的若干神诂问题』, 『文史哲』 1978年 第4期.

146) Wu Hung, "Art in Its Ritual Context: Rethinking Mawangdui", *Early China*, 17, pp. 111~145; 见陈星灿译 『礼仪中之美术: 马王堆的再思』, 中国社会科学院考古研究所: 『考古学的历史·理论·实践』 第404~430页, 中州古籍出版社 1996年版.

147) 金维诺, 『谈长沙马王二号汉墓帛画』, 『文物』 1974年 第11期.

148) 中国书店 1994年版.

6장 한대 청동기의 발견, 기록과 연구

본 장에서 서술하는 한대 청동기는 주로 한식(漢式) 동기(銅器)를 지칭하는 것으로 주변 소수민족의 청동기는 포함하지 않는다. 또한 동경, 화폐, 인장, 거마기(車馬器), 무기 등은 별도의 전문영역에 속하므로 본 장에서는 포함하지 않는다.

1. 한대 청동기의 발견과 기록

북송 시기의 금석학에서 다루고 있는 청동기의 중점은 주로 상주 시기의 예기 위주이다. 여대림(呂大臨)의 『고고도(考古圖)』, 조명성(趙明誠)의 『금석록(金石錄)』, 설상공(薛尙功)의 『역대종정이기관식법첩(歷代鐘鼎彝器款式法帖)』에 비록 한대 동기에 대한 일부 기록은 있으나 그 수량은 매우 제한적이다. 청대(淸代)에는 한대 동기에 대한 수집과 정리에 많은 발전이 이루어졌다. 왕걸(王杰)이 편찬한 『서청속감(西淸續監)』의 갑편(甲編)에는 기록된 한대 동기 가운데 명문이 있는 예는 288점 이상이며, 단방(端方)의 『도재길금록(陶齋吉金錄)』에 수록된 한대 명문동기는 102점, 완원(阮元)의 『적고재종정이기관식(積古齋鐘鼎彝器款識)』에 수록된 한대 동기명문은 89점이다.

　　20세기 전반에 근대 고고학이 유입되었지만 고고학은 주로 선사와 삼대(三代)를 중심으로 진행되었으므로 발굴을 통해 출토된 한대 동기는 매우 제한적이었다. 그러나 전세(傳世)의 한대 동기를 기록한 전문적인 서적은 이미 출판되었다. 청말 옹방강(翁方綱)의 『양한금석기(兩漢金石記)』22권은 한대 청동기를 전문적으로 기록한 최초의 저작이다. 1931년에는 용경(容庚)이 편찬한 『진한금문록(秦漢金文錄)』이 출판되었으며, 특히 『한금문록(漢金文錄)』7권은 한대 청동기의 명문탁본과 모본 749점을 수록하였으며 모두 원본 크기로 영인하여 한대 동기명문을 집대성하였다. 1935년 출판된 용강의 『금문속편(金文續編)』은 상무인서관(商務印書館)에서 간행되어 진한 시기 청동기명문을 전문적으로 다룬 최초의 자전이 출간되었다. 이 시기 대부분의 금석학 저작들은 대체로 과거의 형식을 따른 것으로 그 수록내용에 있어서도 『한금문록』을 넘어서지 못하였다. 도록 형태의 저작으로는 나진옥(羅振玉)의 『몽위초당길금도(夢韋草堂吉金圖)』, 목록류는 나복이(羅福頤)의 『삼대진한금문저록표(三代秦漢金文著錄表)』, 도록류는 오대징(吳大澂)의 『객재집고록(客齋集古錄)』이 비교적 중요한 서적이다.

1950년대 이후 고고학의 발전으로 발굴을 통한 한대 동기의 출토 수량이 증가하였으며 그 가운데 집중적으로 출토된 대표적 사례는 다음과 같다. 1961년 서안 삼교진 고요촌 출토의 한대 동기 22점은 종을 제외하고 모두 명문이 발견되었다.[1] 1968년 발굴된 하북 만성 서한 중산정왕 유승묘에서 모두 64종 419점이 출토되었으며, 그의 처 두관(竇綰)의 무덤에서 40종 188점이 출토되었다. 특히 출토된 박산로(博山爐), 장신궁등(長信宮燈)(그림 23), 조전문호(鳥篆文壺)는 상감과 도금기법을 사용한 고급 청동기로 한대 동기에 대한 사람들의 인식을 바꾸어 놓았다.[2] 1969년 감숙 무위 뇌대 동한묘에서 청동기 171점이 출토되었다. 특히, 백여 점에 이르는 동인용(銅人俑)과 동거마(銅車馬)로 구성된 거마의장(車馬儀仗)은 사람들의 주목을 받았으며, 청동분마(靑銅奔馬)는 그 조형이 독특하여 한대 동기 예술의 대표작이다.[3] 1976년 발굴된 광서 귀현 라백만 1호묘에서 청동기 192점이 출토되었는데, 한식(漢式)과 월식(越式)의 두 가지 특징으로 구분할 수 있다.[4] 1978~1980년 발굴된 서한 제왕묘(齊王墓)의 기물갱(器物坑)에서는 용기 및 생활용구 75점, 악기 2점, 거마기 4,352점, 무

----

1) 西安市文管会, 『西安三桥镇高窑村出土的西汉铜器群』, 『考古』 1963年 第2期.
2) 中国社会科学院考古研究所等, 『满城汉墓发掘报告』, 文物出版社 1980年版.
3) 甘肃省博物馆, 『武威雷台汉墓』, 『考古学报』 1974年 第2期.
4) 广西壮族自治区博物馆, 『广西贵县罗泊湾汉墓』, 文物出版社 1988年版.

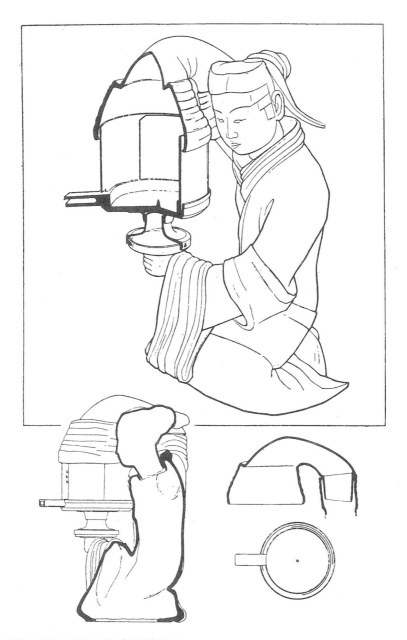

그림 23 만성 능산2호묘 출토 '장신궁' 청동등

기 1,904점, 의장기 및 기타 418점, 전체 6,751점의 청동기가 출토되었다.[5] 1981년에는 무릉(武陵)의 1호 무명총(無名塚)의 1호 종장갱(從葬坑)에서 청동기 40여 점이 출토되었으며, 그 가운데 16점에는 "양신가(陽信家)"명 문이 발견되었다. 출토된 금동 말과 죽절훈호(竹節熏壺)는 국보급 문물로 평가된다.[6] 1982년 서주 석교 2호묘에서는 40여 점의 청동기들이 출토되 었으며, 그 가운데 명광궁(明光宮)명문의 청동기 10여 점도 함께 발굴되 었다.[7] 1983년 광주 상강의 2대 남월왕묘에서는 용기, 악기, 무기, 거마의 장기(車馬儀仗器)를 포함한 1,600여 점의 청동기들이 출토되어 당시 남월 국의 다원적 문화면모를 보여 주고 있다.[8] 이외에도 광서 합포 망우령 서 한목곽묘,[9] 호남 영주 요자령 2호 서한묘[10]에서 출토된 세선문(細線紋)청 동기 조합은 한대 남방지역 청동기의 연구에 중요한 자료적 가치가 있다 (그림 24). 이상에서 소개한 바와 같은 한 곳에서 집중 출토된 청동기군 외에도 산발적으로 출토된 한대 청동기도 주목할 만하다. 한대에는 귀족, 관료에서부터 일반 중소형 지주의 무덤에까지 일반적으로 청동기를 부 장하였으며, 한대의 유적과 교장(窖藏)에서도 청동기들이 출토되고 있다. 또한 서안시문물센터(西安市文物中心)를 비롯한 지역단위의 문물 관련 기관에서 지속적으로 수집한 양산궁훈로(梁山宮熏爐), 기화궁동로(奇華宮 銅爐), 성산궁정(成山宮鼎) 등의 청동기들은 모두 한대 동기의 정품(精品) 에 속한다.[11]

한대 청동제작 유적의 조사와 발굴은 한대 동기 수공업 연구에 매우 중요한 의미가 있다. 1953년 하북 승덕에서 서한 시기 동광과 제련 유적이

....

5) 山东省淄博市博物馆, 『西汉齐王墓随葬器物坑』, 『考古学报』 1985年 第2期.
6) 咸阳地区文管会 等, 『陕西茂陵一号无名冢一号从葬坑的发掘』, 『文物』 1982年 第9期.
7) 徐州博物馆, 『徐州石桥汉墓清理报告』, 『文物』 1984年 第11期.
8) 广州市文物管理委员会 等, 『西汉南越王墓』, 文物出版社 1991年版.
9) 广西壮族自治区文物考古写作小组, 『广西合浦西汉木椁墓』, 『考古』 1972年 第5期.
10) 湖南省文物考古研究所 等, 『湖南永州市鹞子岭二号西汉墓』, 『考古』 2001年 第4期.
11) 王长启, 『西安市文物中心藏战国秦汉的期的青铜器』, 『考古与文物』 1994年 第4期.

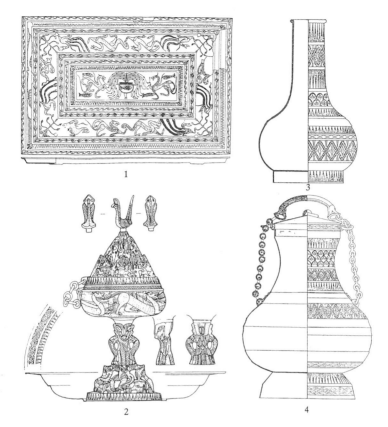

그림 24 한대 세선문 청동기

발견되었으며,[12] 1958년 산서 운성에서 동한 시기 동광 유적,[13] 1977~78년 광서 북류 동석령에서 발굴된 한대 청동주조 유적이 발견되었다.[14] 그 외 섬서, 하남, 사천 등지에서도 다수의 서한 시기 화폐주조 유적이 발견되었다. 하남 등현의 동한 시기 화폐주조 유적,[15] 섬서 등성 파두촌의 서한 시기 화폐 주조 유적,[16] 사천 서창 동평촌 대형 화폐 주조 유적들이 대표

....

12) 罗平,『河北承德专区汉代矿冶遗址的调查』,『考古通讯』1957年 第1期.

13) 安志敏, 陈存洗,『山西运城洞沟的东汉铜矿和题记』,『考古』1962年 第10期.

14) 广西壮族自治区文物工作队,『广西北流铜石岭汉代冶铜遗址的发掘』,『考古』1985年 第1期.

15) 金槐,『河南邓县发现一处汉代铸钱遗址』,『文物』1963年 第12期.

16) 陕西省文管会等,『陕西坡头村西汉铸钱遗址发掘报告』,『考古』1982年 第1期.

적 사례이다. 서한 시기 현재의 안휘 동릉 동관산에는 '동관(銅官)'이 설치 되었으며, 최근 동릉현 일대 조사에서 9곳의 한대 주조 유적과 4곳의 채광 유적이 발견되었다.[17] 한대 출토 청동기 자료에 대한 정리와 기록은 발굴 보고서를 비롯하여, 종합적인 전문 저작물들이 이미 몇 가지 출판되었다. 문물출판사의 『중국청동기전집·진한권(中國靑銅器全集·秦漢卷)』은 진한 시기 청동기를 전문적으로 수록한 도록 형태의 저작으로 모두 170여 점의 진한 시기 청동기가 수록되어 있다. 책의 첫 부분에는 유위초(兪偉超)의 서언 『진한청동기개론(秦漢靑銅器槪論)』이 수록되어 있으며, 제2부는 도 판, 제3부는 도판설명으로 구성되어 있다. 이 책은 비록 수록한 한대 청동 기의 수량은 많지 않지만 기본적으로 각 기형별 청동기들은 모두 포함하 고 있다.[18] 손위조(孫慰祖)·서곡보(徐谷甫)가 편저한 『진한금문회편(秦漢 金文匯編)』[19]은 용경(容庚)의 『진한금문록』에 이어 출간된 대표적인 진한 금문 관련 저작으로 수록된 청동기는 대부분 새롭게 출토된 청동기의 명 문이다. 구광명(丘光明)의 『중국역대도량형고(中國歷代度量衡考)』[20]에는 한척(漢尺) 98점, 용기(容器) 63점, 권형(權衡) 45점이 수록되어 있으며, 한 대 도량형 연구에서 중요한 기본서이다.

2. 한대 청동기의 종합연구

초기 금석학의 한대 청동기의 연구는 대부분 개별 기물명문의 고증과 해 석에 치우쳐 있었으며 수록된 기물도 위조품이 적지 않았다. 청말과 민국 시기 기물의 진위 여부는 한대 동기 연구에서 매우 중요한 분야 가운데 하 나로 나진옥, 용경, 라복이, 마형(馬衡) 등에 의해 많은 연구가 이루어졌

....

17) 安徽省文物考古研究所 等, 『安徽銅陵市古代銅矿遺址调查』, 『考古』 1993年 第6期.

18) 『中国靑銅器全集·秦汉卷』, 文物出版社 1998年版.

19) 孙慰祖, 徐谷甫, 『秦汉金文汇编』, 上海书店出版社 1997年版.

20) 丘光明, 『中国历代度量衡考』, 科学出版社 1992年版.

다. 또한 한대 청동기에 대한 개별 연구도 일정한 성과를 얻었는데, 청대 손이양의 『한위정고(漢衛鼎考)』,[21] 용경의 『한대복어기고략(漢代服御器考略)』,[22] 고연용(顧延龍)의 『독한금문소기(讀漢金文小記)』,[23] 마형의 『한연수궁동등발(漢延壽宮銅燈跋)』[24] 등이 대표적이다. 그리고 유복(劉復)의 『신가량지교량급추산(新嘉量之校量及推算)』,[25] 안희심(顔喜深)의 『망량함솔고(莽量函率考)』,[26] 려내기(勵乃驥)의 『신가량오량명석(新嘉量五量銘釋)』[27]과 마형의 『신가량고(新嘉量考)』[28] 등은 '신망가량(新莽嘉量)'을 둘러싸고 전개된 토론이다.

1950년대 이래 발굴조사의 성과를 통해 다량의 새로운 한대 청동기 자료들이 발견되었다. 서정고(徐正考)의 통계에 의하면 이 시기 새롭게 발굴된 한대 명문청동기는 이미 600여 점에 이른다. 이러한 자료들은 대부분 과학적 발굴조사를 통해 획득된 것으로 사료적 가치는 전세품과는 비교가 되지 않을 만큼 높다. 이와 같이, 고고학 이론과 방법론의 유입으로 한대 동기 연구는 새로운 단계로 발전하였다.

먼저 한대 동기 자료와 관련한 고고학 간보(簡報)와 발굴보고서를 통하여, 출토된 청동기의 연대와 명문의 고증과 해석, 소유주 관련 문제에 대한 선행적 연구가 이루어졌다. 특히 『낙양소구한묘(洛陽燒溝漢墓)』[29]에서는 한대 동경의 분기와 편년이 제시되어 장기간 고고학계에서 인용되었다. 『만성한묘발굴보고(滿城漢墓發掘報告)』에서는 일부 동기에 대한 심도 있는 연구가 이루어졌다. 『광서귀현라박만한묘(廣西貴縣羅泊灣漢墓)』 보고

....

21) 孙诒让, 『汉卫鼎考』, 『国粹学报』 6/63: 1, 1910年 1月.
22) 容庚, 『汉代服御器考略』, 『燕京学报』 3: 403-416, 1928年 6月.
23) 顾廷龙, 『读汉金文小记』, 『史学年报』 2/5: 445-461, 1938年 12月.
24) 马衡, 『凡将斋金石丛稿』, 中华书局 1977年版.
25) 刘复, 『新嘉量之校量及推算』, 『辅仁学志』 1/1: 1-30, 1928年 12月.
26) 颜希深, 『莽量函率考』, 『燕京学报』 8: 1493-1515, 1930年 12月.
27) 励乃骥, 『新嘉量五量铭释』, 『国学季刊』 5/2: 71-84, 1936年 5月.
28) 马衡, 『新嘉量考释』, 『凡将斋金石丛稿』 第150页, 中华书局 1977年版.
29) 洛阳区考古发掘队, 『洛阳烧沟汉墓』, 科学出版社 1959年版.

서는 1호묘에서 출토된 청동악기에 대한 연구가 진행되어 음고(音高) 측정과 관련문제에 대한 연구가 이루어졌다. 전체적으로 이러한 간보와 발굴보고서에서 이루어진 기초적인 작업은 한대 동기 연구에서 중요한 자료가 되었다.

종합연구에서는 손기(孫機)의『한대물질문화자료도설(漢代物質文化資料圖說)』[30]은 비록 한대 청동기 연구의 전문서는 아니지만, 한대 청동기 대부분 기종의 형식특징과 명칭, 기능에 대해 다루었다. 또한 진직(陳直)은 한대 동기 연구의 전문저서는 발표하지 않았지만『사기신증(史記新證)』,『한서신증(漢書新證)』,『삼보황도교정(三輔黃圖校正)』,『양한경제사료논총(兩漢經濟史料論叢)』,『문사고고논총(文史考古論叢)』등의 저작에서 명문의 고증과 해석과 사료의 고증과 교정에 많은 공헌을 하였다. 왕중수(王仲殊)의『한대고고학개설(漢代考古學槪說)』[31]과 송치민(宋治民)의『한대수공업(漢代手工業)』[32]에서는 다양한 한대 동기와 청동수공업 관련 연구가 이루어졌다. 왕진탁(王振鐸)의『동한거제복원연구(東漢車制復原硏究)』[33]는 문헌과 도상 및 민족학 자료를 사용하여 한대 수레에 대한 복원을 모색하였다. 상술한 전문 저작에 비해 한대 청동기 연구의 논문은 수량이 많은 관계로 연구대상에 따라 다음의 4가지로 나누어 볼 수 있다.

1) 한대 청동기 제조업 연구

청동기 제조업은 한대 수공업의 중요한 부분으로 한대 사회생활에서 중요한 위치를 차지하지만 1950년대 이전에는 이 문제가 다루어지지 않았다. 1950년대 이후 새로운 자료의 축적과 고고학의 발전으로, 특히 1980년대 이후 한대 청동기 제조업은 학계의 주목을 받는 중점과제가 되었다.

....

30) 孙机,『汉代物质文化资料图说』, 文物出版社 1991年版.
31) 王仲殊,『汉代考古学概说』, 中华书局 1984年版.
32) 宋治民,『汉代手工业』, 巴蜀书社 1992年版.
33) 王振铎遗著, 李强整理, 补著,『东汉车制复原研究』, 科学出版社 1997年版.

진직은『서한경제사료논총(西漢經濟史料論叢)』[34]의 "한대의 수공업(關于兩漢的手工業)"에서 한대 동기 제작의 규모, 가격, 종류와 제작기구와의 관계에 대해 연구를 진행하였으며, 부록으로 "양한공인제명표(兩漢工人題名表)"를 첨부하는 새로운 연구를 시도하였다. 왕중수는『한대고고학개설』의 "한대동기(漢代銅器)"에서 한대 동기의 생산규모, 제작기관에 대해 개괄적인 논술을 하면서 한대의 청동기 제조는 중앙의 상방(尙方)과 고공(考工) 및 지방의 공관(工官)과 민영 청동기 제작공방에 의해 이루어졌음을 지적하였다. 송치민은『한대수공업』의 "동기주조수공업(銅器鑄造手工業)"장에서 청동기 주조 수공업의 경영관리, 청동의 생산과 공급에 대해 전반적인 연구를 진행하였으며, 주전업(鑄錢業)에 대해 전문적인 논술을하였다. 유위초는 한대 동기 제조업에 대한 분석을 통해 서한 중후기 관영수공업의 발전과 동한 중후기의 쇠락 및 민영 주조업의 발전에 이르는 과정을 언급하면서 이러한 생산방식의 전환이 사회발전과 밀접한 관련이 있다고 지적하였다.[35]

최근에는 한대 지방의 청동기 제조업에 대한 연구에서 중요한 진전이이루어졌다. 장영방(張榮芳)은『한대영남지역 청동주조업(漢代嶺南的靑銅鑄造業)』[36]에서 1949~1991년간 영남지역 출토 한대 청동기의 수량과 종류에 대한 통계분석을 진행하였다. 또한 통계분석을 통해, 이 지역에서 출토되는 대부분의 청동기들이 영남지역 현지에서 주조되었음을 밝히고 한대 영남지구 청동기 주조기술과 장식공예에 대해 연구하였다. 주리(周利)의『한대강남주동업의 발전(漢代江南鑄銅業的發展)』[37]과 황금언(黃今言)의『진한강남경제술략(秦漢江南經濟述略)』[38] "청동기" 부분에서는 한대 강남

....

34) 陈直,『文史考古论丛』, 天津古籍出版社 1988年版.

35) 俞伟超,『秦汉青铜器概论』,『中国青铜器全集·秦汉卷』, 文物出版社 1998年版.

36) 张荣芳等,『汉代岭南的青铜铸造业』,『秦汉史论丛』第6辑, 江西教育出版社 1994年版.

37) 周琍,『汉代江南铸铜业的发展』,『南方文物』1997年 第2期.

38) 黄今言,『秦汉江南经济述略』, 江西人民出版社 1999年版.

지역의 청동기 주조업에 대해 분석하였다. 나이호(羅二虎)는『진한시기의
중국서남(秦漢時期的中國西南)』[39)]에서 한대 서남지역의 주전업, 민영 청동
기 제조업과 운남지역 청동기에 대해 분석하였다. 또한 채계의『운남한대
청동기주조업(論雲南漢代靑銅器鑄造業)』과『운남한대제조상품동기(雲南漢
代製造的商品的銅器)』,[40)] 봉진호(逢振鎬)의『진한시기산동제동업적발전(秦
漢時期山東製銅業的發展)』,[41)] 마국영(馬國榮)의『한대신강적수공업(漢代新
疆的手工業)』[42)] 등의 논문에서 운남, 산동, 신강 등지 한대 청동기의 생산
과 무역에 대해 분석하였다.

2) 한대 청동기명문 연구

청동기명문과 관련한 연구는 기초적인 문자(文字)의 고증과 해석과 관련
제도의 분석 및 일부 전문연구 영역으로 나누어 볼 수 있다. 서정고(徐正
考)의『한대 동기명문 연구(漢代銅器銘文研究)』[43)]는 현재까지 이 영역에
서 진행된 종합연구의 저작이다. 이 저작은 모두 9장으로 구성되어 있으
며 도입 부분에서 한대 청동기명문 관련 논저와 연구사를 정리하고, 이어
서 "물근공명(物勤工名)"제도, "기년(紀年)과 단대(斷代)", "기류(器類), 기
명(器名)과 제작지", "제작기관", "기물 제작 수량과 기물 번호", "도량
형 문제", "기물의 전송과 매매", "기명에서 확인되는 궁관(宮觀), 공주
(共廚), 국읍(國邑)", "문자문제(文字問題)" 등의 8개 부분에 대해 분석하
였다.

1963년 서안 고요촌 청동기 자료의 발표와 더불어 출간된 진직의 논
문은 문자 고증과 해석에 기초하여 한대 공관의 설치, 방물공납(方物貢納),

....

39) 罗二虎,『秦汉时代的中国西南』, 天地出版社 2000年版.
40) 蔡葵,『论云南汉代青铜器铸造业』,『秦汉史论丛』第4辑;『云南汉代制造的商品性铜器』,『思
想战线』1995年 第1期.
41) 逢振镐,『秦汉时期山东制铜业的发展』,『东岳论丛』(哲社版) 1985年 第6期.
42) 马国荣,『汉代新疆的手工业』,『西域研究』2000年 第1期.
43) 徐正考,『汉代铜器铭文研究』, 吉林教育出版社 1999年版.

기물의 조달, 주조 규모 등에 대해 분석하였다.[44] 황전악(黃展嶽)도 문자 고증과 해석에 대한 해석을 통해 새로운 견해를 제시하기도 하였다.[45] 만성한묘발굴보고서의 발표 이후 학계에서는 금은 상감의 조전문동호(鳥篆文銅壺)에 대한 문자 해석을 둘러싸고 논쟁이 진행되었다. 초온(肖縕)이 최초의 해석을 제시한 이후, 『고고(考古)』에 3편의 토론문이 게재되었으며, 장진림(張振林), 양향규(楊向奎)도 별도의 저작을 통해 해석을 시도하였다.[46] 임치 와탁촌 서한 시기 제왕묘(齊王墓)의 부장갱에서 출토된 다수의 청동기 및 은기(銀器)의 명문과 관련하여 황전악은 46점의 출토 청동기명문에 대한 해석을 통해, 이 기물명문의 격식과 문자가 한대 초기의 사례와 일치한다는 점에 근거하여 묘주를 1, 2대 제왕(齊王)으로 추정하였다.[47] 이학근(李學勤)은 『제왕묘기물갱명문시석(齊王墓器物坑銘文試析)』에서 기종에 따라 출토된 동기와 은기의 명문을 해석하고, 그 명문에서 언급된 직관, 궁실, 지리, 도량형 등의 문제에 대해 분석하였다.[48] 주세영(周世榮)은 『호남전국진한위진동기명문보기(湖南戰國秦漢魏晉銅器銘文補記)』에서 새롭게 출토된 한대 청동기 40여 점에 대해 고증하고 진동인(晉銅印)을 포함한 동인 375매를 소개하였다.[49]

다음으로 문자 고증에 기초한 관련 제도사 연구도 분야별로 이루어졌는데 대체로 다음과 같다. 공관제도의 연구와 관련하여, 방시명(方詩銘)의 「출토문물에서 본 한대 공관의 문제」는 출토문물과 문헌사료를 통

....

44) 陈直, 『西安高窑村出土西汉铜器铭考释』, 『考古』 1963年 第2期.
45) 黄展岳, 『西安三桥高窑村西汉铜器群铭文补释』, 『考古』 1963年 第4期; 陈直, 『关于西安三桥高窑村西汉铜器铭文的几点意见』, 『考古』 1963年 第8期.
46) 肖蕴, 『满城汉墓出土的错金银鸟虫书铜壶』, 『考古』 1972年 第5期; 『关于满城汉墓铜壶鸟篆释文的讨论 (三篇)』, 『考古』 1979年 第4期; 张振林, 『中山靖王鸟篆壶铭之韵读-兼与肖蕴同志商榷』, 『古文字研究』 第1辑; 杨向奎, 『满城汉墓出土铜壶 (甲) 释文』, 『社会科学辑刊』 1981年 第1期.
47) 黄展岳, 『西汉齐王墓器物坑出土器铭考释』, 『中国考古学研究—夏鼐先生考古五十年纪念论文集』, 文物出版社 1986年版.
48) 李学勤, 『齐王墓器物坑铭文试析』, 『海岱考古』 1989年 第1期.
49) 周世荣, 『湖南战国秦汉魏晋铜器铭文补记』, 『古文字研究』 第19辑.

해 관동6군(關東六郡)에 위치한 공관의 주요 임무는 무기 제조이며, 촉군과 광한군의 공관은 진대(秦代)에 시작되었고, 서한 시기에는 8군공관(八郡工官) 가운데 가장 먼저 설치되어 주로 칠기와 동기 제작을 담당하였음을 지적하고 공관제도의 연혁과 직능에 대해 논술하였다.[50] 양종(楊琮)은 하내공관(河內工官)에서 제작된 노기(弩機)의 주조 연대가 대체로 문·경제(文·景帝) 시기이며, 제작 연대의 하한을 서한 말기로 추정하면서 이를 근거로 하내공관의 설치를 문경 시기, 혹은 이보다 이른 시기로 보았다.[51] 학양진(郝良眞)은 "촉서공(蜀西工)"에 대해 분석하였다.[52] 유소명(劉紹明)·증조각(曾照閣)은 남양공관에 대해 연구를 진행하였다.[53] 장안성 미앙궁 3호 건축유지에서 수만 매의 골첨(骨簽)이 출토되었으며, 이는 대체로 청동기와 칠기명문의 공관제도와 밀접한 관련이 있는 것으로 추정된다. 유경주(劉慶柱)는 이에 대한 연구를 통해 한대 공관의 설치 연대와 공관제도의 변화에 대해 분석하고 "삼공관(三工官)"의 고증에 새로운 의견을 제시하였다.[54]

도량형제도의 연구에서 고지신(高志辛)은 '무종지전(畝鐘之田)'의 종용량(鐘容量)을 1석(一石)이며, 한대의 종(鐘), 석(石)은 다른 이름이지만 용량은 서로 동일한 것으로 보았다.[55] 고유강(高維剛)은 이와 달리 1종(一鐘)을 10곡(十斛)으로 추정하였다.[56] 왕충전(王忠全)은 '곡(斛)'의 용량을 10두(十斗), 석(石)의 중량은 120근(一百二十斤)으로 추정하였다. 한간(漢簡)에 언급되는 "대, 소석(大, 小石)"은 '대, 소곡(大, 小斛)'이며, 종량(鐘量)

....

50) 方诗铭, 『从出土文物看汉代"工官"的一些问题』, 『上海博物馆集刊』, 上海古籍出版社 1982年版.
51) 杨琮, 『"河内工官"的设置及其弩机生产年代考』, 『文物』 1994年 第5期.
52) 郝良真, 『从张庄桥墓出土铜器谈"蜀西工"诸问题』, 『文物春秋』 1997年 第1期.
53) 刘绍明, 曾照阁, 『"南阳工官"初探: 南阳两汉铭刻辑考之一』, 『南都学坛』(哲社版) 1996年 第5期.
54) 刘庆柱, 『汉代骨签与汉代工官研究』, 『古代都城与帝陵考古学研究』, 科学出版社 2000年版.
55) 高志辛, 『汉代亩产量与锺容量考辨』, 『中国史研究』 1984年 第1期.
56) 高维刚, 『汉代锺容量考』, 『四川大学学报』(哲社版) 1987年 第4期.

은 한대에 이미 표준양기(標準量器)가 아니었음을 지적하였다.[57] 양철봉(楊哲峰)은 문헌, 간독, 한대 도량형기에 대한 비교를 통해 한대 용량 '10두'의 개념이 '석'에서 '곡'으로 변화하였으며, "10두는 1곡"의 출현은 왕망의 양제(量制)개혁의 결과로 보았다.[58] 호극(胡戟)은 신망척(新莽尺)을 길이 23~23.1cm, 당시의 용량 1리터는 현재의 200ml로 추정하였다.[59] 손기는 황종율관(黃鐘律官)의 직경을 고증하여 한대 "동률(同律), 척(尺), 양(量), 형(衡)" 관련 기록의 신뢰성을 증명하였다.[60] 교숙지(喬淑芝)는 "포반전관(蒲反田官)" 설치의 배경과 위치에 대한 논증을 통해 "포반전관" 기(器)는 하동거전(河東渠田) 공정에 사용되었던 측량기였음을 주장하였다.[61]

궁궐 전각의 명칭과 관련한 연구에서 진직은 『고고병촉담(考古炳燭談)』의 "서한궁전명칭고일(西漢宮殿名稱考佚)"에서 한대 동기와 와당에 대한 고찰을 통해 문헌에서는 확인되지 않는 궁전의 명칭 23개를 고증하였다.[62] 이중조(李仲操)는 『우양궁정명고변(羽陽宮鼎銘考辯)』에서 우양궁정의 명문 고증을 통해 견공주(汧供廚), 우양궁(羽陽宮), 고당(高塘) 등 3곳의 사지(祀地)에 대해 고찰하였다.[63] 서정고(徐正考)는 『한대동기명문연구(漢代銅器銘文研究)』에서 한대 금문 분석을 통해 궁관(宮觀) 62곳, 공주(共廚) 36곳, 능묘(陵廟) 11곳, 부고(府庫) 18곳, 저사(邸舍) 6곳, 국읍(國邑) 53곳을 확인하는 매우 의미 있는 연구를 발표하였다.

"양신가(陽信家)" 동기(銅器)에 관한 연구는 만성한묘와 무릉 1호 무명총(無名塚)의 1호 종장갱(從葬坑)에서 출토된 여러 점의 "양신가" 동기

....

57) 王忠全, 『秦汉时代 "锺", "斛", "石" 新考』, 『中国史研究』1988年 第1期.
58) 杨哲峰, 『两汉之际的 "十斗" 与 "石", "斛"』, 『文物』2001年 第3期.
59) 胡戟, 『论莽量尺』, 『考古与文物』1988年 第2期.
60) 孙机, 『汉代黄钟律管和量制的关系』, 『考古』1991年 第5期.
61) 乔淑芝, 『"蒲反田官" 器考』, 『文物』1987年 第4期.
62) 陈直, 『考古炳烛谈』, 『考古与文物』1980年 第2期.
63) 李仲操, 『羽阳宫鼎铭考辨』, 『文博』1986年 第6期.

를 대상으로 진행되었다. 이와 관련한 주요 논점은 대체로 두 가지로 정리할 수 있다. 먼저, 양신가를 "양신이후유게지가(陽信夷侯劉揭之家)"로 보는 관점으로『만성한묘발굴보고』와 진진재(秦進才) 등이 이러한 관점을 주장하고 있다.[64] 다음은, 무제의 누이 "양신장공주(陽信長公主)"로 보는 관점으로 운안지(贠安志), 풍주(豊州), 조화성(趙化成) 등이 다른 각도에서 이를 논증하고 있다.[65] 최근에는 한약춘(韓若春)이 기존의 논쟁에 대해 새로운 관점을 제시하면서 양신장공주에 의해 시종일관 소유되었다는 주장에 대해서도 반대하였다.[66] 이에 대해서 악기(岳起)의 반론도 제기되었다.[67]

주제당랑기(朱提堂狼器)에 관한 연구에서 손태초(孫太初)는『주제당랑동세고(朱提堂狼銅洗考)』에서 먼저 주제당랑세 관련 기록을 소개하고 이는 지금의 운남 소통(昭通)지역에서 제조된 것으로 과거의 금석학 목록에서는 이러한 유형의 '세(洗)'를 세(洗), 반(盤), 부(釜), 무(鍪) 등으로 분류하였으며, 소통 출토 동기와 촉군 출토 동기의 형태와 문양에 대하여 분석하였다. 아울러 부록으로 수록된『주제당랑동세년표(朱提堂狼銅洗年表)』에는 관련 동기 46점을 수록하였다.[68] 이와 관련하여 호순리(胡順利)는 면현(勉縣) 출토 "원흥원년당랑작(元興元年堂狼作)"명(銘) 동분(銅盆)은 동진 원흥(元興) 원년(402년) 당랑현(堂狼縣)에서 주조된 것으로 주장하였다.[69] 채규(蔡葵)·곽청화(郭淸華) 등은 당랑세의 형태와 당랑현의 연혁 및 출토무덤의 형식, 부장품 조합에 대해 고찰하고, 이 동기는 동한 화제(和

....

64) 秦进才,『汉"阳信家"铜器的最初所有者问题』,『考古与文物』1987年 第3期.

65) 贠安志,『谈"阳信家"铜器』,『文物』1982年 第9期; 丰州,『汉茂陵"阳信家"铜器所有者问题』,『文物』1983年 第6期;『再论汉茂陵"阳信家"铜器所有者的问题』,『考古与文物』1989年 第6期; 赵化成,『也谈汉"阳信家"铜器的所有者问题』,『考古与文物』1992年 第1期.

66) 韩若春,『汉茂陵"阳信家"铜器权属问题研究综述及其管见』,『泾渭稽古』1996年 第1期.

67) 岳起,『〈汉茂陵"阳信家"铜器权属问题研究综述及其管见〉商榷』,『文物考古论集—咸阳市文物考古研究所成立十周年纪念』,三秦出版社 2000年版.

68) 孙太初,『朱提堂狼铜洗考』,『云南青铜器论丛』, 文物出版社 1981年版.

69) 胡顺利,『陕西勉县红庙出土"堂狼作"铜盆的时代辨析』,『考古与文物』1989年 第3期.

帝)의 원흥 원년(元興元年)에 제조된 것으로 분석하였다.[70]

상술한 내용들 이외에도 이학근은『한대청동기의 몇 가지 문제—만성·무릉 출토 금문의 분석(漢代靑銅器的幾个問題—滿城, 武陵所出金文的分析)』에서 만성과 무릉 출토 청동기 명문을 통해, 청동기들의 제작지, 증여관계 및 기물번호 등에 대해 고찰하였다.[71] 또한 서정고는『한대동기명문의 번호(漢代銅器銘文中的編號)』에서 한대 동기의 생산규모와 동기의 번호방식, 성격, 특징에 대해 고찰하였다.[72] 조화성은『한 "건원", "원광", "원삭"명 기물의 감정 및 무제전기의 연호문제(漢 "建元", "元光", "元朔"諸器辯僞及武帝前期年號問題)』에서 연호가 있는 동기에 대한 분석과 출토 기년 문물에 대한 고찰을 통해 무제 전기의 연호는 후대에 추기(追記)된 것이라고 논증하였다.[73]

3) 한대 청동기 기물학(器物學) 연구

한대 청동기에 대한 종합연구와 관련하여 왕중수(王仲殊)는『한대고고학개설(漢代考古學槪說)』에서 한대 청동기의 형식과 문양의 변화에 대해 서술하였으며, 도금, 세선문, 부도, 상감 등 공예상의 발전과 변화에 주목하면서 동경의 변화에 대해 중점적으로 기술하였다. 유위초(兪偉超)는『진한청동기개론(秦漢靑銅器槪論)』의 중국 청동기 발전사에서 진한 시기 청동기가 차지하는 중요한 위치에 대해 서술하면서 한대 청동기를 서한 전기, 서한 중기에서 동한 조기, 동한 중·만기의 3단계로 구분하고 한대 동기의 기물조합, 형식 특징, 공예 특징 및 생산방식에 대해서 논술하였다. 두내송(杜迺松)은 여러 편의 논문에서 진한 청동기 연구의 골격을 제시하면서 한

....

70) 蔡葵,『对勉县红庙出土元兴元年堂狼洗的一点看法』,『考古与文物』1991年 第1期; 郭清华, 『陕西勉县红庙 "堂狼作" 铜洗的时代之再辩』,『考古与文物』1991年 第2期.
71) 李学勤,『汉代青铜器的几个问题—满城, 茂陵所出金文的分析』,『文物研究』总第2期.
72) 徐正考,『汉代铜器铭文中的编号』,『史学集刊』1998年 第2期.
73) 赵化成,『汉 "建元", "元光", "元朔"诸器辨伪兼及武帝早期年号问题』,『文博』1996年 第4期.

대 청동공예에 다음의 5가지 특징을 제시하였다. 먼저 금은 상감공예의 발전과 형식, 도금 공예기술 발전의 새로운 절정, 서한 후기 이후 남방, 서남지역 세선각문(細線刻紋)공예의 비약적 발전, 분주(分鑄)접합 및 리베팅기술의 발전, 구기(釦器)의 유행으로 청동세공공예의 발전을 제시하였다.[74] 양국화(楊菊花)는 진한 시기를 청동문화의 "중인단계[重人階段]"로 설정하고 이 시기 청동기는 세속화와 상품화가 촉진되었으며, 기물의 종류와 조형의 실용화, 기물 장식에 있어서 사람들은 화려함과 소박함의 양극화 경향, 서로 다른 수요 만족을 위한 관·민영 청동 제작공방의 병존으로 인한 사회적 요구의 충족, 주변지역 예기와 실용기의 병존으로 인한 양극화 현상으로 한대 청동기문화의 다양성을 지적하였다.[75] 송치민(宋治民)은 청동기의 지역적 차이에 기초하여 한대 동기를 3개 권역으로 구분하였다. 중원지구는 무문 위주이며 일부 동기는 도금, 상감 등의 공예를 채택하였다. 장성 안팎의 북방지구는 기물에 부조형식의 장식이 많으며 일부는 채색을 하였고, 영남지역을 중심으로 하는 남방지구는 세선문(細線紋)청동기가 대표적이다.[76] 미국학자 앨런은 한대 세선문청동기에 대한 분석을 통해 청동기 특징을 개괄하고 이를 고대 월족(越族)의 작품으로 이해하였다.[77] 장경명(張景明)은 북방 초원지역에서의 한대 청동기를 분포 특징을 통해 한족, 흉노, 선비의 3대 유형으로 구분하고, 청동기의 예술 특징과 문화교류에 대해 분석하였다.[78] 양종(楊琮)은 복건성의 숭안한성(崇安漢城)에서 출

....

74) 杜酒松,『先秦两汉青铜铸造工艺研究』,『故宫博物院院刊』1998年 第3期;『两汉时期青铜工艺的新发展』,『中国文物报』1989年 4月 7日 第3版;『两汉时代青铜冶铸业与科技考古』,『科技考古论丛—全国第二届科技考古学术讨论会论文集』,中国科学技术大学出版社 1991年版.

75) 杨菊花,『汉代青铜文化概述』,『中原文物』1998年 第2期:『中国青铜文化的发展轨迹』,『华夏考古』1999年 第1期.

76) 宋治民,『汉代手工业』之 "铜器铸造手工业", 巴蜀书社 1992年版.

77) (美) 艾兰,『一组汉代针刻青铜器』,『早期中国历史思想与文化』第289页, 辽宁教育出版社 1999年版.

78) 张景明,『中国北方草原地区的汉代铜器』,『考古文物研究—纪念西北大学考古专业成立40周年文集』.

토된 청동기를 분석하고, 서한 민월국(閩越國)은 청동기 주조업이 발달하지 않은 관계로 대부분 중원지구에서 수입하였음을 지적하였다.[79] 이용장(李龍章)은 광주(廣州)의 서한 남월왕묘에서 출토된 청동용기에 대한 형태분석을 진행하였다. 그는 대부분의 기물들이 실용기이며 엄격한 예기(禮器) 조합을 갖추지 않고 있음을 지적하면서 문화 속성이 복잡하고 대부분의 자체 제작품과 수입품이 혼재한다는 점에 주목하였다. 그는 이를 통해, 영남지역에서의 선진(先秦) 시기 월족 청동기문화 전통의 연속과 진초월(秦楚越)문화의 융합으로 이해하였다.[80]

상술한 논문 외에도 다음의 몇 가지 전문적인 주제가 연구되었다. 기물유형학 연구에서는 황전악(黃展岳)은 동제통(銅提筒)이 유행하는 지역과 용도에 대해 분석하여 지역적 차이에 따른 원류와 족속에 대해 논술하였다.[81] 진문영박(陳文領博)은 전국 시기에서 삼국 시기에 속하는 동무(銅鍪)에 대해 유형학 분석을 통해 그 기원과 전파, 제작기법 및 기능에 대해 고찰하였다.[82] 장소동(張小東)은 한대에서 남북조 시기에 속하는 초두(鐎斗)의 기형 변화에 대해 개괄하고 '초두(鐎斗)', '위두(熨斗)', '조두(刁斗)'로 구분하였다.[83] 이진기(李陳奇)는 전국 시기에서 한대 초기까지의 산두호(蒜頭壺)에 대해 형식분류를 진행하고 한대의 장경호(長頸壺)는 산두호에서 발전한 것으로 분석하였다.[84]

기물의 기능과 관련한 연구에서는 손기, 황성장(黃盛璋), 영입신(寧入新), 양순연(楊純淵)이 한대 동염배(銅染杯)와 염로(染爐)의 용도에 대해 논쟁을 벌였다.[85] 정동수(鄭同修)는 한진(漢晉) 시기 유행한 어문동세(魚紋

....

79) 杨琮,『福建崇安汉城出土的青铜器及有关问题』,『华夏考古』1991年 第2期.
80) 李龙章,『广州西汉南越王墓出土青铜容器研究』,『考古』1996年 第10期.
81) 黃展岳,『铜提筒考略』,『考古』1989年 第9期.
82) 陈文领博,『铜鍪研究』,『考古与文物』1994年 第1期.
83) 张小东,『鐎斗考』,『故宫博物院院刊』1992年 第2期.
84) 李陈奇,『蒜头壶考略』,『文物』1985年 第4期.
85) 黃盛璋,『染杯, 染炉初考』,『文博』1994年 第3期; 宁立新, 杨纯渊,『四神染炉考辨』,『北方文

銅洗)를 혼인과 관련한 혼수품으로 이해하였다.[86] 왕지호(王志浩)는 한대 청동훈로(靑銅薰爐)의 의료·보건 용도에 대해 고찰하였다.[87] 정영건(程永建)은 동한묘에서 발견되는 독특한 형태의 장방형 청동장식이 압승전(壓勝錢)이나, 주방용구가 아니라 말의 털을 정리하는 동쇄(銅刷)라고 주장하였다.[88] 등초(鄧超)는 한대의 청동장경호를 투호놀이에 사용하는 '투호(投壺)'로 분석하였다.[89]

무위(武威) 뇌대(雷臺) 동한묘에서 출토된 거마용(車馬俑)은 도굴로 인해 원래의 배열형식을 알 수 없다. 초사빈(初師賓)은 전체 거마용[銅俑]을 묘주의 거마, 준마(駿馬), 묘주의 친속과 가리(家吏)의 거마, 곡물수레의 4개 조로 구분하고, 사람과 거마 조합의 복원도를 제시하였다.[90] 또한 같은 무덤에서 출토된 청동분마(奔馬)의 명칭과 의미는 여러 연구자들의 주목을 받았는데, 고철부(顧鐵符)는 한대의 말을 가려내는 방식의 복제품으로 보았다.[91] 장영명(張永明), 장동휘(張東輝), 황신생(黃新生), 주본웅(周本雄)은 이와는 서로 다른 각도에서 반대 견해를 제출하였다.[92]

사천, 섬서 남부, 운귀(雲貴) 지역 동한묘에서 출토되는 '전수(錢樹)'는 최근 그 사상적 내용을 둘러싸고 토론이 진행되었다. 유위초는 전수의 유행은 도교신앙과 관련이 있는 것으로 이해하였으며,[93] 선명(鮮明)은 요전수(搖錢樹)의 도상과 분포지역, 소멸 시기에 대한 분석을 통해 초기 도

....
物』1988年 第1期; 李开森, 『是温酒器, 还是食器—关于汉代染炉染杯功能的考古试验报告』, 『文物天地』1996年 第2期.

86) 郑同修, 『汉晋鱼纹铜洗滕器说』, 『东南文化』1996年 第2期.

87) 王志浩等, 『内蒙古文物与考古』1994年 第2期.

88) 程永建, 『东汉长方形铜饰考』, 『中国文物报』1999年 2月 21日.

89) 邓超, 『西汉投壶考』, 『北京大学研究生学志』2000年 第3~4期.

90) 初师宾等, 『雷台东汉墓的车马组合和墓主人初探』, 『考古与文物』1982年 第2期.

91) 顾铁符, 『奔马, "袭乌", 马式—试论武威奔马的科学价值』, 『考古与文物』1982年 第2期.

92) 张永明, 张东辉, 『武威雷台东汉铜马命名问题探讨』, 『考古』1987年 第4期; 黄新生, 『武威东汉 "天马" 新释』, 『东南文化』1990年 第4期; 周本雄, 『武威雷台东汉铜奔马三题』, 『考古』1988年 第5期.

93) 俞伟超, 『秦汉青铜器概论』, 『中国青铜器全集·秦汉卷』, 文物出版社 1998年版.

교(天師道 혹은 五斗米道)의 물건임을 논증하였다.[94] 아울러 무홍을 비롯한 여러 학자들이 이러한 관점에 동의하였다.[95] 주극림(周克林)은 '전수'는 파촉(巴蜀)문화의 유습과 한대 문화, 경제활동과 관련한 공동의 산물이며 민간무교의 종교사상을 반영하는 것으로 이해하였다. 최근에는 요전수와 삼성퇴 청동신수의 전승관계를 지적하면서 서남지구 한인의 승천(昇天)의 도구로 이해하였다.[96] 하서림(賀西林), 구등성(邱登成)은 전수와 신선사상의 관계에 대해 지적하였다.[97] 하지국(何志國)은 전수의 '불상' 조형을 연구하기도 하였다.[98] 종견(鍾堅), 강옥상(江玉祥)은 다른 각도에서 연구를 진행하였다.[99]

중경지역 동한묘에서 출토되는 '천문(天門)' 선각의 금동장식에 대해 유홍(劉弘)은 관련 자료의 제시와 더불어 도안 속 인물의 신분에 대해 분석하였다.[100] 중경 무산현문물관리소(巫山縣文物管理所)의 『중경무산현동한시기 금동패식의 발견과 연구(重慶巫山縣東漢鎏金銅牌飾的發現與硏究)』는 상술한 동기에 대한 전면적인 소개와 도안을 분류하고 관련한 풍속신앙에 대해 고찰하였다.[101]

....

94) 鲜明,『论早期道教遗物摇钱树』,『四川文物』1995年 第5期;『再论早期道教遗物摇钱树』,『四川文物』1998年 第4期.

95) 巫鸿,『地域考古与对"五斗米道"美术传统的重构』,『汉唐之间的宗教艺术与考古』第431页, 文物出版社 2000年版; 张善熙等,『成都凤凰山出土〈太玄经〉摇钱树探讨』,『四川文物』1998年 第4期.

96) 周克林,『摇钱树为早期道教遗物说质疑』,『四川文物』1998年 第4期;『摇钱树: 西南地区汉人的引魂升天之梯』,『四川大学考古专业创建四十周年暨冯汉骥教授百年诞辰纪念文集』, 四川大学出版社 2001年版.

97) 贺西林,『东汉钱树的图像与意义—兼论秦汉神仙思想的发展, 流变』,『故宫博物院院刊』1998年 第3期; 邱登成,『汉代摇钱树与汉墓仙化主题』,『四川文物』1994年 第5期.

98) 何志国,『摇钱树铜佛像刍议』,(台)『故宫文物月刊』第138期.

99) 钟坚,『试谈汉代摇钱树的赋形与内涵』,『四川文物』1989年 第1期; 江玉祥,『古代西南丝绸之路沿线出土的"摇钱树"探析』,『古代西南丝绸之路研究』第2辑, 四川大学出版社 1995年版;『关于考古出土的"摇钱树"研究中的几个问题』,『四川文物』2000年 第4期.

100) 刘弘,『四川汉墓中的四神功能新探—兼谈巫山铜牌饰上人物的身份』,『四川文物』1994年 第2期.

101) 重庆巫山县文物管理所,『重庆巫山县东汉鎏金铜牌饰的发现与研究』,『考古』1998年 第12期.

3. 한대 청동기 연구의 평가와 전망

한대 청동기의 기록과 연구는 대체로 3단계로 구분할 수 있다.

　　제1단계는 북송 시기에서 청말에 해당한다. 상주 시기 청동기와 비교하여 한대 동기는 크게 중시되지 않았으며 한대 동기를 기록한 전문적인 저작도 출현하지 않았다. 그러나 금석학 관련 저작들에서는 전세된 한대 동기의 수집과 보존이 이루어졌다.

　　제2단계는 민국 시기에 해당하며, 『한금문록(漢金文錄)』을 대표로 하여 한대 동기 관련 전문 저작들이 출현하면서 한대 동기는 상대적으로 독립된 연구영역이 되었다. 전문적인 연구에서는 청동기의 진위와 문자의 고정(考訂)을 중심으로 이루어졌다. 일부 연구자는 청동기와 관련한 제도의 연구에 주목하였다. 이 시기는 금석학 연구에서 고고학으로의 전환단계에 속한다.

　　제3단계는 건국 이후 50여 년의 기간이 해당한다. 고고학 발굴조사의 전면적인 전개에 따라 과학적인 발굴을 통한 한대 청동기가 풍부해지고 한대 청동기 연구는 고고학적 연구로 진입하였다. 연구영역은 확대되어, 청동기 제조업, 기물학, 과기고고(科技考古) 방면으로 확대되었으며 종합적인 연구성과도 발표되면서 한대 청동기 연구는 진한 시기 고고학의 중요한 분야가 되었다.

　　한대 청동기 연구는 많은 성과를 획득하였지만 일부 문제점도 존재한다. 일반적으로 연구자들은 한대에 이르러서는 상주 시기 청동기의 찬란함이 소실된 것으로 이해하고 일부 정품(精品)을 제외한 일반적인 한대 청동기에 대해서는 주목하지 않는다. 이런 이유로 발굴된 한대 청동기에 대한 적절한 수리복원 발표가 제때에 이루어지지 않고 있으며, 일부 지방의 문화관과 박물관에는 상당수의 한대 청동기가 소장되어 있으나 대부분 발표가 되지 않고 있는데, 일부는 명문이 있는 중요 청동기이다.

　　한대 청동기 연구에서 다수의 연구자들은 고급 청동기나 명문이 있는 청동기에만 관심을 가져 왔다. 이런 이유로 지금까지 한대 청동기에 관한 전체적인 분류, 분기, 편년체제가 이루어지지 않고 있으며, 한대 청동기의 산지, 무역, 제작기술의 연구도 부족하며, 한대 동광 유적과 주조 유적에 대한 조사발굴도 부족하다. 또한 한대 청동기는 문양이 풍부하지만 현재까지 관심을 가지는 연구자는 소수이다. 아울러 청동기의 과기고고 연구에서는 많은 영역에서 성과가 기대된다. 특히 아연동위원소 분석과 합금성분 분석들은 청동기의 산지문제를 해결하는 데 중요한 참고가 될 수 있다.

유위초는 "진한 청동기에는 사실적 전통이 나타나는데, 이는 새로운 시대정신을 반영한다. 이러한 새로운 특징으로 인해 진한 청동기는 중국 고대문화의 중요한 내용을 구성한다"고 지적한 바 있다. 한대 청동기는 비록 하상주시대의 청동기만큼 중요한 지위라 할 수는 없지만 한대의 도금, 상감 등의 고급 청동기는 주목할 만하다. 아울러 일반 청동기의 경우에는 그 생산량이 막대하여 일반 주민의 생활필수품으로 사용되면서 사회생활의 중요한 위치를 차지하였다.

7장 진한 시기 칠기의 발견과 연구

중국은 세계에서 가장 먼저 칠기를 제작한 국가이다. 절강성 여조현의 하모도 신석기시대 유적에서 지금으로부터 6,000년 이전의 목태칠완(木胎漆碗) 등의 칠기가 출토되었으며, 절강 여조 요산의 양저문화의 무덤에서도 칠완, 칠배(漆杯) 등이 출토되었다. 이는 신석기시대 말기에 칠기공예가 이미 일정한 수준에 도달하였음을 보여 준다. 칠기공예는 상주 시기의 발전을 거쳐 전국, 진한 시기에 이르러 전성기에 도달하였으며, 그 사용 범위가 넓고 기종이 다양하며, 조형이 아름답고, 공예 수준이 정교하여, 점차 청동기를 대체하여 일상생활 중의 귀중품으로 자리매김되었다.

1. 진대 칠기의 발견과 연구

진대 칠기는 주로 1970년대 후반에 들어서서 발견되었으며 호북, 호남, 하남, 감숙 등지에서 모두 출토되었다. 출토 수량이 비교적 많은 곳은 호북성이며, 주요 출토지점은 운몽 수호지, 복장분, 용강 및 강릉 양가산 등지이다.[1] 특히 운몽 수호지 진묘에서 출토된 칠기 수량이 가장 많으며, 모두 2기의 기년묘(紀年墓)에서 출토되어 진대 칠기 연구에 풍부한 자료를 제공한다.

진대의 칠기는 주로 생활용기로 렴(奩), 합(盒), 움(盂), 준(樽), 호(壺), 편호(扁壺), 이배(耳杯), 반(盤), 이(匜), 제통(提筒), 소비(梳篦) 등이 있다.

....

1) 湖北孝感地区第二期亦工亦衣文物考古训练班,『湖北云梦睡虎地十一座秦墓发掘简报』,『文物』1976年 第9期; 云梦县文物工作组,『湖北云梦睡虎地秦汉墓发掘简报』,『考古』1981年 第1期; 湖北省博物馆,『1978年云梦秦汉墓发掘报告』,『考古学报』1986年 第4期; 云梦县博物馆,『湖北云梦木匠坟秦墓』,『江汉考古』1987年 第4期; 湖北省文物考古研究所等,『云梦龙岗六号秦墓及出土简牍』,『考古学集刊』第8期, 1994年; 湖北省荆州地区博物馆,『江陵杨家山 135号秦墓发掘简报』,『文物』1993年 第8期.

진대의 칠기는 현재까지 대부분 호북지역에서 발견되고 있으며 칠기의 전체적인 특징은 대체로 전국 시기 초국(楚國) 칠기의 특징을 계승하였으며 일부 진의 독자적인 특징을 가진 것도 있다.

칠기의 기종에서도 진대 칠기에는 초국 칠기에서 흔히 발견되는 악기류, 상장기류(喪葬器類) 등은 발견되지 않으며, 대부분 생활용기가 주류를 이룬다. 일부 기형은 진의 전형적인 청동기를 모방하고 있는데 편호는 진의 청동편호를 모방한 사례이다.

진대 칠기의 태골(胎骨)은 두터운 목태, 얇은 목태, 죽태(竹胎) 등이 있으며 두터운 목태는 비교적 소량이며 대부분 얇은 목태이다. 죽태는 대부분 죽제용, 죽통 혹은 병기의 자루 부분에 사용되었다. 협축태(夾縮胎) 칠기도 비교적 소량이다. 제작방법은 주로 깎기, 파내기를 비롯하여 얇은 목태를 말아 올리는 방식이 사용되었다. 편호와 원호(圓壺)의 경우는 2개의 반쪽을 파내기 방식으로 제작하여 다시 접합하는 방법으로 제작한 것이다. 장방합(長方盒)은 먼저 깎기를 하고 이를 다시 접합한 것이다. 준, 치(厄), 렴 등의 일부 원형기의 경우는 기벽(器壁)을 얇은 목태를 말아서 제작하고 다시 각각 두꺼운 목태를 사용하여 덮개와 바닥을 접합하였다.

금속장식을 사용하여 칠기를 견고하게 하는 제작방법은 전국 시기에 이미 출현하였으며, 진대에 상당히 유행하였다. 일반적으로 목태에 칠을 하고 청동의 뉴(鈕)와 손잡이, 포수고리, 다리 등을 장착하였다. 그리고 일부 칠기는 청동 테두리와 은제 테두리를 하여 견고하게 하였다. 운몽 수호지 11호묘에서 출토된 칠준(漆樽)은 외벽에 3줄의 은제 테두리를 하여 견고하게 만들었다. 진대 칠기에는 종종 칠기제조와 관련한 낙인된 문자들이 발견되고 있다. 운몽 수호지 진묘에서 출토된 다수의 칠기에는 "소(素)", "상(上)", "포(包)", "고(告)" 등의 낙인이 있다. 이러한 낙인문자는 칠기제조의 공정순서 혹은 공예기술을 표시하는 것으로 추정된다.

진대 칠기의 장식문양은 주로 기하문(幾何紋), 운문(雲紋), 화훼문(花卉紋), 조수문(鳥獸紋) 등이 있으며 간혹 인물고사 관련 도안도 발견된다.

기하문은 종류가 비교적 많으며, 원권문(圓圈紋), 원권문(圓卷紋), 점문(點紋), 능형문(菱形紋), 방격문(方格紋), 점격문(點格紋), 삼각문(三角紋), 물결문 등이 있다. 이 시기의 기하문은 단독으로 칠기에 시문되는 수량은 상대적으로 줄어들면서 조수문 등의 기타 문양과 결합된 형태가 점차 증가한다. 이 경우 조수문이 주 문양이며 기하문은 바탕 문양으로 전체 칠기의 도안이 조화를 이룬다. 진대 칠기의 문양에 사용된 색깔은 홍(紅), 흑(黑), 갈(褐), 금(金), 은(銀)의 5종이 사용되며 그 가운데 홍, 흑의 2색이 가장 많이 사용된다. 일반적으로 흑칠 바탕에는 홍칠, 갈색칠로 하여 문양을 장식하며, 홍칠 바탕에는 흑칠로 문양을 시문하기도 한다. 이 시기에는 은박장식과 금분, 은분으로 문양을 하는 공예기술도 출현한다. 운몽 수호지에서 발견된 칠치(漆卮)는 은박으로 문양도안을 기벽에 붙이고, 다시 홍칠로 눌러 시문하여 칠기를 더욱 화려하게 한다.

진대 칠기에는 흔히 "모시(某市)", "모정(某亭)"의 낙인문자가 발견된다. 운몽 수호지 진묘에서 출토된 칠기에는 "함시(咸市)", "함정(咸亭)", "허시(許市)", "시(市)", "정(亭)" 등의 낙인문자 140여 개가 발견되었다. 이러한 "시" 혹은 "정"은 수공업과 상업활동 구역에서 관리를 담당하는 관서로 "함시", "함정" 낙인의 칠기는 함양 시정(市亭) 관리의 칠기 수공업공방에서 제작된 칠기 제품임을 보여 준다. "허시" 낙인문자의 칠기는 진이 허창(許昌)을 점령한 후 허창 시정이 관할하던 수공업공방에서 제작된 칠기임을 보여 준다. 한편, 운몽 수호지 진묘에서 출토된 칠기에는 "宦里□", "錢里□", "安里□□", "女里張"을 비롯하여, "介", "但", "大女子□", "小女子", "小男子" 등의 침각문자(針刻文字) 등이 발견된다. "리(里)"는 칠기제작 공방이 소재한 지명으로 특정 "리"의 후면 문자는 칠기 제작 공장(工匠)의 인명이다. 이는 진대의 칠기 제조에서 "물근공명(物勤工名)"의 책임제 생산이 이루어졌음을 알 수 있다.[2]

....

2)　　陈振裕,『湖北出土战国秦汉漆器综论』, 北京大学考古学系编:『"迎接二十一世纪的中国考古

2. 한대 칠기의 발견과 연구

한대 칠기는 이미 전국 각 지역에서 다수 발견되고 있어서 한대 칠기의 특징과 제조방식, 공예 및 생산관리 등과 관련한 연구에 풍부한 자료를 제공하고 있다.

1) 한대 칠기의 연구

1920년대 평양(平壤)의 한묘에서 다수의 칠기들이 발견되어 일본학자들에 의해 이 자료에 대한 정리와 연구가 진행되었다. 하라다 요시토(原田淑人)의 『낙랑(樂浪)』, 고이즈미 아키오(小泉顯夫)의 『채협총(彩篋塚)』, 가야모토 가메지로(榧本龜次郎)의 『낙랑왕광묘(樂浪王光墓)』, 우메하라 스에지(梅原末治)의 『지나한대기년명칠기도설(支那漢代紀年銘漆器圖說)』 등에서 한대 칠기의 특징과 제작에 대한 기초적인 인식이 이루어졌다.[3]

　　1950~60년대 들어서면서 전국 각지에서 다수의 칠기가 발견되었다. 대표적으로 하남 남양, 산동 문등, 상소 염성, 연운강, 호남 장사, 광주, 귀주 청진 등지의 한묘에서 다량의 칠기들이 발견되었다.[4] 이 시기의 칠기 연구는 주로 각 무덤의 분석을 통해 발굴보고서의 형식으로 칠기의 기형 특징, 문양 조형을 위주로 진행되었다. 귀주 청진한묘에서 출토된 칠기에는 명문이 다수 확인되었는데 보고서는 명문을 통해 칠기의 산지와 공예

....

　　　学"国际学术讨论会论文集』, 科学出版社 1998年版.

3)　原田淑人等, 『乐浪』, 刀江书院, 1930年; 小泉显夫等, 『彩篋塚』, 朝鲜古迹研究会, 1934年; 榧本龟次郎等, 『乐浪王光墓』, 朝鲜古迹研究会, 1935年; 梅原末治, 『支那汉代纪年铭漆器图说』, 桑名文星堂, 1943年.

4)　洛阳考古发掘队, 『洛阳烧沟汉墓』, 科学出版社 1959年版; 山东省文物管理处, 『山东文登的汉木椁墓及漆器』, 『考古学报』1957年 第1期; 江苏省文物管理委员会等, 『江苏盐城三羊墩汉墓理报告』, 『考古』1964年 第8期; 南京博物院, 『江苏连云港市海州网瞳庄汉木椁墓』, 『考古』1963年 第6期; 中国科学院考古研究所, 『长沙发掘报告』, 科学出版社 1957年版; 广州市文物管理委员会, 『广州市龙生冈43号东汉木椁墓』, 『考古学报』1957年 第1期; 广州市文管会, 『广州市黄花冈003号西汉木椁墓发掘简报』, 『考古通讯』1958年 第4期; 贵州省博物馆, 『贵州清镇平坝汉墓发掘报告』, 『考古学报』1959年 第1期.

에 대한 연구를 진행하였다. 심복문(沈福文)의 『중국휴칠공예미술간사(中國髹漆工藝美術簡史)』는 공예미술사의 각도에서 한대 칠기에 대해 연구를 진행하였다.[5]

1970년대 이후 한대 칠기의 출토는 더욱 증가하였으며 특히 호남 장사 마왕퇴, 호북 강릉 봉황산, 안휘 부양 쌍고퇴, 산동 임기, 감숙 무위 등지의 중요한 한묘에서 칠기들이 출토되어 한대 칠기 연구에 풍부한 자료를 제공하였다.[6] 이 시기의 칠기 연구는 한묘 보고서와 칠기와 관련한 다양한 분야에서 연구가 진행되었다. 왕중수(王仲殊), 고위(高煒), 이정광(李正光) 등은 한대 칠기에 대한 종합적인 연구를 진행하였다.[7] 진진유(陳振裕)는 호북성 출토 한대 칠기에 대해 비교적 상세한 분기, 편년 연구를 진행하였다.[8] 유위초(兪偉超), 장영거(蔣英炬)는 한대 칠기의 제작지와 경영관리 방식 등의 문제에 대해 연구를 진행하였다.[9] 이러한 연구를 통해 한대 칠기의 발전수준, 공예기술 및 생산관리 등에 대한 구체적인 이해가 이루어졌다. 1990년대 진진유, 부거유(傅擧有)는 다시 한대 칠기의 종류, 조형, 문양, 공예기술 및 경영관리와 산지 등에 대한 상세한 연구를 진행하여 한대 칠기 발전에 더욱 깊이 있는 인식을 하였다.[10]

....

5)   沈福文, 『中国髹漆工艺美术简史』, 人民美术出版社 1964年版.

6)   湖南省博物馆, 『长沙马王堆一号汉墓』, 文物出版社 1973年版; 长江流域第二期文物考古工作人员训练班, 『湖北江陵凤凰山西汉墓发掘简报』, 『文物』 1974年 第6期; 湖北省文物考古研究所, 『江陵凤凰山168号汉墓』, 『考古学报』 1993年 第4期; 山东省博物馆等, 『临沂银雀山四座西汉墓葬』, 『考古』 1975年 第6期; 安徽省文物工作队, 『阜阳双古堆西汉汝阴侯墓发掘简报』, 『文物』 1978年 第8期; 甘肃省博物馆, 『武威磨咀子三座汉墓发掘简报』, 『文物』 1972年 第12期.

7)   王仲殊, 『汉代考古学概说·汉代的漆器』, 中华书局 1984年版; 高炜, 『汉代漆器的发现与研究』, 载 『新中国的考古发现和研究』, 文物出版社 1984年版; 李正光, 『汉代漆器艺术』, 文物出版社 1987年版.

8)   陈振裕, 『试论湖北战国秦汉漆器的年代分期』, 『江汉考古』 1980年 第2期.

9)   俞伟超, 『马王堆一号汉墓出土漆器制地诸问题—从成都市府作坊到蜀郡工官作坊的历史变化』, 『考古』 1975年 第6期; 蒋英炬, 『临沂雀山西汉墓漆器铭文考释』, 『考古』 1975年 第6期.

10) 陈振裕, 『湖北出土战国秦汉漆器综论』, 北京大学考古学系编: 『"迎接二十一世纪的中国考古学"国际学术讨论会论文集』, 科学出版社 1998年版; 傅擧有, 『中国漆器的颠峰时代—汉代漆

2) 한대 칠기 제조업의 관리

칠기에서 발견되는 문자 자료를 통해 볼 때, 한대 칠기 제조업의 경영관리는 시기적으로 변화가 있다. 현재까지 발견된 서한 전기 칠기의 낙인문자는 일부를 제외하고 대부분 "×정(×亭)" 외에 대부분 "×시(×市)", 혹은 특정 군부(郡府)의 지명이 확인된다. 이는 서한 전기의 칠기 제조업은 대부분 시부(市府)에 의해 관리되었으며, 특정 군·현에서 경영한 지방 관영 수공업이었음을 보여 준다. 이와 관련한 사례로는 장사 마왕퇴한묘, 강릉 봉황산한묘에서 출토된 칠기문자에서 "성시(成市)", "성시소(成市素)", "성시포(成市炮)", "성시초(成市草)"를 비롯하여, "시부(市府)", "시부포(市府炮)", "시부초(市府草)" 등이 확인되었다[11](그림 25). "성시"는 성도(成都) 지방 시부의 약칭이며, "소(素)"는 칠태(漆胎), "포(炮)"는 도칠(涂漆), "초(草)"는 조(造)를 의미한다. 이는 이러한 칠기들이 성도의 시부에서 관할하는 작업공방에서 제조되었다는 것을 설명한다. 광주 서촌 석두강한묘에서 출토된 "번우(番禺)"명 칠기의 "번우"는 남월왕 조타(趙佗)의 도성으로 이는 남월국의 도성에서 관할하던 작업장에서 제조된 칠기임을 보여 준다.[12] 광서 귀현 라백만한묘에서 출토된 "포산(布山)"과 "시부초"명의 칠기의 경우에는 "포산"은 서한 욱림군(郁林郡)의 수부(首府)이며, 이와 함께 출토된 "시부초"는 이러한 칠기들이 포산의 시부에서 제조되었음을 보여 준다.[13] 산동 임기 은작산한묘에서 출토된 "거시"와 "시부초" 칠기의 경우 "거"는 한 문제(文帝) 시기 분봉된 성양국(城陽國)의 치소로 "거시"는 성양국의 거시부이며, 이러한 칠기들은 이곳에서 제조된 것이다.[14] 이상과 같이 서

....

工艺综论』, 载『中国历史暨文物考古研究』, 岳麓书社 1999年版.

11) 湖南省博物馆, 『长沙马王堆一号汉墓』, 文物出版社 1973年版; 长江流域第二期文物考古工作人员训练班, 『湖北江陵凤凰山西汉墓发掘简报』, 『文物』 1974年 第6期; 湖北省文物考古研究所, 『江陵凤凰山168号汉墓』, 『考古学报』 1993年 第4期.

12) 梁国光, 麦英豪, 『秦始皇统一岭南地区的作用』, 『考古』 1975年 第4期.

13) 广西壮族自治区博物馆, 『广西贵县罗泊湾汉墓』, 文物出版社 1988年版.

14) 山东省博物馆等, 『临沂银雀山四座西汉墓葬』, 『考古』 1975年 第6期; 蒋英炬, 『临沂银雀山西

그림 25 장사 마왕퇴 1호묘 출토 칠기 명문

한 전기 각 군국(郡國)과 현(縣)에서 경영한 지방의 관영 칠기 제조업은 전국 시기 "시정(市亭)" 관리제도에서 변화한 것이다.

안휘 부양 쌍고퇴(雙古堆)에 위치한 서한 전기 여양후묘(汝陽侯墓)에서는 여양후국에서 제조된 칠기들이 다수 출토되었다. 다수의 칠기에서 모두 문자가 발견되었는데, 칠치(漆巵)에서는 "汝陽侯巵, 容五升, 三年, 汝陽庫己, 工年造"의 명문이 발견되었다. 다른 1점의 칠반(漆盤)에서는 "汝陽侯布平盤, 徑尺三寸, 七年, 吏諱, 工速造" 등이 각인되어 있다.[15] 이 가운데 "고×(庫×)", "이×(吏×)"는 여양후국에서 재무와 기재를 관장하던 관리

....

汉墓漆器铭文考释』,『考古』1975年 第6期.

15) 安徽省文物工作队,『阜阳双古堆西汉汝阴侯墓发掘简报』,『文物』1978年 第8期.

이며, 뒷면의 글자는 관리의 이름이다. "공×(工×)"은 칠기를 제조한 공인이다. 이로써 서한 전기의 열후국에서도 이미 칠기 제조업이 존재하였으며 완벽한 관리기구와 제작계통이 존재하였음을 알 수 있다.

서한 무제 이후 중앙정부는 주요 칠기 제작지에 "공관(工官)"을 설치하고 중앙의 "소부(少府)"에서 직접 각지의 공관을 통해 칠기 제조업을 관리함으로써, 이전 시기 군현 위주의 지방 관영 형태에서 변화된 양상을 보여 준다.

서한 후기의 칠기는 대부분 특정 공관에서 제조된 것임을 칠기에 명기하였다. 귀주 청진한묘에서 출토된 칠이배(漆耳杯)의 명문에는 "元始三年, 廣漢郡 工官 造乘與 㮩□畵木黃耳□, 容一升十六龠, 素工昌, 㮩工立, 上工階, 銅耳黃涂工常, 畵工方, □工平, 淸工匡, 造工工造, 護工卒史惲, 守長音, 丞馮, 橡林, 守令史譚主)"이 기재되어 있다. 다른 한 점의 칠반과 이배 2점에서도 동일한 명문이 확인되고 있으며, 또 다른 이배 1점에서는 "촉군서공(蜀郡西工)"에서 제조하였음을 명기하고 있다.[16] 강소 한강 보녀돈(寶女墩)의 신망(新莽) 시기 무덤에서는 "광한군공관(廣漢郡工官)", "촉군서공(蜀郡西工)" 제조의 칠기가 출토되었다.[17] 평양 한묘에서도 "자동군공관(子同郡工官)"(왕망 시기 광한군을 자동군으로 개칭)과 "촉군서공" 제조의 칠기가 발견되었다.[18]

한대 중앙 소부의 속관 "고공(考工)"에서도 칠기 제조가 이루어졌다. 감숙 무위 마저자한묘에서 출토된 2점의 이배에는 상면에 침각문자로 "乘輿㮩月畵木黃耳一升十六龠杯, 綏和元年, 考工工幷造, 月工豊, 護臣彭, 佐臣尹, 嗇夫臣孝主, 守右丞臣忠, 守令臣豊省."이 명기되어 있다.[19] 강소 한강 보여돈 신망 시기 무덤에서는 출토된 "공공(供工)"에서 제조한 칠기가

....

16) 贵州省博物馆,『贵州清镇平坝汉墓发掘报告』,『考古学报』1959年 第1期.

17) 扬州博物馆等,『江苏邗江县杨寿乡宝女墩新莽墓』,『文物』1991年 第10期.

18) 梅原末治,『支那汉代纪年铭漆器图说』, 京都, 桑名文星堂, 1943年.

19) 甘肃省博物馆,『武威磨咀子三座汉墓发掘简报』,『文物』1972年 第12期.

출토되었는데, 칠반 1점에는 침각문자로 "乘輿髹月畵紵黃釦斗飯盤, 元延 三年, 供工工疆造, 畵工政, 涂工彭,月工章, 護臣紀, 嗇夫臣彭, 椽臣承主, 守 右丞臣放, 守令臣興省."이 명기되어 있다. 평양 한묘에서도 "공공"에서 제 조한 칠기가 출토되었다. "공공(供工)"은 "공공(共工)"으로 왕망 시기에는 "소부(少府)"를 개칭하여 "공공(共工)"으로 명칭하였다. 이러한 칠기들은 모두 중앙 소부에서 관할하던 칠기 제작공방에서 제조된 칠기이다.

동한 시기에 들어와서 관영 칠기 제조업은 쇠락하기 시작한다. 『후 한·화희등황후기(後漢書, 和熹鄧皇后紀)』에는 상제(殤帝) 시기 등태후(鄧 太后)에 의한 "촉과 한의 구기와 구대패도를 다시 징발하지 않게 했다(蜀 漢釦器 九帶佩刀 幷不復調)" 기사는 당시 가장 유명한 칠기 제조공방인 촉 군공관과 광한군공관이 이 시기부터 중앙의 관할에서 벗어났음을 보여 준 다. 이로써 동한 후기부터는 촉군과 광한군의 공관에서 제조된 칠기의 표 기는 확인되지 않는다. 이는 상제 시기에 광한군과 촉군 공관에 대한 중앙 의 관리권이 소멸된 사실과 부합된다. 한편 안휘 마안산의 동오(東吳) 시 기 주연묘(朱然墓)에서 출토된 다량의 칠기 가운데 일부에서는 "촉군작뢰 (蜀郡作牢)"의 명문이 확인되고 있으며,[20] 호북 악성(鄂城)의 동오 시기 무 덤에서도 "촉군작뢰"명문의 칠기들이 출토되었다.[21] 이는 삼국 시기까지 촉군은 어전히 칠기의 주요 생산지였음을 보여 주고 있는 것이며, 다만 경 영방식의 성격은 변화하여 지방에서 관할하여 경영하였음을 보여 주고 있 다. 이로 인해 서사격식(書寫格式)이 한대 상제 이전과는 다른 차이를 보 여 주고 있다.

한대에는 민간경영의 칠기 제조업도 존재하였다. 강소 연운강 서한 시기 무덤에서는 "교씨(橋氏)", "중씨(中氏)"기명의 칠기가 출토되었는데, 이는 민간 칠기공방에서 생산된 제품으로 추정하고 있다.[22] 아마도 다량의

....

20) 安徽省文物考古研究所等, 『安徽馬鞍山東吳朱然墓发掘简报』, 『文物』1986年 第3期.

21) 杨泓, 『三国考古的新发现』, 『文物』1986年 第3期.

22) 南京博物院, 『海洲西汉霍贺墓清理简报』, 『考古』1974年 第3期; 南波, 『江苏连云港市海洲西

무문자(無文字) 칠기 가운데에는 개인 공방에서 제작된 적지 않은 수량의
칠기들이 포함되어 있을 것으로 생각된다.

3) 한대 칠기의 공예기술

서한 시기의 칠기는 대체로 고가의 물품이었으며, 특히 금동의 청동 테두
리 혹은 은제 테두리의 제품은 청동기보다 귀중한 것이었다. 『염철론·산
부족(鹽鐵論·山不足)』에 있는 "현재 부자는 은구(銀口)와 황이(黃耳)의 구
기(釦器)에 금뢰(金罍)와 옥종(玉鐘)을 쓴다. 중간은 야왕(野王)지역의 저
기(紵器)와 금으로 상감한 촉배(蜀杯)를 쓴다. 무릇 문배(文杯) 하나는 동
배(銅杯) 10개를 얻을 수 있는데(今富者銀口黃耳, 今罍玉鐘. 中者野王紵器,
金錯蜀杯. 夫一文杯得銅杯十", "배권(杯棬) 하나에는 백 사람의 힘이 들어가
고, 병풍 하나에는 만 사람의 공이 들어간다(一杯棬用百人之力, 一屛風就萬
人之功)"는 말이 이러한 상황을 말해 주고 있다.

칠기의 높은 가격은 주로 1점의 칠기를 제작하는 공정의 과정이 많고,
소요된 노동량이 많기 때문이다. 상술한 칠기명문에서도 알 수 있듯이 1점
의 칠기를 제작하는데 7, 8단계, 혹은 10여 단계의 공정을 필요로 한다. 우
선 태를 제작하는 소공(素工), 1차 바탕칠을 하는 휴공(髹工), 2차 바탕칠
을 하는 상공(上工), 상감, 도금, 테두리작업을 하는 동이황도공(銅耳黃涂
工), 채색도안을 하는 화공(畵工), 최초 광택작업을 하는 월공(月工), 마지
막 광택작업을 하는 청공(淸工), 전체 공정을 주관하는 조공(造工) 등을 들
수 있다.

일반적으로 1점의 칠기는 이렇게 많은 공정을 통해 제작되기 때문에
서한 시기 칠기 제조업이 비록 발달하였음에도 칠기의 가격은 매우 높았
다. 다른 측면에서는 서한 시기 칠기는 매우 정교하게 제작되었음을 알 수
도 있다. 아울러 광한군의 공관과 촉군의 공관 및 소부의 고공(考工)은 궁

....

汉侍其繇墓』, 『考古』 1975年 第3期.

정에 사용하던 용품들의 제작으로 유명하였다. 전국 시기에 이미 협태(夾胎) 칠기가 출현하였으나, 서한 초기에는 소량이었으며 소·선제(昭·宣帝) 시기에 대량으로 제작되었다. 테두리 칠기는 협저태(夾紵胎) 칠기의 발생과 함께 출현하였으며, 아직 황금제 테두리의 칠기는 확인되지 않고 있다. 일반적으로 "은구황이(銀釦黃耳)"는 이배의 구연 부분에 은제 테두리를 하고, 손잡이 부분은 금동에 청동 테두리를 한 형태이다.

한대 칠기에는 다음의 몇 가지 새로운 공예가 출현한다. 먼저 퇴칠(堆漆)공예는 칠기 표면에 다시 칠을 사용하여 융기된 장식을 하는 것으로 다시 화문을 시문하여 부조와 유사한 효과를 보여 준다. 추화(錐畵)공예는 침각화문(針刻花紋)으로도 명칭하며, 칠기의 바탕칠에 화문 도안을 침각으로 시문하는 공예이다. 창김(戧金)공예는 침이나 첨도(尖刀)를 이용하여 세밀한 문양을 새기고 다시 화문에 칠을 채워 넣은 다음, 다시 금채(金彩)를 채워서 금색의 문양을 만드는 것으로 청동기에 금은 상감의 문양효과를 내는 것과 유사하다. 금은평탈(金銀平脫)공예는 금·은박을 칠기에 붙이고 마연하여 도안을 형성하는 것이다. 과거에는 당대에 이르러 이러한 공예가 출현한 것으로 이해하였으나 한대에 이미 이러한 공예기법이 출현한 것으로 확인되고 있다.

4) 한대 칠기의 종류와 공예 특징

서한 전기의 중·대형 무덤에는 다량의 칠기가 부장되어 있는데 일반적으로 수십 점에서 많은 경우에는 백여 점, 혹은 천여 점이 되는 경우도 있다. 예를 들어 장사 상비취, 루벽 산오성 장사왕과 왕후묘의 경우에는 모두 수백 점의 칠기가 부장되었다.[23] 또한 망성 파오성장사황후묘에서는 칠기 1,500여 점이 출토되었다.[24] 광서 귀현 라백만한묘에서도 칠기 700여 점

....

23) 湖南省博物馆,『長沙象鼻嘴一号西汉墓』,『考古学报』1981年 第1期; 长沙市文化局文物组,『長沙咸家湖西汉曹巽墓』,『文物』1979年 第3期.
24) 傅舉有,『中国漆器的颠峰时代—汉代漆工艺综论』, 载『中国历史暨文物考古研究』, 岳麓书社

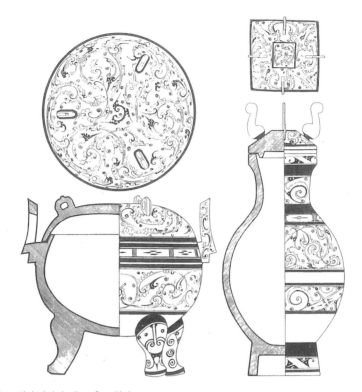

그림 26 장사 마왕퇴 1호묘 출토 칠기

이 출토되었으며, 장사 마왕퇴 이창(利倉)부인묘에서도 180여 점의 칠기가 출토되었다. 강릉 봉황산 168호묘의 피장자는 강릉현령의 신분으로 160여 점의 칠기가 출토되었으며, 운몽 대분두 1호묘의 피장자는 현승(縣丞)의 신분으로 부장된 칠기는 80여 점에 이른다.[25] 서한 전기의 칠기 종류를 보면 일부 지방에서는 칠예기(漆禮器)가 성행하고 있다. 장사 마왕퇴의 부인 무덤에서 출토된 칠기의 종류에는 정(鼎), 합(盒, 遺冊에는 盛으로 명기된), 호(壺), 방(鈁), 이배(耳杯), 반(盤), 안(案), 분(盆), 이(匜), 작(勺), 렴(奩), 기(盤), 병풍 등이 발견되었다(그림 26). 유책에 의하면 이 무덤은 제사용의

....

1999年版.
25) 湖北省博物馆, 『云梦大坟头一号汉墓』, 『文物资料丛刊』 第4期.

대뢰구정(大牢九鼎) 1세트와 대뢰칠정 2세트를 부장하였다. 정, 합, 호 등의 예기용 칠기는 선진(先秦) 시기의 예제를 계승한 것이다.

칠예기 외에도 서한 전기에 발견되는 칠기로는 이배, 준(樽), 치(卮), 렴, 합, 우(盂), 분, 반, 기, 안등 의 일상용기 등이 다수 발견된다. 렴합(奩盒)은 제작이 매우 정교하며 마왕퇴 출토 원형 렴합의 경우는 내부가 이단구조로 상단에는 사건(絲巾), 동경주머니, 장갑을 보관하였고 하단에는 9개의 소형 칠합에 가발, 빗, 솔, 지분(脂粉)을 보관하였다. 산동 임기 은작산한묘에서 출토된 2단의 칠자렴(七子奩)에는 상단에는 동경을 보관하고 하단은 7개의 작은 칠합으로 구성하였는데 2단의 원합, 1단 원합, 원단형(圓團形) 소합, 마제형(馬蹄形) 합, 타원형 합, 장방형 합으로 이루어져 있다.

이 시기 칠기의 태골(胎骨)은 전통적인 목태(木胎), 협저태(夾紵胎) 외에도 죽태(竹胎)를 비롯하여 목태와 협저태를 결합한 것이 있다. 문양은 주로 운기문(雲氣紋), 기하문, 파절문(波折紋), 능형문(菱形紋), 조수문(鳥獸紋), 어문(魚紋), 봉문(鳳紋) 등이 사용되었다. 각종 추화(錐畵)의 문양도 처음으로 발견되는데, 강릉 봉황산 168호 한묘에서 출토된 1점의 침각문양 칠렴에는 외벽과 구연부 안쪽, 내부 바닥과 뚜껑의 내측에 흑칠을 하고 괴수·조·조운문(怪獸·鳥·鳥雲紋), 능형문, 파절문, 권운문(卷雲紋), 삼각문(三角紋) 등의 도안을 침각하였다. 서한 전기에 퇴칠공예가 출현하여 장사 마왕퇴 3호묘 출토의 장방형 칠렴 1점과 원형 칠렴 1점은 운기문을 백칠로 덧칠한 다음, 다시 홍(紅), 녹(綠), 황색(黃色)으로 구름을 표현하였다. 마왕퇴 1호묘의 채색칠관에도 퇴칠방법을 사용하여 장식을 하였다. 마왕퇴 1호묘에서 출토된 구자렴(九子奩)은 금박을 붙이고, 다시 채색을 한 것으로 금은평탈공예의 초기 형태로 볼 수 있다.

서한 후기의 칠기 수공업은 전성기에 해당한다. 강소 한강 조장 101호묘 출토 칠기 131점과 양주 서한 "첩막서(妾莫書)"묘, 안휘 천장 삼각평 1호묘 출토 칠기 100여 점은 서한 후기 칠기의 발전 수준을 보여 주는 대표적 사례이다.[26] 이 시기 칠기의 종류는 주로 일상용기와 병기이며, 주로 합, 안, 기, 반, 완(碗), 이배, 준, 호, 렴, 양(量), 연(硯), 육박기반(六博棋盤), 침(枕), 호자(虎子), 순(盾), 노(弩), 궁(弓), 화살대[箭杆] 등이다. 태질(胎質)은 일부 대형 칠기가 목태인 경우를 제외하면 대부분 협저태칠기로 테두리 장식이 비교적 발달했다. 색채는 대부분 주(朱), 흑(黑), 갈(褐), 황색(黃色)이며 대부분 기물의 내벽에는 주홍칠을 기물 표면은 갈, 흑칠을 하였다. 문양 도안은 운기문, 유운문, 화염문, 매화문, 기하문과 우인(羽人), 신수(神獸), 비조(飛鳥), 영양(羚羊), 금계(錦鷄), 기린, 청룡, 백호 등의 도안이 있다. 한편 칠기에는 다양한 금속부품을 장식하였는데, 칠합의 네 모서리에 청동상감의 유정(乳釘), 완의 측면에 청동 고리, 이배의 금동 테두리, 바구니 양측에 청동 포수(鋪首), 반구(盤口)에 금동의 테두리를 장식하였다.

칠기에 금, 은박을 붙인 평탈기법이 이 시기 칠기의 대표적 특징으로 매우 성행하였다. 강소 한강 요장한묘(姚庄漢墓), 연운강한묘, 양주 서한 "첩막서"묘, 안휘 천장 삼각우한묘, 장사한묘, 산동 래서대서한묘(萊西岱墅漢墓), 광서 합포한묘(合浦漢墓), 섬서 함양 마천한묘 및 하북 만성 중산왕묘, 정현 중산왕묘, 북경 대보대 광양왕묘 등에서 모두 금은평탈 칠기가 출토되었다.[27]

이 시기에는 창금공예도 이미 출현하였다. 호북 광화의 서한 만기의 무덤에서는 2점의 칠치가 출토되었는데, 흑칠 바탕에 호(虎), 조(鳥), 토끼, 괴인(怪人) 등의 도상을 침각하고 침각한 도상선에는 금채(錦彩)를 채워

....

26) 场州博物馆, 『江苏邗江姚庄101号西汉墓』, 『文物』 1988年 第2期; 场州市博物馆, 『扬州西汉 "姜莫书" 木槨墓』, 『文物』 1980年 第12期; 安徽省文物考古研究所等, 『安徽天长县三角圩战国西汉墓出土文物』, 『文物』 1993年 第9期.

27) 广西壮族自治区文物考古工作小组, 『广西合浦西汉木槨墓』, 『考古』 1972年 第5期; 中国社会科学院考古研究所等, 『满城汉墓发掘报告』, 文物出版社 1980年版; 大葆台汉墓发掘组等, 『北京大葆台汉墓』, 文物出版社 1989年版; 咸阳市博物馆, 『陝西咸阳马泉西汉墓』, 『考古』 1979年 第2期.

넣었다.[28] 이 2점은 가장 이른 시기의 창금(戧金)칠기이다.

　동한 시기 칠기는 서한 시기에 비해 수량이 뚜렷하게 감소하였다. 현재 발견된 동한 시기 칠기는 주로 고급 귀족 관료의 무덤에서 집중적 출토되고 있다. 양주 감천산 광릉왕묘, 서주 토산 팽성왕묘, 정현 중산왕 유창묘(劉暢墓), 감숙 무위 뇌대한묘(雷臺漢墓)에서 모두 다수의 칠기가 발견되었다.[29] 고급 귀족 관료 무덤에서 출토된 칠기, 혹은 칠기편으로 볼 때, 이 시기의 칠기는 대부분 동구(銅釦), 은구(銀釦), 금동구기(釦器) 형태로 대부분 상감과 금은평탈기법으로 제작되었다. 정현 유창묘의 경우에는 금동의 청동 손잡이 형태의 이배가 90여 점 발견되었으며 많은 수의 녹송석(綠松石), 마노(瑪瑙), 진주와 금, 은박편이 발견되었다. 무위 뇌대한묘에서 출토된 동구칠준(銅釦漆樽)은 뚜껑과 기물의 몸체에 금동 장식에 구름 및 기금이수(奇禽異獸)와 사신(四神) 도안을 상감하였는데, 이는 동한 말년의 칠기 제품 가운데 정품(精品)에 속한다. 칠기의 문양 특징으로 보아 동한 전기는 서한 시기와 유사하여 대부분 도안화된 용봉문, 운기문, 화초문 도안이다. 이는 공관의 어제(御製)규범의 제약에 따른 것으로 보인다. 그러나 상제 이후 이러한 제약도 해소되어 칠공의 창작은 인물고사의 작품으로 바뀌면서 동시에 이러한 전통적 도안도 고정된 틀에서 탈피한다. 한국 평양 출토의 동한 후기 칠기는 비교적 정교한 것으로는 "신선용호화상(神仙龍虎畵像)"의 칠반, 바다거북을 상감한 칠갑(漆匣), 94인의 인물이 그려진 제왕효자(帝王孝子) 도안의 대나무 바구니 등이 있다. 이와 같이 인물고사를 제재로 하는 칠기는 삼국 시기에 더욱 유행하여, 안휘 마안산 주연묘에서 출토된 칠기 가운데 계찰괘검도(季札挂劍圖) 칠반(漆盤), 동자대곤도(童子對棍圖) 칠반, 귀족생활도 칠반, 백리해회고처(百里奚會故妻) 칠반, 궁정연

....

28)　湖北省博物館,『光化五座西汉墓』,『考古学报』1976年 第2期.

29)　南京博物院,『江苏邗江甘泉二号汉墓』,『文物』1981年 第11期;『徐州土山东汉墓清理简报』, 『文物通讯』第15期, 1977年; 定县博物馆,『河北定县43号汉墓发掘简报』,『文物』1973年 第11期; 甘肃省博物馆,『武威雷台汉墓』,『考古学报』1974年 第2期.

회도 칠안(漆案) 등이 있다. 동한 후기에서 위진 시기까지 칠기 제작기술은 일부 발전된 점은 발견되지만 대체로는 이미 칠기의 황금시대는 지나갔다고 볼 수 있다. 청자기(靑瓷器)의 출현과 더불어 칠제품(漆制品)은 서서히 자기(瓷器)로 대체되었다.

8장 한대 방직품의 발견과 연구

동주(東周) 시기에는 방직업이 매우 발전하여 양잠을 비롯한 견직기술이 이미 높은 수준에 도달하였다. 그리하여 생산규모는 확대되고, 생산품의 종류도 다양하여 진한 시기 방직업의 지속적인 발전에 물질적, 기술적 기초가 마련되었다.

진대(秦代) 방직품의 실물 자료는 발견된 사례가 매우 희소하여, 1975년 섬서성 함양 요점(窯店)에서 발견된 진대의 궁전 유적에서 일부 탄화된 견, 면직물이 발견되었다.

서한 시기의 방직품은 발견사례가 다수 확인되었으며, 장사 마왕퇴 1·3호묘(1972, 1974년)[1]와 강릉(江陵) 봉황산 167·168호묘(1975년),[2] 만성한묘(1968년),[3] 남월왕묘(1983년),[4] 대보대한묘(1974년),[5] 무위(武威) 마저자(磨咀子) 48·62호묘[6] 등의 출토사례가 대표적이다. 마왕퇴 1호묘 출토 방직품은 보존상태가 가장 양호하여, 비단복식과 물품이 30여 점 발견되었으며, 한 폭짜리 비단도 46두루마리가 발견되었다. 마왕퇴 3호묘 출토 직물은 보존상태가 일부 불량하여 형태를 확인할 수 없는 상태이다. 강릉 봉황산 167호묘의 견직물은 목관의 덮개와 관내의 수의와 침구 및 대나무 바구니에서 35두루마리의 견직물이 발견되었다. 168호묘에서는 시신이 착용한 베옷과 베신, 버선이 발견되었다. 만성한묘의 방직품은 일부 잔편들

....

1) 湖南省博物馆等, 『长沙马王堆一号汉墓』(上), 文物出版社 1973年版; 湖南省博物馆等, 『长沙马王堆二, 三号汉墓发掘简报』, 『文物』1974年 第7期.

2) 纪南城凤凰山一六八号汉墓发掘整理组, 『湖北江陵凤凰山一六八号汉墓发掘简报』, 『文物』 1975年 第9期; 凤凰山一六七号汉墓发掘整理小组, 『江陵凤凰山一六七号汉墓发掘简报』, 『文物』1976年 第10期.

3) 中国社会科学院考古研究所, 『满城汉墓发掘报告』(上), 文物出版社 1980年版.

4) 广州市文物管理委员会等, 『西汉南越王墓』(上), 文物出版社 1991年版.

5) 大葆台汉墓发掘组等, 『大葆台汉墓』, 文物出版社 1989年版.

6) 甘肃省博物馆, 『武威磨咀子三座汉墓发掘简报』, 『文物』1972年 第12期.

만이 발견되었다. 남월왕묘의 견직물은 대부분 서이실(西耳室)에서 발견되었으며 부장용으로 사용되었다. 전체 수량은 대략 백여 필에 이르며 대부분 기물포장 용도로 사용되었지만 모두 탄화 상태로 발견되었다. 대보대한묘에서는 일부 잔편만이 발견되었으며, 마저자한묘에서도 일부 잔편들이 발견되었다.

동한 시기 직물은 대부분 서북지역에서 집중적으로 발견되고 있다. 20세기 초반에서 1930년대까지 신강 액제납하(額濟納河)유역의 한대 유적과 라포뇨이(羅布淖爾)의 루란 유적에서 직물의 일부 잔편들이 발견되었다.[7] 니아 유적(1959, 1995년)[8]에서도 동한 시기의 견직물이 출토되었으며, 위리현(尉梨縣) 영반묘지(營盤墓地),[9] 낙포현(落浦縣) 산보랍묘(山普拉墓, 1983, 1984년),[10] 약강(若羌) 고대묘(高臺墓, 1980년)[11]에서도 일부 견직물과 모직물이 발견되었다. 영반 15호묘와 니아 유적의 95MN1호 묘지의 8호묘에서는 완전한 형태의 부장용 의복과 직물이 발견되었는데, 그 색채가 선명하고 출토수량도 다수이다. 내몽고에서는 찰뢰낙이묘(扎賚諾爾墓)에서도 동한 시기의 비단이 발견되었다.[12]

한대 직물의 종류는 주로 사(紗), 견(絹), 기(綺), 라(羅), 금(錦) 및 자수(刺繡) 등으로 구분할 수 있다. 사(紗)는 평문방공(平紋方孔)의 견직물로 '가사(假紗)'로도 별칭되는 것으로, 주로 씨실과 날실을 꼬아서 만든 것이다. 마왕퇴 1호묘에서 출토된 7마리 단폭의 사는 씨실과 날실이 모두 균일

....

7)   V. Sylwan: Investigation of Silk from Edson－gol and Lop－Nor, Stockholm, 1949.
8)   新疆維吾尔自治区博物館,『新疆民丰县北大沙漠中古遺址墓葬区东汉合葬墓清理简报』,『文物』1960年 第6期; 新疆文物考古研究所,『新疆民丰县尼雅遺址95MN1号墓地M8发掘简报』,『文物』2000年 第1期; 新疆楼兰考古队,『楼兰古城址调查与试掘简报』,『文物』1988年 第7期.
9)   新疆文物考古研究所,『新疆尉犁县因半古墓调查』,『文物』1994年 第10期; 新疆文物考古研究所,『新疆尉犁县营盘墓地15号墓发掘简报』,『文物』1999年 第1期.
10) 『洛浦山普拉古墓发掘报告』,『新疆文物考古新收获』, 新疆人民出版社 1995年版.
11) 武敏,『织绣』, 台湾幼狮文化事业公司 1992年版
12) 郑隆,『内蒙古扎赉诺尔古墓群调查记』,『文物』1961年 第9期.

하며, 날실의 밀도는 58~64가닥/cm이며, 씨실의 밀도는 40~58가닥/cm이다. 2점의 소사단의(素紗單衣)는 매우 가벼워서 무게가 49g이다.

견(絹)은 사용량이 많은 직물로 의복 외에도 기물의 포장 용도로 다량 사용되었다. 견의 굵기에 따라 매우 다양한 차이를 보여 준다. 마왕퇴 1호묘에서 출토된 46마리 단폭의 직물 가운데 견은 모두 22폭으로 절반을 차지하며, 날실의 밀도는 57×32가닥/cm²에서 124×56가닥/cm² 정도이다. 만성한묘와 남월왕묘에서도 밀도 200×90가닥/cm²와 320×80가닥/cm²의 세밀한 평문(平紋)직물이 출토되었다. 이와 같은 특별히 세밀한 평문직물은 문헌에서 보이는 "빙환(氷紈)"으로 추정된다. 남월왕묘에서는 연압(碾壓)을 거친 아광견(砑光絹)도 발견되었는데 표면에 "휴문(畦紋)"이 있다. 운모아광견(雲母砑光絹)은 지금까지 발견된 사례가 확인되지 않으며, 아마도 직물을 식물유에 담근 후에 운모분을 바르고 다시 연압작업을 거쳐 제작된 것으로 추정된다. 그 외 흑유견(黑油絹)은 표면에 광택이 나는 얇은 막이 있는 것으로 방수 기능을 갖추고 있어서 이를 문헌에서 언급되는 "유제장(油緹帳)"으로 추정한다.

만성한묘에서는 현대의 2/2경중평(經重平) 조직과 유사한 1cm²의 쌍실직물이 발견되었는데, 매 cm에 날실 75가닥, 씨실 30올로 이루어져 있다. 마왕퇴 1호묘에서 출토된 쌍위평열(雙緯平列)의 평문직물도 이러한 이유로 겸(縑)으로 추정하고 있다. 겸이 출현하는 연대는 이러한 이유로 동주(長沙 識字領 M345호묘 출토 직물) 시기 혹은 은대(婦好墓 출토 직물)로 추정하고 있다.

기(綺)와 라(羅)는 단색의 도안이 있는 직물이다. 마왕퇴 1호묘의 기는 평문바탕에 3상1하(三上一下)의 경사문(經斜紋)이다. 도안에는 마름모형 문양과 쌍조(雙鳥)마름모 문양의 2가지가 사용되었다(그림 27). 마름모형 문양 기의 도안은 대칭 형태이며 소기직(素機織)으로 직조하였다. 쌍조마름모 문양 기의 날과 씨의 밀도는 100×46/cm²이며, 바닥은 평문이며 도안은 3상1하의 경사문으로 도안의 순환이 비교적 크고 직제(織制)에는

그림 27 장사 마왕퇴 1호묘 출토 직물 문양

다수 날실의 상하운동을 제어하여야 하므로 제화직기(提花織機)를 사용하여야 한다. 영반 15호묘의 쌍금쌍수(雙禽雙獸)의 수면문기(獸面紋綺)의 도안 배치는 쌍조마름모 문양 기와 유사한 세로방향의 연속마름모형이다. 그 가운데 쌍금(雙禽), 쌍수(雙獸), 수면(獸面)과 격자문양을 채워 넣었으며, 씨줄과 날줄의 밀도는 62~35가닥/cm²이다.

　라(羅)의 구조적 특징은 날실을 이용하여 좌우를 바꾸어 그물코 형태로 변형한 것으로 투기성(透氣性)이 좋은 고급 직물이다. 날실의 밀도는 매 cm당 76~144가닥이며 씨실은 매 cm당 26~50가닥이다. 여러 지역에서 발견된 한대의 라는 대부분 능형(菱形) 도안으로 당시 매우 유행하였던 문양이다. 바탕문양이 대라공(大羅孔)인 경우는 네 북에 한 번 순환하며, 도안이 소라공(小羅孔)인 경우는 두 북에 한 번 순환한다. 마저자 유적 출토

라의 경우, 바닥이 2상2하(二上二下)인 것을 제외하면 마왕퇴, 만성한묘, 남월왕묘 및 니아 출토 라의 바닥은 2상3하(一上三下)이다. 마왕퇴 1호묘에서 출토된 능문(菱紋)의 라를 통해 직조할 때 조면기와 교경장비를 함께 사용하여 작업한 것으로 추정된다. 좌우 양편의 교종(絞宗)을 사용한 것 외에 제화속종(提花束綜)으로 지경(地經)의 오르내림을 제어하였다. 직조 시에는 2인이 한 조로 작업을 하였다.

금(錦)은 도드라진 무늬를 가진 직물이며 한대 견직기술이 집약적으로 반영된 것이다. 한대에는 이색금(二色錦)과 삼색금 위주이며 그 주조는 기본적으로 4매 변화조직이다. 이색금은 2개의 서로 다른 색깔의 날실을 한 조로 한 것이다. 마왕퇴 1호묘의 이색금은 은화파문공작문금(隱花波紋孔雀紋錦)과 은화화훼문금(隱花花卉紋錦)이 있으며 날실의 밀도는 각각 118×48가닥/cm², 112×45가닥/cm²이다. 인화파문공작금의 문양을 자세히 관찰해 보면 공작이 실제로는 물오리임을 확인할 수 있으며 이는 『급취편(急就篇)』의 "春草鷄翹鳬翁濯"의 묘사와 일치하는 것을 알 수 있다. 동주 시기에 유행한 문양인 날실 방향을 따른 띠 형태 배치 특징은 이 시기에 점차 소멸되고 단일도안을 날실을 따라 중복 배치하면서 도안도 크기가 작아진다. 삼색금은 3개의 서로 다른 색깔의 날실을 한 조로 하여 3가지 서로 다른 색깔의 도안을 직조한 것이다. 서한 시기의 마왕퇴 1호묘 출토 기하문금(幾何紋錦), 감지강홍문금(紺地絳紅紋錦), 향색지홍수유문금(香色地紅茱萸紋錦)은 날실의 밀도가 각각 126×48가닥/cm², 153×40가닥/cm², 156×40가닥/cm²이다. 기하문금의 문양과 동주 시기의 마산(馬山) 1호 초묘(楚墓) 출토의 대능형문금(大菱形紋錦)의 각종 소형 기하형문과 동일하며 도안 배치로 보아 서한의 기하문금에는 능형의 테두리가 존재하지 않아 도안을 분산, 정교하게 한다. 철화문금(凸花紋錦)은 다섯 가닥의 날실을 한 조로 하여 첫 번째와 네 번째 날실을 갑경화문경(甲經花紋經)으로 하고 두 번째 가닥을 을경저경(乙經底經), 세 번째와 다섯 번째 가닥을 병경지문경(丙經地紋經)으로 하여 문양이 돌출되는 효과를 만들었다.

융권금(絨圈錦)은 마왕퇴 1호묘와 봉황산 167호묘, 만성한묘, 남월왕묘, 마저자 62호묘에서도 발견된다. 이는 모두 다색의 날실과 단색의 씨실을 엮어서 제작한 것으로 직물표면의 구문(矩紋)에 입체감이 있는 둥근 융권(絨圈)으로 인해 이름이 붙여졌다.

동한 시기의 금은 타림분지 남면 일대에 가장 많이 발견되었다. 날실의 색깔은 2색, 3색인 경우와 5색 이상인 예도 발견된다. 구조는 서한 시기의 금과 동일하며 3가지 색깔 이상의 날실은 분구(分區) 배색의 방법을 사용하여 각 구(區)에 대체로 3색, 혹은 일부 2색을 사용하였으며, 대부분 백색을 사용하여 문양의 윤곽을 삼고, 문양에 길상문자(吉祥文字)를 삽입하였다. 문양의 특징은 일부 서한 시기 직금(織錦)을 계승하였는데 니아 출토의 삼색능상금(三色菱狀錦), 루란 출토의 어와문금(魚蛙紋錦)이 대표적이다. 대부분은 다양한 화초의 줄기를 뼈대로 하여, 다양한 종류의 동물문을 채워 넣은 것으로, 일부는 예서체 구성된 "만세여의(萬世如意)", "연년익수대의자손(延年益壽大宜子孫)", "장수명광(長壽明光)", "오성출동방이중국(五星出東方利中國)", "안락여의장수무극(安樂如意長壽無極)", "토남강(討南羌)" 등의 문자를 채워 넣었다. 이러한 문양은 서한 시기 자수의 특징이 전승된 것이다. 분구 배색 기술은 전국, 서한 시기의 2색에서 동한 시기의 3색으로 발전하여 직금문양은 더욱 색채가 다양화되고 크고, 다변(多變)의 형태로 보편화되어, 동주와 서한 시기 일부 길이 방향의 전폭(全幅) 형태 문양은 이 시기에 이르러 어렵지 않게 확인할 수 있다.

한대 자수품은 금과 함께 귀중한 물품으로 취급되었다. 자수품은 일반적으로 세밀하고 평평하게 고른 견을 사용하였으며 일부 라를 사용하는 사례로 있다. 자수의 침법은 쇄수(鎖繡)를 주로 사용하였다. 마왕퇴 1호묘와 봉황산 167호묘 자수품은 주로 식물의 가지와 덩굴, 꽃, 운기(雲氣) 등을 문양의 주제로 하였으며, 대표적인 것으로는 '신기수(信期繡)', '장수수(長壽繡)', '승운수(乘雲繡)' 등이 있다(그림 28). 문양의 대소와 선, 색채의 운용에서 직기의 경우와 같은 제한이 없어 더욱 회화적이며 화려하여 당

그림 28 장사 마왕퇴 1호묘 출토 직물 '승운수' 문양

시 귀족들이 서로 다투는 호사품이었다.

　　수공편직물은 주로 조대(條帶), 사(紗), 조(組)이다. 조대는 마왕퇴 1호묘에서 "천금조(千金條)", "수완조(繡綩條)"로 기록되어 있다. 천금조는 날실을 사용하여 상하 두층으로 나누어 왕복하는 것으로 겉과 속이 서로 바꾸어 가며 제작되는 것이다. 마왕퇴 1호묘, 대보대한묘(大葆臺漢墓)와 봉황산 167호묘의 조는 날실을 교차하며 제작한 두 겹의 직물이지만 겉과 속이 서로 교차하여 벌려서 통형(筒型)을 만들 수 없기 때문에 일반적으로는 매다는 띠로 사용한다. 여사(麗紗)는 마왕퇴 1호묘와 마저자 49·62호묘, 남월왕묘에서 발견되었다. 대보대의 여사는 두 가닥 실을 한 가닥으로 만들어, 다시 두 가닥의 날실을 서로 수직으로 교차하여 짠 것으로 속에 다시 칠막(漆膜)을 하였다.

　　한대의 삼베는 마왕퇴 1호묘, 봉황산 168호묘와 남월왕묘에서 발견되었으며 모두 저마(苧麻)를 사용하여 상당한 강도를 가지고 있다. 마왕퇴 1호묘에서 가장 가는 삼베의 밀도는 1cm당 37가닥이며 대략 전체 23되[升]

이며, 『예기·간전(禮記·間傳)』에 기재된 상복용 삼베보다도 세밀하다.

한대의 의복은 주로 마왕퇴 1호묘와 신강(新疆)의 니아, 영반 유적에서 발견되었다. 마왕퇴 1호묘에서는 금포(錦袍) 11점, 단의(單衣) 3점, 단군(單裙) 2점이 출토되었다. 의(衣), 포(袍)는 모두 우임(右衽)이며 목덜미는 삼각형으로 윗깃은 직거(直裾)와 곡거(曲裾)의 2가지로 구분된다. 곡거포의 옷깃은 겨드랑이까지 내려오며 뒤쪽으로 휘감는데 이는 양웅(揚雄)의 『방언(方言)』에서 언급하고 있는 "요금위지군(繞衿謂之裙)"에 해당한다. 당시에는 옷깃을 뒤로 휘감은 것은 "군(裙)"으로 불렀다. 옷감은 대부분 나기(羅綺), 사(紗), 수견(繡絹)을 사용하였으며 포의 안쪽은 모두 견(絹)을 사용하였다. 니아와 영반에서 발견된 포는 각각 "만세여의(萬世如意)"금(錦)과 견(絹)을 옷감으로 사용하였으며 원령(圓領), 우임, 직거이며, 아래로 넓어져 군과 유사하여 양식에서 중원지역과 분명한 차이를 보이고 있다.

한대의 날염직물은 매우 풍부하다. 마왕퇴한묘의 실물분석과 연구를 통해 사용한 염료는 식물과 광물의 두 가지로 확인되었다. 식물염료는 천초(茜草, 홍색), 치자(梔子, 황색), 전람(靛藍, 남색), 탄흑(炭黑, 흑색) 등이 사용되었다. 광물염료에는 주사(홍색), 견운모(분백색), 황화아연과 황화수은의 혼합물(은회색)이 사용되었다. 무덤에서 출토된 각종 색상의 비단 제품으로 보아 앞서 언급한 안료들은 도염(涂染), 침염(浸染), 투염(套染)과 매염(媒染)의 방식으로 직물에 착색하였으며 당시에는 이미 체계적으로 비단의 염색기술이 사용되었던 것으로 추정된다.

마저자 48호묘, 마왕퇴 1호묘(그림 29)와 남월왕묘에서는 모두 인화사(印花紗)의 실물이 발견되었다. 출토된 인화사는 모두 5종으로 문양은 대체로 유사하지만 색깔은 서로 다르다. 금은 인화사의 가공기술에 대한 분석을 통해 3개의 인쇄판으로 인쇄되었으며, 인화채색은 고료(塗料)인화와 수공회채(手工繪彩)를 결합한 것이다. 남월왕묘에서 발견된 2점의 청동인화철판(靑銅印花凸板)은 도안에서 마왕퇴 1호묘 출토 금은인화사와 유사

그림 29 장사 마왕퇴 1호묘 출토 인화직물 문양

하며 크기에서 약간 크다. 남월왕묘에서 출토된 인화사는 이러한 철판으로 인쇄된 것이다.

한대 직기에 대한 연구가 20세기 방직기술사의 핵심적 부분이다. 동한 시기 화상석에 여러 차례 방직과 방직기의 도상이 발견되고 있으며 현재까지 모두 18개의 화상석에서 확인되고 있다. 산동에서 9곳, 강소 6곳, 안휘 1곳, 사천 2곳, 길림 1곳이며 특히 용양점(龍陽店), 홍루촌(洪樓村), 청천산(淸泉山), 조장(曺莊), 저란(褚蘭), 증가포(曾家包)의 화상석은 매우 중요하다.[13] 해외에서는 중국에서 출토된 직기 모형의 시유도기가 확인되었다.[14] 증가포를 제외한 가타 화상석의 도상의 직기는 사직기(斜織器)이며 직기의 틀과 발판은 확인되지만 세부는 분명하게 확인되지 않는다. 발판과 '마두(馬頭)'의 관계, '활사목(豁絲木)'의 위치 등이 명확하게 확인되지 않고 있다. 지금까지 연구를 통해 몇 가지의 서로 다른 복원 방안이

....

13) 『山东汉画像石选集』, 图258, 275; 段拭, 『江苏铜山洪楼东汉墓出土纺织画像石』, 『文物』 1962年 第3期; 王黎琳, 武利华, 『江苏铜山县青山泉的纺织画像石』, 『文物』 1980年 第2期; 江苏省泗洪县文化馆, 『泗洪县曹庄发现一批汉画像石』, 『文物』 1975年 第3期; 『安徽文物考古工作新收获』, 『文物考古工作三十年』, 文物出版社 1979年版; 成都市文物管理处, 『四川成都曾家包东汉画像砖石墓』, 『文物』 1981年 第10期.

14) 赵丰, 『汉代踏板织机的复原研究』, 『文物』 1996年 第5期.

제시되었다.[15)

하내(夏鼐)에 의해 복원된 직기에는 경축(經軸), 포축(布軸), 분경목(分經木), 종편(綜片)과 2개의 발판으로 구성되어 있다. 이러한 형태의 직기는 수동으로 베틀의 바디와 북을 조작하고 발판으로 종사(綜絲)를 제어하는 방식이다. 이러한 간단한 형태의 직기로는 나(羅), 기(綺), 금(錦) 등의 복잡한 구조는 직조하기 어려울 것으로 판단된다. 서방 학자 부르한(H. B. Burhan)은 한대 제화(提花)직물은 일반 직기에서 십자수 봉(棒)을 사용하여 도안을 제작하였다는 의견을 제시하였다.[16) 최근 강릉 마산 1호 초묘(楚墓)에서 출토된 무인동물문금(舞人動物紋錦)에서 확인된 10여 m의 착종(錯綜) 문양에 대한 연구를 통해 10조(組) 날실 자카드로 인한 결함임이 확인되었다. 만약 수공의 날실을 들어 올려 씨실에 집어넣어 직조하였다면 직공은 문양의 오류를 쉽게 발견하여 수정할 수 있었을 것이므로 상술한 경우와 같은 실수는 발생하지 않았을 것이다. 이와 같은 현상은 당시에 이미 속종(束綜) 자카드 직기를 사용하여 직조하였음을 보여 준다.[17)

한대 견직물은 중국 이외 지역에서도 다수 발견되고 있다. 몽고(蒙古) 락음오랍(諾音烏拉)의 흉노무덤에서 "신신영광성수만년(新神靈廣成壽萬年)"금(錦), "군곡송창만세의자손(群鵠頌昌萬蔵宜子孫)"금, "유성군수여의(游成君守如意)"금, 산석수조문금(山石樹鳥紋錦)이 발견되었으며, 시리아의 파르미라 고묘(古墓)에서도 한자 명문의 금이 발견되었다. 이는 중국 경내에서 발견된 같은 종류의 직물조직 구조와 직조방법 및 문양에서도 동일하거나 유사성을 보여 주고 있어 원산지는 중국으로 추정된다. 중국 신강 경내에서는 다수의 모직물이 발견되었다. 특히 산보랍(山普拉) 1·2호

....

15) 宋伯胤, 黎忠义, 『从汉画像石探索汉代织机构造』, 『文物』1962年 第3期; 夏鼐, 『我国古代蚕, 桑, 丝, 绸的历史』, 『考古』1972年 第2期; 『汉画像石上的纺织图释』, 『丝绸史研究』1986年 第2期.

16) 夏鼐, 『中国文明的起源』第55页, 文物出版社 1985年版.

17) 彭浩, 『楚人的纺织与服饰』, 湖北教育出版社 1996年版.

묘에서는 자수 모직물이 발견되었는데 하나는 화변(花邊), 하나는 걸개의 잔편으로 추정된다. 출토된 모직물의 마인문(馬人紋)은 희랍신화의 특징을 보여 주고 있으며, 인면문(人面紋)은 중앙아시아 민족의 특징을 보여 준다. 이러한 자수 모직물은 대부분 중앙아시아 일대의 생산품으로 중국 내지의 비단과 중앙아시아 생산의 모직물이 실크로드에 함께 발견되는 것은 당시의 상업무역과 교류의 빈번함을 보여 준다.

9장 한대 변새 유적 및 간독의 발견과 연구

19세기 말에서 20세기 초에 이루어진 3대 발견이 중국 현대 고고학의 탄생을 직접적으로 촉진하였다. 한대 변새(邊塞) 유적에서 출토된 한간(漢簡)은 이 3대 발견 가운데 하나이다.[1] 이를 계기로 서방의 고고탐험대는 신강(新疆), 감숙(甘肅)을 경유하는 보물찾기에 나섰으며, 이 과정에서 한대 변새 유적에서는 수만 점의 한간이 출토되었다. 1970년대에 들어와서 중국학자들도 돈황(敦煌)과 거연(居延)에서 중요한 발견들을 진행하면서 변새고고학(邊塞考古學)과 간독학(簡牘學) 연구를 촉진하였다. 전체적으로 중국 서북지역의 한대 변새고고학사는 대체로 2개의 주요 발전 단계로 구분할 수 있다.

1. 제1단계(1906~1949년)의 발견

1) 스타인의 발견

20세기 초 영국의 고고학자 스타인은 중앙아시아에서 4차례의 대규모 탐험조사를 진행하였다. 스타인은 제2차 중앙아시아 조사(1906~1908년)에서 신강을 경유하여 감숙 서부로 진입하였다. 그는 신강의 타클라마칸 사막 오지의 니아(尼雅) 유적에 대한 발굴을 진행하여 N.XIV호 유적에서 12매의 한간을 발견하였다. 이후 루란(樓蘭), 돈황 등지를 계속적으로 조사하였다. 돈황 서북의 소근하(疏勒河)유역 조사에서 처음으로 한대 장성의 변새 유적을 발견하여 모두 705매의 한간을 발굴하였다. 1907년 2월 스타인은 감숙의 주천(酒泉)에 도달하여 한대 변새를 조사하고 북대하(北大河)

....

1) 这三大发现分别为 1898年 发现殷墟甲骨文, 1900年 发现敦煌文书以及 1906~1908年 在新疆尼雅和甘肃敦煌汉长城遗址发现汉晋木简残纸.

연안의 한대 봉수에서 한간을 발견하였다. 한대 장성 변새와 한간은 이러한 과정에서 발견되었다.

스타인은 제3차 중앙아시아 조사(1913~1915년)에서 다시 돈황의 한대 장성 유적에서 84매의 한간을 발굴하고 주천의 한대 변새 유적에서 다시 105매의 한간을 발견하였다. 스타인이 돈황 서북 변새에서 발견한 한간은 실제로는 한대의 돈황과 주천의 2곳에서 발굴한 것으로 학계에서는 이를 '돈황한간'이라 부르고 있다. 니아와 돈황의 한간은 현재 영국 대영도서관 동방사본(東方寫本)과 인본부(印本部)에 소장되어 있다. 이러한 발굴 상황들은 스타인의 『서역고고기(西域考古記)』와 『아주복지(亞洲腹地)』의 보고서에 기록되어 있다.[2] 스타인은 서역에서 출토된 한어문서를 프랑스의 한학가(漢學家) 샤반느에 의뢰하여 연구를 진행하였다. 1913년 샤반느는 이러한 연구결과를 『스타인이 동돌궐 스탄 사막에서 발견한 한어문서』로 출판하였다.[3] 이에 앞서 왕국유는 『간독검서고(簡牘檢署考)』를 작성하여 샤반느에게 전달하기도 하였다. 샤반느는 출판한 자신의 저서를 나진옥과 왕국유에게 보냈으며, 두 사람은 공동으로 『유사추간(流沙墜簡)』(東山學社, 1914년판)을 출판하였다. 이후에 다시 증정본(1934년)을 통해 샤반느의 여러 오류들을 교정하였다. 왕국유는 근대 중국 간독학 연구의 창시자로 높은 평가를 받고 있으며, 그의 저서는 현재까지 학술계의 경전으로 평가받고 있다.[4]

1917년 샤반느의 사망으로, 스타인은 3차 조사에서 획득한 한문사본

....

2) M. A. Stein, *Serindia*, 3 vols., Oxford, 1921; Innermost Asia, 4 vols.; Oxford, 1928. 关于斯坦因考察敦煌和酒泉边塞遗址的情况, 可参见林梅村, 李均明编, 『疏勒河流域出土汉简』, 文物出版社 1984年版.

3) E. Chavannes, *Les documents chinois découverts par Aurel Stein dans les sable du Turkestan oriental*, Oxford, 1913.

4) 1922年, 鲁迅在『热风·不懂的音译』中: "中国有一部『流沙缀简』, 印了将有十年了. 要谈国学, 那才可以算是一种研究国学的书. 开首有一篇长序, 是王国维先生做的, 要谈国学, 他才可以算一个研究国学的人物."

의 연구를 샤반느의 제자인 마스페로에게 위탁하여 진행하였다. 제2차 세계대전으로 인해 연구성과는 1953년 파리에서 발표되었으며, 『스타인의 제3차 중앙아시아 조사에서 획득한 한문문서』라는 제목으로 출간되었다.[5) 중국학자 장봉(張鳳)은 마스페르를 통해 문서의 사진과 출토지점의 번호를 얻어서 1931년 『한진서수목간회편(漢晋西陲木簡匯編)』 상·하편을 출판하였다. 이 책의 상편은 샤반느에 의해 이미 간행된 자료이며, 하편은 마스페로의 미간행 자료로 이루어져 있다. 마스페로는 스타인의 수집품 가운데 비교적 완전한 문서만을 연구하였으며 사진도 완벽하지 않았다. 장풍의 저작에는 마스페로가 발표하지 않은 많은 사진이 실려 있다. 1989년 난주대학 곽봉(郭峰)은 대영도서관에서 이러한 문서 잔편에 대해 조사를 진행하여 『스타인 제3차 중앙아시아 조사에서 획득한 감숙 신강 출토 한문문서—마스페르 미간행 부분』(감숙인민출판사, 1993년판)을 출판하였다. 이를 통해 돈황 한대 봉수에서 출토된 전건(殘簡) 일부가 소개되었다.

1930~1931년 스타인은 미국 하버드대학 연경학사의 요청으로 제4차 중앙아시아조사단을 조직하였으나, 현지 발굴은 신강지방정부 감독인의 감시로 많은 제약을 받았다.[6) 하지만 니아 유적에서는 대규모 발굴을 진행하여 N.II와 N.XIV지점에서 서한 시기에서 신망 연간의 한간을 발견하였다.[7) 그러나 스타인은 출토 유물의 사진 자료만을 촬영할 수밖에 없었으며, 니아 한간은 현재 영국 대영도서관 동방사본과 인본부에 소장되어 있다.[8) 1998년 『대영도서관관간(大英圖書館館刊)』에 해당 니아 한간의 사진

....

5) H. Maspero, *Les documents chinois de la troisième expédition de Sir Aurel Stein en Asie Centrale*, London, 1953.

6) Jeannette Mirsky, *Sir Aurel Stein Archaeological Exploer*, Chicago University Press, 1977; 中译本参见田卫疆等译, 『斯坦因考古与探险』, 新疆美术摄影出版社 1992年版, 第459~463页.

7) 张力, 于江, 『斯坦因第四次人新简述』, 『新疆文物』1992年 第4期; 王冀青, 『奥莱尔·斯坦因爵士第四次中亚细亚考察』, 『敦煌学辑刊』1993年 第1期; 冯锡时, 『法显西行路线考辨』, 『西域考察与研究』, 新疆人民出版社 1994年版.

8) 王冀青, 『斯坦因第四次中亚考察所获汉文文书』, 『敦煌吐鲁番研究』第三卷, 1998年.

자료가 발표되었다.[9] 왕기청(王冀靑), 임매촌(林梅村)은 발표된 자료를 분석하여 니아 한간의 연대와 내용에 대해 발표하였다.[10]

2) 주병남의 발견

청대 중·후기 서북지역에서는 여지학(輿地學)이 발달하였다. 이로 인해 국내에서도 서북지역의 역사문화와 서역문물에 대한 관심이 새롭게 일어났다. 1920년 주병남(周炳南)은 돈황 서북의 옥문관성(玉門關城, 小方盤城)을 여행하면서 부근 사막에서 17매의 한간을 수집하였다. 이들 가운데 1매는 동한 원가 2년(152년)의 한간이다. 이 유물은 1950년대 국가에 귀속되어 돈황연구원에 소장되어 있다.[11] 이균명(李均明)과 하쌍전(河雙全)의 번역문이 『산견간독합집(散見簡牘合輯)』(문물출판사, 1990년)에 수록되어 출판되었다.

3) 중국–스웨덴 서북과학고찰단의 발견

1927년 스웨덴의 탐험가 헤딘은 중국 학술단체와 공동으로 서북과학고찰단을 조직하여 국제 합작으로 내몽고, 감숙, 신강에서 고고학 조사를 비롯한 다양한 분야의 종합조사를 진행하였다. 고고학 발굴조사는 중국 북경대학의 황문필(黃文弼)이 담당하였다. 1930년 황문필은 내몽고 액제납기(額濟納旗) 한대 변새 유적에서 한간을 발굴하였다. 2월에는 신강 라포박(羅布泊) 북안의 한대 봉수 유적인 토은(土垠) 유적을 발굴하여 17매의 한

....

9) Wang Jiqing, "photographs in the British Library of Documents and Manuscripts from Sir Aurel Stein's Fourth Central Asian Expedition", *the British Library Journal*, vol. 24, no. 1, spring 1998, plates in pp. 40~41, 51, 62.

10) 王冀靑, 『关于斯坦因第四次中亚考察所发现的文物』, 『九州学刊』 第6卷 第4期, 1995年; 林梅村, 『汉代精绝国与尼雅遗址』, 『文物』 1996年 第12期; 『尼雅汉简中有关西汉与大月氏关系的重要史料』, 『九州』 第1辑, 中国环境科学出版社 1997年版. 后两文收入 『汉唐西域与中国文明』, 文物出版社 1998年版. 林梅村, 『尼雅汉简综考―兼论汉文化在西域的最初传播』, 『"作为文化制度的中国古典" 国际学术研讨会论文集』, 京都大学, 2000年.

11) 初师宾, 『关于敦煌文物研究所藏的一组汉简』, 『敦煌研究』 1985年 第3期.

간을 발견하였다. 1948년 황문필은 『라포뇨이고고기(羅布淖爾考古記)』(국립북경대학출판부, 1948년판)를 출간하여 발견 한간에 대한 상세한 소개와 함께 자료를 공표하였다. 거연(居延) 한간도 서북과학고찰단이 발견한 것으로 발굴작업은 스웨덴 측의 버그만이 담당하였다. 버그만(Bergman)은 1930~1931년 내몽고 거연지구 액제납하(額濟納河)유역의 한대 봉수 유적에서 고고학 조사를 진행하여 1만여 점의 한간을 발굴하였다. 이를 현재 "거연한간(居延漢簡)"이라 지칭한다. 이 한간은 30여 개의 서로 다른 지점에서 출토된 것으로 파성자(破城子) 유적(甲渠候官治所)에서 5,200매, 홍성자(紅城子) 유적에서 3,500여 매가 출토되었다. 버그만이 조사한 한대 변새 유적은 현재의 내몽고 액제납기와 감숙 금탑현(金塔縣)에 해당한다. 그는 조사과정에서 과거 스타인에 의해 조사된 주천 북대하의 한대 변새 유적에 대해서도 조사를 진행하였다. 이러한 이유로 그가 거연한간으로 발표한 여러 매의 한간은 실제 거연 변새에서 채집된 것이 아니라 주천군 동부 도위 관할의 변새에서 수집된 것이다.[12]

서북과학고찰단의 최초 보고서는 버그만의 『몽신고고기행(蒙新考古紀行)』으로 소개되었으며, 이후 정식보고서는 버그만의 기록을 정리하여 『내몽고액제납하유역고고보고』로 출간되었다.[13]

거연 발굴조사 이후 버그만은 2년에 걸쳐 북경에 체류하면서 조사 수집된 유물에 대한 정리작업을 진행하였다. 북경대학의 부진륜(傅振倫)과 부명덕(傅明德)이 한간의 번호등기, 마형(馬衡)과 유복(劉復)이 한간문자의 고증과 해석을 담당하였다. 스웨덴의 베른하르트 칼그렌과 프랑스의 펠리오도 정리작업에 공동으로 참여하였다. 1934년 노간(勞幹), 하창군(賀昌

....

12) 林梅村, 李均明编, 『疏勒河流域出土汉简』第9页, 31~32页, 文物出版社 1984年版.
13) F. Bergman, *Travels and Archaeological Field–Work in Mongolia and Sinkiang*, Stockholm, 1945; B. Sommarstrom, *Archaeological Researches in the Edsen–gol Region, Inner Mongolia*, 2 vols., Stockholm, 1965~1958, 关于伯格曼考察居延汉代边塞的情况, 参见 陈梦家, 『汉简考述』, 『考古学报』 1963年 第1期, 收人 『汉简缀述』, 中华书局 1980年版.

群), 여손(余遜), 향달(向達) 등의 학자들도 정리에 참가하였으며, 최종 원고는 노간에 의해 출판되었다.[14) 최초의 판본은 1936년 청사진으로 인화한 '쇄남본(晒藍本)'이며, 정식출판물은 『거연한간고석·석문지부(居延漢簡考釋·釋文之部)』(四川南溪石印本, 1943년) 4책이다. 다음해 노간은 『거연한간고석·고증지부(居延漢簡考釋·考證之部)』 2권을 정리 출판하였다. 거연한간은 이후 미국을 거쳐 현재는 대만의 중앙연구원 역사어언연구소에 소장되어 있다. 이 과정에서 거연한간의 일부는 미국 국회도서관에 보관중이다.[15)

4) 서북과학고찰단의 발견

1944~1945년 중앙연구원, 중앙박물원, 북경대학문과연구소 연합으로 서북과학고찰단을 조직하여 정식으로 하서주랑(河西走廊)지역에 대한 정식 조사를 시작하였다. 이 조사단 역사고고조(歷史考古組)의 하내(夏鼐)와 염문유(閻文儒)는 돈황 소방반성 동쪽의 동한 시기 변새 유적을 조사하고 48매의 한간을 수립하였다. 이 돈황한간은 대만으로 옮겨져 현재는 대북(臺北)도서관에 보관되어 있다.[16) 1948년 하내는 한간을 고증, 해석(考釋)하여 원본 사진과 함께 『새로 획득된 돈황한간(新獲之敦煌漢簡)』으로 출판하였다.[17) 염문유는 『하서고고잡기(河西考古雜記)』에서 유적조사와 한간 출토 상황을 소개하였다. 서북과학고찰단은 중국학자에 의해 단독으로 진행된 최초의 서북조사이다.

....

14) 『中瑞西北科学考古团大事记』, 『开创中外科技合作的先驱』, 中国科学技术出版社 1991年版 참조.
15) 大庭修, 『美国所存的居延汉简始末』, 收入 『汉简研究』, 同朋舍, 1992年. ·
16) 吳初驤等编, 『敦煌汉简释文』 第2页, 甘肃人民出版社 1991年版.
17) 收入夏鼐, 『考古学论文集』, 科学版社 1961年版.

2. 제2단계(1949년에서 현재까지)의 발견

1950년대부터 신강, 내몽고, 감숙의 문물관리위원회에 의해 서역 둔수(屯戍)와 서북 한대 변새 유적에 대한 관리가 이루어졌다. 1959년 감숙성박물관은 무위현 마저자(馬咀子) 6호 한묘의 발굴과정에서 『의례(儀禮)』 간책(簡冊) 9권과 기타 잡간(雜簡) 504점이 발견하였다. 이후 마저자 18호 한묘에서 『왕장십간(王杖十簡)』이 발견되었다. 과거 서북지역에서 출토된 한간은 대부분 한대 변새와 서역 둔수 관련 문서 자료들이며, 고대서적류의 간독 발견은 매우 드물었다. 무위 한간은 모두 고서이며 출토된 한간은 중국 고고학뿐만 아니라 중국문화사 연구에도 매우 중요한 의의를 가진다. 이 자료들은 중국사회과학원과 감숙성박물관에 공동으로 정리하여 『무위한간(武威漢簡)』(문물출판사, 1964년판)으로 출판되었다. 1963년부터 내몽고문물공작대는 거연지역 조사를 정식으로 시작하였다. 이후 1970년대에 들어서면서 변새 유적에 대한 관심으로 새로운 주목을 받고 있으며, 내몽고 거연, 감숙 돈황 등지에서는 새로운 발견이 지속적으로 이루어지고 있다.

1) 거연한간의 신발견

감숙성박물관의 거연한간고고대는 1972년부터 액제납하유역의 한대 봉수 유적에 대한 재조사를 진행하였다. 1988년 거연한대 변새 유적은 국무원에 의해 전국중점문물보호단위로 지정되었다.

1973년부터 감숙성박물관과 거연한간고고대는 파성자(破城子) 갑거후관치소(甲渠候官治所, A8), 보격도갑거제사수(保格都甲渠第四燧, P1)와 견수금관(肩水金關, A32) 3곳에 대한 대규모 발굴조사를 진행하였다. 1982년까지 감숙성 문물고고공작대에 의해 거연에서 채집 발굴 출토된 간독은 모두 2만여 매에 이른다. 이들 간독은 70여 부의 완전한 간책을 포함하고 있다. 이들 간독은 감숙성박물관에 소장되어 있으며, 보통 '거연신간(居延

新簡)'으로 불린다.[18] 감숙성박물관은 먼저 갑거후관(甲渠候官)과 갑거제4수(甲渠第4燧)에서 출토된 8,200여 매 한간을 정리하여 『거연신간-갑거후관여제사수(居延新簡-甲渠候官與第四燧)』(문물출판사, 1990년판)으로 출판하였다. 출토 한간의 도판은 감숙성 문물고고연구소에 의해 『거연한간-갑거후관』(중화서국, 1994년판)으로 출판되었다. 견수금관에서 출토된 한간은 현재 정리중이다.

1982~1983년 감숙성 문물공작대와 내몽고 문물공작대, 중국사회과학원 고고연구소 내몽고 문물고고대는 거연지구의 한대 변새, 봉수에 대한 고고학 조사를 진행하였다. 감숙성문 물공작대는 거연 파성자에서 모두 22매의 한진(漢晉) 시기 간독을 발견하였으며 그 가운데 1매는 서진 태강 원년(280년)의 기년간(紀年簡)이다.[19]

1999년 10월 내몽고 문물고고연구소는 문물보호방안을 제정하기 위하여 거연 변새 유적에 대한 고고학 재조사를 진행하여 갑거후관 제16수에서 한간 백여 매를 발굴하였다. 한간의 연대는 대체로 선제(宣帝)에서 왕망 시기에 해당한다.[20]

2) 돈황한간의 신발견

1977년 8월 감숙성 가욕관(嘉峪關) 문물보관소는 옥문화해농장 부근의 한대 봉수 유적에서 91매의 한간을 채집하였다. 한간은 현재 가욕관 장성박물관에 소장되어 있다. 이 한간은 한대 주천군 북부도위 관할 금수의 공문서이다.[21] 감숙성과 돈황의 지방문물관리기관은 여러 차례 감숙 서부의 한

....

18) 甘肅省文物工作队,『额济纳河下游汉代烽燧遗址调查报告』,『汉简研究文集』, 甘肃人民出版社 1984年版; 甘肃居延考古队,『居延汉代遗址的发掘和新出土的简册文物』,『文物』1978年第1期.

19) 甘肃省文物考古研究所编,『秦汉简牍论文集』第284页, 注1, 甘肃人民出版社 1989年版.

20) 『内蒙古居延遗址出土百余枚汉简』,『西安晚报』2000年 1月 31日 参照. 有些情况承蒙魏坚先生面告, 谨致谢忱.

21) 嘉峪关文物保管所,『玉门花海汉代烽燧遗址出土的简牍』, 收人『汉简研究文集』, 甘肃人民

대 변새 유적에 대한 문물조사를 실시하였다. 다음의 5차례 조사에서 중요한 발견이 이루어졌다.

1979년 6월 감숙성 문물공작대는 돈황을 시작으로 하서지역의 한새에 대한 전면적인 조사를 진행하였다. 돈황 소방반성 서쪽 11km의 마권만(馬圈灣) 조사에서 한대 봉수 유적을 발견하였다. 이 유적은 스타인의 번호 T.11과 T.12a 사이에 위치한다. 같은 해 9월 감숙성 고고대는 정식발굴을 시작하여 1,217매의 한간을 발견하였다. 이 한간은 현재 감숙성 문물고고연구소에 소장되어 있으며 한간의 사진과 석문은 『돈황한간(敦煌漢簡)』(중화서국, 1991년판)에 수록되어 있다.[22]

1981년 돈황시박물관은 돈황 서북 소유토(酥油兎)의 한대 봉수 유적에서 76매의 한간을 수집하였다. 한간은 현재 돈황시박물관에 소장되어 있다. 고고간보와 한간의 석문은 『한간연구문집(漢簡研究文集)』(감숙인민출판사, 1984년판)에 수록되어 있다.

1986년 1988년 사이에 돈황시박물관은 지표조사에서 돈황 서북의 한대 변새 유적에서 한간 137매를 수집하였다. 한간은 돈황시박물관에 소장되어 있다. 한간의 출토지점은 한대 돈황군 옥문도위와 중부도위 및 의화도위(宜禾都尉)에 속한다. 조사 내용과 한간 석문은 『돈황한간석문(敦煌漢簡釋文)』(감숙인민출판사, 1991년판)에 수록되어 있다.

1990~1992년 감숙성 고고연구소는 하서주랑 서부의 안서-돈황도로 동남에서 한대 유적을 발굴하여, 모두 2만 5,000점의 한간과 종이문서를 발견하였다. 그 가운데 완전한 형태의 부책(簿冊)이 50여 책이다. 발굴조사된 한대 건축군과 장성 봉수 유적은 한대 돈황군 효곡현(效谷縣) 현천치(懸泉置) 유적으로 후세의 역참(驛站)에 해당한다. 한간은 주로 현천치 동남의 초기 창지(倉址)의 폐기물에서 발견되었다. 가장 이른 시기의 것은

....
出版社 1984年版.
22) 甘肅省博物馆, 敦煌文化馆, 『敦煌马圈湾汉代烽燧遗址发掘简报』, 『文物』1981年 第10期.

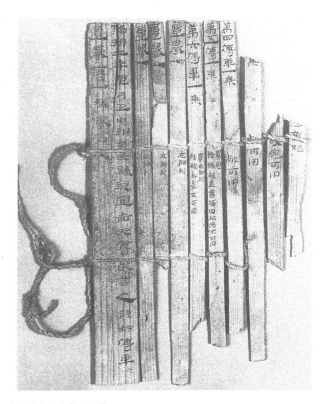

그림 30 돈황 현천치 유적 출토 부책

서한 무제 원정(元鼎) 6년(111년)이며, 가장 늦은 시기의 것은 동한 안제 (安帝) 영초(永初) 원년(107년)이다(그림 30). 위진 시기에 폐기되어 현천 치는 봉수로 사용되었다.[23] 이 발굴에서 주목되는 것은 퇴적물에서 다수의 한대 종이와 기년간이 함께 출토되었다는 점이다. 이는 종이의 발명 연대 에 대한 중요한 고고학적 근거를 제공한다. 출토 유물은 현재 감숙성 문물 고고연구소에 소장되어 있으며, 정식보고서는 아직 출판되지 않았다.[24]

········

23) 甘肅省文物考古研究所, 『甘肅敦煌汉代悬泉置遗址发掘简报』, 『敦煌悬泉汉简内容概述』, 『敦煌悬泉汉简释文选』, 并见 『文物』 2000年 第5期. 本文所引敦煌新简均据此文, 恕不一一 出注.

24) 『汉悬泉置遗址发掘获重大收获』, 『中国文物报』 1992年 1月 5日 참조; 何双全, 『敦煌悬泉置 和汉简文书的特征』, 收入大庭修主编: 『汉简研究的现状与瞻望』, 关西大学出版部, 1993年; 何双全, 孟力, 『甘肃出土简牍文献大观』, 收入国家古籍整理出版规划小组办公室编: 『古籍整

3) 서역한간의 신발견

1963년 진몽가(陳夢家)에 의해 '서역한간(西域漢簡)'의 개념이 처음 제시되었다. 과거 서역한간은 황문필이 라포박(羅布泊) 북안에서 발견한 루란(樓蘭) 한간이 이에 해당하였다. 최근에는 우전한간(于闐漢簡)의 출현과 니아한간(尼雅漢簡)의 발견으로 서역한간의 내용은 더욱 풍부해졌다. 1983년 신강박물관 문물조사대는 낙포현 산보랍(山普拉)에서 묘지를 발굴하였다. 2기의 무덤에서 여러 매의 한간이 출토되었다. 출토 한간 1점은 밀봉한 입구에서 "□소명□(□小名□)"이 확인되었다. 탄소연대측정에 의하면 이 무덤의 연대는 지금부터 2,085±80년(교정연대)으로 서한 시기에 해당한다.[25] 이는 현재까지 발견된 한간 가운데 가장 서쪽 지점에서 발견된 한간이다.

1993년 중일연합 니아 유적조사대는 타클라마칸 사막의 니아 유적을 조사하였다. 이 조사에서 2매의 한간이 발견되었다.[26] 출토지점은 스타인의 번호 N.XIV유적에 해당한다. 이 가운데 한간 1매는 한대 자서(字書) 『창힐편(蒼頡編)』의 잔문(殘文)이다.[27] 함께 출토된 다른 1매의 한간은 서한 척독(尺牘)제도를 채용하고 있다. 그러므로 발견된 니아 한간은 서한시기로 추정된다.

과거 스타인이 N.XIV 유적에서 두 차례에 걸쳐 발견한 한간은 그 연대와 관련하여 학계에는 3가지 서로 다른 의견이 있다. 샤반느는 니아 유적에서 출토된 예서(隸書)목간을 모두 진간(晉簡)으로 이해하였다. 나진옥과 왕국유는 서법(書法)에 근거하여 한말(漢末)로 추정하였다. 1962년 중국역사박물관의 사수청(史樹靑)은 한대 고고학의 새로운 자료들에 근거하

········

　　理出版情況简报』1994年 第10期; 何双全,『敦煌新出简牍辑录』, 收人李学勤主编:『简帛研究』第1辑 第228~232页.

25) 王博等,『洛浦县山普拉古墓发掘报告』,『新疆文物』1989年 第2期.

26) 林永建等著,『梦幻尼雅』第99页图版, 民族出版社 1995年版.

27) 王樾,『略说尼雅发现的 "苍頡篇" 汉简』,『西域研究』1998年 第4期.

여 상기한 예서목간이 서한 혹은 신망 간(簡)의 서법과 유사하다는 의견을 제출하였다. 즉 서한 후기 장사 유교묘(劉驕墓)에서 출토된 "피강함(被絳函)"과 비교해 보면, 양자 간의 서체의 유사성뿐만 아니라 기능의 동일함을 발견할 수 있다.[28] 스타인이 니아 유적에서 발견한 두 번째 한간이 최근 대영도서관에서 공개되었는데, 대부분이 서한 시기에서 신망 시기의 한간이다. 이는 사수청의 견해가 정확함을 보여 주는 중요한 증거이다. 다만 니아 유적의 예서간(隷書簡)에서는 "왕(王)"을 언급하고 있는데 연대는 서한 시기로 추정된다. 그 이유로는 왕망 연간의 서역 제왕은 모두 "후(侯)"로 지칭되었기 때문이다.

3. 중국 서북지구 출토 한간의 연구

중국 서북지역 출토 한간의 연구사는 2단계로 나눌 수 있다. 제1단계의 연구는 주로 중국과 프랑스 양국 학자들에 의해 진행되었다. 이 시기 프랑스의 샤반느, 마스페로와 중국학자 나진옥, 왕국유, 장봉, 로간, 황문필과 하내는 한간 연구에 중요한 공헌을 하였다. 앞서 언급한 한간 관련 전문 저작 외에도 진직(陳直)의 『목간고략(木簡考略)』(석인본, 1932년)과 『한위목간고략(漢魏木簡考略)』(석인본, 1934년) 및 진방복(陳邦福)의 『한위목간의증(漢魏木簡義證)』(十圈本, 1931년)은 중요한 학술적 성과로 주목된다. 제2단계의 연구는 대륙, 대만, 영국, 일본학자들에 의해 진행되었다.

현대 유럽의 한학자 대부분이 주로 중국 근현대사 분야의 연구에 집중하는 것을 보면 프랑스 한학 연구의 한간 연구 전통은 이후 계승되지 못하고 있는 현실이다. 그러나 영국학자 로이(Loewe)는 1960년대 『통보(通報)』에 일련의 한간 관련 논문을 발표하였다. 1967년 케임브리지 출판사에서 출판한 『한대의 행정기록』은 로이의 한간 연구 대표작일 뿐만 아

....

28) 史樹靑, 『談新疆民丰尼雅遺址』, 『文物』1962年 第7~8期 合刊.

니라 샤반느, 마스페르를 잇는 유럽 한학 한간 연구의 대표적 학술저작이다.[29]

    일본학자는 유럽한학자보다 한간 연구에 치중하였다. 1950년대 초 경도대학의 모리 시카죠우(森鹿三)는 한간 연구에 치중하면서, 1951년부터 경도대학 인문과학연구소에서 거연한간 연구반을 개설하여 많은 간독학 연구자들을 배출하였다. 1959년부터 1973년까지 일본의 학술지에 지속적으로 한간 관련 연구논문을 발표하였으며, 거연한간의 출토지점에 관한 문제에 주목하였다. 이 시기 대표적 저작으로는 1975년 출판된『동양학연구·거연한간편(東洋學硏究·居延漢簡編)』이 주목된다. 일본 간독학 연구의 또 다른 대표적 인물은 오사무(大庭脩)이다. 1958년부터 현재까지 학술지에 여러 편의 한간 관련 연구논문을 발표하였다. 그는 1990년 출판된『대영박물관소장돈황한간(大英博物館所藏敦煌漢簡)』에서 샤반느와 마스페로의 여러 미발표 한간 사진을 수록하면서 신출토 돈황한간에 근거하여 과거 석문들의 여러 오류들을 교정하였다. 오사무의 또 다른 대표적 저작인『거연한간색인(居延漢簡索引)』(관서대학출판부, 1995년판)은 거연한간 연구의 필수적인 참고서이다. 이와 더불어 아카이 키요미(赤井淸美)의『한간(漢簡)』(동경당, 1977판)은 모두 11권으로 일본의 간독학 연구를 새로운 단계로 발전시켰다. 나가타 히데마사(永田英正)의『거연한간연구(居延漢簡硏究)』는 거연한간 연구의 대표작으로 파성자, 박라송치(博羅松治), 와인탁니(瓦因托尼), 대만 출토 한간에 대하여 전면적인 정리를 하였다.

    대만 한간 연구의 주요 방향은 거연구간의 간행과 연구에 집중되어 있으며 초기의 대표적 연구자는 노간이다. 그는 1900년대 이래『거연한간고석(居延漢簡考釋)』(1949년),『거연한간·도판지부(居延漢簡·圖版之部)』(1957년),『노간학술논문집갑편(勞幹學術論文集甲編)』상하책(上下冊, 1976년) 등의 중요 저작들을 발표하면서 왕국유의 간독학 연구를 기초로 하여

....

29) M. Loewe, *Records of Han Administration*, 2 vols., Cambridge University, 1967.

거연한간에서 발견되는 새로운 사료를 통해 한대 역사 연구를 진행하였다, 진반(陳槃)의 『한진유간식소칠종(漢晋遺簡識小七種)』 상하책(1975년)은 대만 간독학 연구의 중요한 저작에 속한다. 노간, 진반 이후 대만 한간 연구의 대표적 인물은 마선성(馬先醒)으로 1970년대 이래 『한간과 한대성시(漢簡與漢代城市)』(臺北簡牘學社, 1976년), 『간독논집(簡牘論集)』(1977년), 『거연한간신론(居延漢簡新論)』(1981년판)으로 대표되는 3부작을 발표하였다. 대만중앙연구원 역사어언연구소 간독정리소조는 최근 『거연한간보편(居延漢簡補編)』(1998년판)을 출판하면서 적외선 촬영기법을 사용하여 퇴색된 간문(簡文)의 묵적(墨跡)을 복원하였다. 1970년대 이래 대만학자들은 2종의 간독 연구 전문 간행물을 발간하였다. 하나는 마선성 주편의 『간독학보(簡牘學報)』로 이미 17기(1974~1996)를 출판하였다. 다른 한 종은 대만 국제간독학회에서 펴낸 『국제간독학회회간(國際簡牘學會會刊)』으로 현재까지 2기(1993, 1996년)가 출판되었다.[30]

대륙에서의 초기 간독 연구의 대표적인 인물은 진몽가(陳夢家)이다. 1960년대부터 그는 무위 『의례(儀禮)』 한간을 시작으로 거연한간 연구를 진행하였다. 그의 대표작인 『한간철술(漢簡綴述)』(중화서국, 1980년판)은 거연 변새의 조직, 봉수분포, 거연의 사지(史地) 연역과 한간역법 방면의 중요한 연구성과를 정리하였다.

진몽가와 동 시기 혹은 이후 한간 연구를 진행한 대륙학자는 주로 감숙성 문물고고연구소, 감숙성박물관, 중국문물연구소, 문화부고문헌연구실, 중국사회과학원 고고연구소 및 역사연구소의 연구자들로 진직, 우호양(于豪亮), 부진륜(傅振倫), 진공유(陳公柔), 서빈방(徐蘋芳), 초사빈(初師貧), 사계화(謝桂華), 이균명(李均明), 하쌍전(何雙全), 설영군(薛英群) 등의 학자들이 대표적이다. 그들은 한대 변새고고학과 신출토 한간 연구와 정리에

....

30) 关于台湾学者的研究, 参见徐苹芳, 『汉简的发现与研究』, 『传统文化与现代化』 1993年 第6期; 谢桂华, 『百年简帛』, 『文史知识』 1999年 第8~9期 连载.

서 중요한 학술성과를 도출하였다.[31]

제1단계 연구에서 변새고고학과 출토 한간의 연구는 대체로 분리되어 진행되면서 한대 변새, 봉수의 배치와 성격의 인식 및 한간부책(漢簡簿冊)의 복원에도 문제점을 보여 주었다. 1950년대부터 대륙학자들은 이러한 문제를 해결하기 위하여 중국과학원 고고연구소의 『거연한간갑편(居延漢簡甲編)』(과학출판사, 1959년판)에서는 1,914매 거연한간의 출토지점을 명기하였다. 또한 이후에 중-스웨덴 서북과학고찰단의 "표기책(標記冊)"에 근거하여 『거연한간갑을편(居延漢簡甲乙編)』에서는 거연한간 전체의 출토지점을 명기하였다. 임매촌, 이균명의 『소근하유역출토한간(疏勒河流域出土漢簡)』(문물출판사, 1984년판)에서도 출토지점에 따라 돈황한간을 정리하였다. 이러한 방법은 거연, 돈황 한간에 대한 단순 고문서 연구의 수준을 고고학 연구의 단계로 상승시켰다.

대륙학자들은 새롭게 발견된 돈황, 거연 한간에 근거하여 과거에 발견된 구간(舊簡)에 대한 정리 고증을 진행하였다. 앞서 언급한 『소근하유역출토한간』 외에도 사계화(謝桂華)의 『거연한간석문합교(居延漢簡釋文合校)』(문물출판사, 1987년판)의 중요한 저작이 출판되었다. 또한 마왕퇴 백서, 연운항(連雲港) 윤만한간(尹灣漢簡), 장사 삼국오간(三國吳簡) 및 호북 형문 곽점(郭店) 전국초간(戰國楚簡)의 발견과 연구는 한대 서역과 변새 한간 연구의 내용을 더욱 심화시켰다. 사수청은 장사 출토 서한간을 근거로 하여 니아 한간의 연대가 서한시기임을 주장한다. 또한 간독학의 이론 연구도 강화되어 임검명(林劍鳴)의 『간독개술(簡牘槪述)』(섬서인민출판사, 1984년)과 고민(高敏)의 『간독연구입문(簡牘研究入門)』(광서인민출판사, 1989년)은 1980년대 간독학 이론 연구의 중요한 저작으로 주목받고 있다. 이균명, 유군(劉軍)은 최근 『간독문서학(簡牘文書學)』(광서교육출판사, 1999년판)을 출판하여 이 연구를 한층 발전시켰다.

....

31) 关于大陆学者的研究, 주 30과 같음.

앞서 소개한 한간 연구의 전문서적 외에 중요한 한간 연구 저서로는 감숙성 문물공작대의 『한간연구문집(漢簡研究文集)』(감숙인민출판사, 1984년판), 진직의 『거연한간연구』(천진고적출판사, 1986년판), 설영군(薛英群)의 『거연신간석수(居延新簡釋粹)』(난주대학출판사, 1988년판), 감숙성 문물고고연구소의 『진한간독논문집(秦漢簡牘論文集)』(감숙인민출판사, 1989년판), 이균명·하쌍전의 『산견간독합집(散見簡牘合集)』(문물출판사, 1990년판), 설영군의 『거연한간통론(居延漢簡通論)』(감숙교육출판사, 1991년판), 요종이(饒宗頤)·이균명의 『돈황한간편년고증(敦煌漢簡編年考証)』(심문풍출판공사, 1995년판), 요종이·이균명의 『신망간집교(新莽簡輯校)』(신문풍출판공사, 1995년판) 등이 출판되었다. 이러한 저작들은 대륙학자들의 한간 연구가 이미 단순한 문자 고증과 해석과 부책편연(簿冊編連) 등의 기초 연구에서 전문적인 연구단계로 전환되었음을 보여 준다.

1983년 이래 대륙의 한간 관련 기관에서는 몇 가지 간독 연구와 관련한 전문잡지를 출판하였다. 중국사회과학원 간백연구센터의 『간독연구역총(簡牘研究譯叢)』(1983~1987년)과 『간백연구역총(簡帛研究譯叢)』(1996~1998년)을 비롯하여 이학근(李學勤)이 출판하는 『간백연구(簡帛研究)』(1993~1998년)도 이미 3집이 출판되었다. 서북대학 역사과와 감숙성 문물고고연구소가 출판하는 『간독학연구』(1996~1998년)도 2집이 출판되었다. 마지막으로 해외학자들의 간독 연구문헌 목록의 편찬은 다음의 4편이 이루어졌는데 일본 오사무의 『중국출토간독연구문헌목록(中國出土簡牘研究文獻目錄)』과 조연존(曺延尊)·서원방(徐元邦)의 『간독논저자료목록(簡牘論著資料目錄)』, 감숙성 문물고고연구소 한간연구실의 『간독논저목록(簡牘論著目錄)』, 대만학자 형의전(邢義田)의 『秦漢簡牘與帛書研究文獻目錄』(1905~1985년)이 대표적이다. 아울러 1999년 사계화(謝桂華)의 『백년간백(百年簡帛)』에도 연구목록이 부록으로 정리되어 있다.[32] 이상과 같이 상

....

32) 大庭修編, 謝桂华译, 『中国出土简牍研究文献目录』, 收入 『简牍研究译丛』 第1辑, 中国社会

술목록을 통해, 한 세기에 걸친 한대 변새 유적과 출토간독 연구의 성과를
이해할 수 있다.

....

科学出版社 1983年版; 曹延尊, 徐元邦, 『简牍论著资料目录』, 『考古学辑刊』 第2辑, 中国社会
科学出版社 1982年版, 第203~230页, 甘肃省文物研究所汉简研究室编: 『简牍论著目录』, 收
人 『秦汉简牍论文集』, 甘肃人民出版社 1989年版, 第314~330 页; 邢义田, 『秦汉简牍与帛书
研究文献目录 (1905~1985)』, 『秦汉史论稿』, 东大图书公司, 1987年, 第569~635页; 谢桂华,
『百年简帛』, 『文史知识』1999年 第8~9期 连载.

10장 진한 무덤 출토 간백의 발견과 연구

1. 진간의 발견과 정리

진(秦) 왕조의 단명과 진시황의 분서갱유 및 항우의 함양성 방화로 인해, 현재까지 남아 있는 진국 및 진대의 사료는 매우 드문 형편이다. 그러나 1970년대 중반 이후 일부 진묘의 발굴을 통해, 이 시기 역사 연구에 신뢰할 수 있는 다양한 자료들이 제공되고 있다. 20세기에 출토된 진간(秦簡)은 모두 다음 7가지로 정리할 수 있다.

1) 운몽 수호지 진간

1975년 12월 호북성 운몽현(雲夢縣) 수호지(睡虎地)에서 12기의 전국 말기에서 진대에 이르는 무덤이 발견되었다. 그 가운데 11호 진묘에서는 죽간 1,155매와 잔편 88매, 4효묘에서 2점의 목독(木牘)이 출토되었다. 11호묘는 소형 목곽묘이며, 매장 시기는 진시황 30년을 전후한 시점이다. 죽간은 목관에 부장되었으며 보존상태는 양호하였다. 죽간의 길이는 23~27cm, 폭은 0.3~0.7cm이다. 출토 당시 잔존편의 흔적으로 볼 때, 죽간은 3가닥으로 묶여져 있었으며, 간문은 모필(毛筆) 묵서의 진예체(秦隸體)로 기록되었다. 그 내용은 10종으로 나눌 수 있는데, 「편년기(編年記)」, 「어서(語書)」, 「진율십팔종(秦律十八種)」, 「효율(效律)」, 「진율잡초(秦律雜抄)」, 「법률답문(法律答問)」, 「봉진식(封診式)」, 「위리지도(爲吏之道)」, 「일서(日書)」 갑종(甲種), 「일서」 을종으로 이루어져 있다. 「어서」, 「효율」, 「봉진식」과 「일서」 을종의 표제는 간책에 기록된 명칭이다. 간문(簡文) 내용은 다음의 5가지로 구분할 수 있다.

(1) 「편년기」는 묘주의 머리 아래에서 발견된 53매의 죽간을 연결한 것으로 진 소왕 원년(306년)에서 진시황 30년(217년)까지 진의 6국 통일전쟁

과정과 중요사건을 기록하고 있다. 아울러 '희(喜)'라는 인물(묘주)의 일생과 그 가족의 상황을 기록한 후세의 연보 형태와 유사하다. 편년기의 내용을 통해 『사기』 등 사료의 교감(校勘)과 전세(傳世) 고적(古籍)의 부족한 부분을 보충할 수 있다.

(2) 「어서」는 모두 14매의 죽간으로 묘주의 복부 아래와 오른손 아래에서 출토되었다. 편명은 마지막 죽간의 배면에 기록되어 있다. 진왕 정(政) 20년(227년) 4월 초이틀, 남군 군수가 공표한 준법 관련 경고문으로 당시의 정치형세를 보여 주고 있다.

(3) **법률문서**는 수호지 진간의 주요 내용으로 다음의 다섯 부분으로 나눌 수 있다.

　a. 「진율 18종」은 모두 201매의 죽간으로 이루어져 있으며 묘주의 시신 우측에서 발견되었다. 간문은 「전율(田律)」, 「주원율(廚苑律)」, 「금포율(金布律)」, 「창율(倉律)」, 「공율(工律)」, 「관시(關市)」, 「군작율(軍爵律)」, 「치리률(置吏律)」, 「전식율(傳食律)」, 「내사잡(內史雜)」, 「공인정(工人程)」, 「사공(司空)」, 「균공(均工)」, 「요율(傜律)」, 「행서(行書)」, 「효(效)」, 「속방(屬邦)」, 「위잡(尉雜)」의 18종 율문(律文)의 발췌문이다. 주로 농전수리와 산림보호, 우마사양(飼養), 관리임면, 관리직무, 군작상사(軍爵賞賜), 요역정발, 공정흥건(工程興建), 형도(刑徒)관리, 화폐유통, 시장교역 등에 관한 내용으로 진의 정치, 법률과 경제를 연구하는 데 중요한 자료이다.

　b. 「효율」은 인골의 복부 아래에서 발견된 60매의 죽간이다. 제1매 죽간의 배면에서 "효(效)"자의 표제가 확인되었다. 수미(首尾)가 완전한 법률문서로 핵험현(核驗縣)과 도관(都官)물자의 장목과 관련한 일련의 제도가 상세하게 규정되어 있으며, 특히 도량형기의 오차 범위를 규정하고 있다.

　c. 「진율잡초」는 42매의 죽간으로 묘주의 복부 아래에서 발견되었다. 각 조의 간문에는 율명이 있는 것과 율명이 없는 것이 있으며 내용

은 상당히 복잡하여 실제 수요에 기초하여 초록하거나 일부 진율의 조문을 개괄한 것으로 보인다. 상당수 율문은 군사적인 내용을 다루고 있어 진조(秦朝) 병제의 연구에 중요한 재료이다.

d. 「법률답문」은 210매의 죽간으로 묘주의 경부 우측에서 발견되었다. 죽간은 187조의 문답 형식으로 진율의 특정 조문과 술어 및 율문의 의도를 해석하고 있어 소송제도를 연구하는 데 귀중한 자료이다.

e. 「봉진식」은 모두 98매의 죽간으로 묘주의 머리 우측에서 발견되었다. 간문은 25절로 나뉘어 있으며 각 절 제1매 죽간의 머리에 소제목이 있으며 전체 표제는 마지막 죽간 배면에 있다. 「치옥(治獄)」과 「신옥(訊獄)」 두 절은 시작하는 간문으로 관원의 심리안건에 대한 전체적인 요구를 서술하고 있다. 기타 각 절에는 조사, 점검, 심문 등 과정의 문서양식과 각종 안건에 대해 기록하고 있어 관리의 학습과 참고용으로 제공된 것이다. 소개된 안건은 당시 실제 사회상황을 보여 주고 있다.

(4) 「위이지도」는 모두 51매의 죽간으로 구성되어 있으며 묘주의 복부 아래에서 발견되었다. 죽간은 상하 다섯 단으로 나뉘어 관리의 일상용어를 기록하였다. 대부분 4자의 구(句)로 되어 있으며 관리를 하기 위해 학습하는 사람들이 사용하던 식자(識字) 과목으로 추정된다. 제5단의 말미에는 기원전 252년 반포된 위국(魏國) 법률이 초록되어 있다.

(5) 「일서」 갑종은 모두 166매의 죽간으로 묘주의 두개골 우측에서 발견되었다. 간책의 정(正), 반(反) 양면에 문자를 초록하고 있어 글자가 작고 조밀하다. 「일서」 을종은 모두 죽간 257매로 묘주의 다리 아래에서 발견되었다. 간문은 대나무의 속껍질 쪽면에 기록되어 있으며 자체(字體)가 비교적 크다. 제목인 「일서」 두 자는 마지막 죽간의 배면에 기록되어 있다. 「일서」 갑종의 자수(字數)는 을종보다 훨씬 많으며 내용도 풍부하다. 「일서」는 길흉의 날짜를 선택하는 것에 관한 책으로 당시의 사회 관념과 가치체계를 반영한다.

운몽 수호지 진간 석문(釋文)의 판본은 여러 가지이다.[1] 그 가운데 가장 상세하고 실용적인 것은 진간정리소조(秦簡整理小組)에서 편찬한 『수호지진묘죽간』(문물출판사, 1990년판)이 있다. 이 책에서는 수호지 11호 진묘에서 출토된 10종의 고적을 기록하였다. 죽간을 최대한 맞추었고 무덤에서 출토된 산간(散簡)과 잔간(殘簡)을 복원하였다. 또한 문구와 문의(文意) 및 출토위치에 근거하여 맞추었으며, 확정할 수 없는 죽간은 내용에 따라 분류하였다. 책에는 죽간의 실제 크기로 영인한 도판 사진과 석문 주석을 부록으로 수록하였다.

2) 청천 학가평 진간

1979년 2월에서 1980년 7월 사이에 사천성 청천현(青川縣) 학가평(郝家坪)에서 72기의 무덤을 발굴하였다. 제50호 전국 시기 무덤에서 2점의 전국 말기 목독이 출토되었다. 한 점은 훼손이 심하여 자적(字跡)을 변별할 수 없으며, 다른 한 점은 길이 4.6cm, 폭 3.5cm, 두께 0.5cm로 양면에 모두 121자가 초록되어 있다. 정면은 진왕이 반포한 「갱수전율(更修田律)」로 진국의 토지제도를 연구하는 데 중요한 자료이다. 1982년 『문물』 제1기에 발표된 「청천현출토진갱수전율목독-사천청천현전국묘발굴간보(青川縣出土秦更修田律木牘-四川青川縣戰國墓發掘簡報)」와 두 편의 논문인 우호양(于豪亮)의 「석청천진묘목독(釋青川秦墓木牘)」과 이소화(李昭和)의 「청천출토목독문자간고(青川出土木牘文字簡考)」가 있다.

3) 천수 방마탄 진간

1986년 6월부터 9월까지 감숙성 천수시(天水市) 방마탄(放馬灘) 1호 진묘에서 진간 460매가 출토되었다. 간책은 원래 3가닥으로 묶여 있었으며, 간문은 고예체로 기록되어 있다. 각 장은 원점 혹은 수직선으로 구획하였다.

....

1) 吳福助, 『睡虎地秦简文献类目』, 『中华文化学报』 创刊号, 第230~232页.

간문은 모두 제목이 없으며 내용과 죽간의 형태에 따라 다음의 3가지로 구분할 수 있다.

(1) 「일서」 갑종은 모두 73매의 죽간으로 이루어져 있으며 「월건(月建)」, 「건제(建除)」, 「망도(亡盜)」 등 8장으로 구성되어 있다.

(2) 「일서」 을종은 379매의 죽간으로 구성되어 있으며 「문기(門忌)」, 「오행서(五行書)」, 「주야장단표(晝夜長短表)」 등의 20여 장으로 구성되어 있다. 그 가운데 7장과 「일서」 갑종의 내용이 동일하나 금기 조목은 더욱 많으며 전용 명칭이 있다.

(3) 「묘주기」는 모두 8매의 죽간으로 구성되어 있다. 내용은 '단(丹)'이라는 사람의 죽음과 재생 과정 및 과거의 경력과 불사(不死)의 원인에 대해 기술하고 있다.

죽간은 내용으로 보면, 당시의 일자(日者), 점인(占人)이 사용하던 문서로 이해된다. 그러나 어의의 내용을 자세히 살펴보면 귀신의 이야기보다 인사(人事)를 더욱 중시하였음을 발견할 수 있다. 전형적인 진문화의 특징을 반영하고 있다. 1989년 『문물』 제2기 「감숙천수방마탄전국진한묘군의 발굴(甘肅天水放馬灘戰國秦漢墓群的發掘)」과 하쌍전의 「천수방마탄진간종술(天水放馬灘秦簡綜述)」에서 방마탄 진간의 출토상황과 내용에 대해 상세하게 소개하고 있다.

4) 운몽 용강 진간

1989년 10~12월 호북성 운몽현 용강(龍崗)에서 모두 9기의 진묘를 발굴하였다. 6호묘에서 목독 1점과 죽간 150여 매가 발굴되었다. 6호묘는 소형의 장방형 수혈토광묘로 1관1곽이다. 매장 연대는 대체로 진대 말년이다. 죽간은 관내의 다리부분에서 발견되었으며, 보존상태가 양호하지 않다. 간문은 묵서의 진예(秦隷)로 기록되었으며 진의 통일 이후 반포된 법률을 기록하고 있다. 발굴보고서 정리자는 이를 대략 5유형으로 구분하여 각각을 「금원(禁苑)」, 「타도(駝道)」, 「마우양(馬牛羊)」, 「전영(田嬴)」, 「기타」로 명명하였다. 목독은 묘주의 허리부분에서 출토되었으며 지금까지 발견된 진률 명판사(冥判辭)의 유일한 사례이다. 1998년 양주(楊柱)·유신방(劉信芳)의 『운몽용강진간(雲夢龍崗秦簡)』이 과학출판사에서 출판되었다. 이 책은 6호 묘에서 출토된 전체 죽간의 사진과 석문을 소개하고 간문에 대해 깊이 있는 연구를 진행하였다.

5) 강릉 양가산 진간

1990년 12월 호북 강릉(江陵) 양가산(楊家山) 135호 진묘에서 75매의 죽간이 출토되었다. 이 무덤에서는 기년자료는 출토되지 않았으나, 장제(葬制)와 기형(器形)을 근거로 기원전 287년에서 서한 건국 이전의 진묘로 추정하고 있다. 죽간은 원래 변상(邊箱)의 목곽 바닥판 위에서 발견되었다. 내용은 유책(遺策)으로 부장물품에 대해 자세하게 기록하고 있다. 1993년 『문물』제8기에 발표된 「강릉양가산135호진묘발굴간보(江陵楊家山135號 秦墓發掘簡報)」에 무덤의 시기와 장제, 기물에 대해 자세히 소개하고 있다.

6) 강릉 왕가대 진간

1993년 3월 호북 강릉 왕가대(王家臺)에서 진한 시기 무덤 16기가 발굴되었다. 그 가운데 15호묘에서 다량의 진간이 출토되었다. 15호묘는 장방형 수형토광묘로 단관(單棺)이며 매장 연대는 상한은 기원전 278년, 하한은 진대를 내려가지 않는 것으로 보고 있다. 죽간은 목관 내부 다리부분에서 모두 800여 매가 출토되었으며 간책은 원래 3가닥으로 묶여져 있었다. 묵서의 진예체로 기록되었으며 주요 내용은 「효율」, 「일서」, 「귀장간(歸藏簡)」이다. 그 가운데 「효율」의 내용은 수호지 출토 「효율」과 동일하며 다만 순서에서 차이가 있다. 「일서」는 수호지 진간과 같은 것과 다른 것이 있다. 「귀장간」은 모두 역괘(易卦)로 시작하여 괘명(卦名)과 해설의 내용으로 이루어져 있다. 또 다른 유형의 죽간은 모두를 "방유(邦有)…"로 시작하여 자연현상의 이상에 대해 기록하고 그 예시하는 재난을 기록하고 있다. 목관 내부의 머리부분에서 죽독 1매가 발견되었다. 무덤에서는 목질의 방형 반(盤)이 1점 출토되었다. 출토된 간독 자료의 내용이 풍부하고 몇 가지는 처음으로 발견되어 진대의 역사 연구에 중대한 의의가 있다. 1995년 『문물』제1기에 발표된 「강릉왕가대15호진묘(江陵王家臺15號秦墓)」에서 무덤의 상황과 일부 죽간의 내용과 사진이 발표되었다.

7) 사시 주가대 진간

1993년 6월 호북 사시(沙市) 주가대(周家臺) 30호 진묘에서 389점의 죽간과 목독 1점이 발굴되었다. 죽간은 대체로 3가지 구성으로 나누어지며, 갑조는 247매로 내용은 이십팔숙점(二十八宿占), 오시단(五時段), 오행점(五行占) 및 진시황 36년과 37년의 역보(歷譜)로 구성되어 있다. 을조는 68매로 진시황 34년의 역보이며, 병조는 모두 74매로 일서, 병방(病方), 농사 등의 내용으로 이루어져 있다. 목독의 정면은 진(秦) 2세 원년의 역보이며 배면은 같은 해 12월분의 일간지 등이 기록되어 있다. 현재 이 간독은 정리작업이 진행되고 있다. 1999년 『문물』 제6기에 발표된 「관저진한묘청리간보(關沮秦漢墓清理簡報)」에 발굴과 정리작업이 소개되어 있다. 팽금화(彭錦華)의 「주가대진묘죽간 "진시황34년역보" 석문여고석(周家臺秦墓竹簡 "秦始皇34年歷譜" 釋文與考釋)」에서 을조 죽간의 석문이 소개되어 있다.

2. 한대 간백의 발견과 정리

20세기 발굴된 한대 무덤 가운데 모두 47기 한묘에서 죽간, 백서가 출토되었다. 내용에 따라 모두 7가지 유형으로 구분할 수 있다. (1) 전적문헌류: 1973년 하북 정현 40호 한묘에서 출토되었는데 100여 매의 죽간은 『논어』, 『유가자언(儒家者言)』, 『문자(文字)』 등의 고적으로 이루어져 있다.[2] (2) 유

....

2) 定县汉简尚未全部公布. 其发掘, 整理情况可参阅以下各文, 国家文物局古文献研究室等定县

책(遺策): 한대 무덤에서 출토량이 가장 많은 간독문서이다. 1976년 광서 라박만 1호 한묘의 곽실 내에서 목독 1매가 출토되었다. 제목은 '총기지(叢器志)'로 부장기물의 목록이다.[3] (3) 문서류: 이는 다시 2가지로 세분할 수 있다. ⅰ) 관문서: 1973년 12월 감숙 감곡현 유가평 동한묘에서 출토된 23매의 목간에는 종정부경(宗正府卿) 유궤(劉櫃)의 상주문이 기록되어 있다.[4] ⅱ) 민간문서: 1973년 호북 강릉 봉황산 10호묘에서 출토된 1·2호 목독에는 합고행상(合股行商)의 계약 내용이 기록되어 있다.[5] (4) 방기(方技)류: 1972년 11월 감숙 무위 한탄파(旱灘坡) 한묘에서는 처방전을 초록한 목간 78매와 목독 14점이 출토되었다.[6] (5) 수술(數術)류: 1979년 강소 우태(盱眙) 동양(東陽) 7호 한묘에서 출토된 장방형의 목찰에는 왕공(王公), 왕모(王母), 제귀신(諸鬼神)의 기복사령(祈福辭令)이 기록되어 있다.[7] (6) 병서류: 1979년 청해 대통현(大通縣) 상손가채(上孫家寨) 115호 서한묘에서 240매의 목간이 나왔다. 목간에는 병법문서와 군법, 군령, 군작(軍爵)을 반포하는 내용이 소개되어 있다.[8] (7) 법률류: 강릉 장가산(張家山) 258호 한묘에서 '한율(漢律)' 죽간이 출토되었다. 아래에서 중요한 한간에 대해 간략하게 설명하고자 한다.[9]

....

汉墓竹简整理组, 『定县40号汉墓出土竹简简介』, 『文物』1981年 第8期; 『定州汉墓竹简论语』, 文物出版社 1997年版; 河北省文物研究所定州汉简整理小组, 『定州西汉中山怀王墓竹简〈文子〉释文』及另外两篇相关论文, 『文物』1995年 第12期.

3)   广西壮族自治区文物工作队, 『广西贵县罗泊湾一号墓发掘简报』, 『文物』1978年 第9期.

4)   『汉简论文集』, 甘肃人民出版社 1984年版; 李均明, 何双全编, 『散见简牍合辑』, 文物出版社 1990年版.

5)   长江流域第二期文物考古工作人员训练班, 『湖北江陵凤凰山西汉墓发掘简报』及其他两篇相关论文, 『文物』1974年 第6期.

6)   『武威汉代医简』, 文物出版社 1975年版.

7)   南京博物院, 『江苏盱眙东阳汉墓』, 『考古』1979年 第5期.

8)   青海省文物考古研究所, 『上孙家寨汉晋墓』, 文物出版社 1993年版.

9)   其他简帛的发掘情况可参见, 骈宇骞, 段书安编: 『本世纪以来出土简帛概述』, 台湾, 万卷楼图书有限公司, 1999年; 李均明, 何双全编, 『散见简牍合辑』, 文物出版社 1990年版.

1) 무위『의례』간

1959년 7월 감숙 무위시 마저자 6호 한묘에서 죽목간(竹木簡) 600매가 출토되었다. 이 무덤은 토동묘(土洞墓)로 발굴 시 이미 훼손이 심한 상태였다. 모두 완전한 385매와 잔간 225매가 출토되었는데 대부분 목간이다. 9매의 단목간(短木簡)에는 의기(宜忌)류의 수술(數術) 내용이 기록되어 있다. 장간(長簡)은 묵서 예체(隸體)로『의례(儀禮)』의 부분 장절(章節)이 기록되어 있다. 간문은 모두 3가지로 구분할 수 있는데 갑본은 378매의 목간으로「토상견(土相見)」,「복전(服傳)」등 7편의『의례』가 초록되어 있다. 을본은 짧고 좁은 목간에 갑본 판본과 동일한「복전」1편이 기록되어 있다. 병본은 죽간에「상복(喪服)」경(經)이 기록되어 있다. 이상 3조의『의례』는 모두 9편으로 대략 2만 7,400자에 이른다. 희평(熹平)석경의 잔경보다 2만 자가 많다. 간책(簡冊)은 경학, 문헌학과 한대 간책제도 연구에 중요한 의의가 있다. 1964년 문물출판사에서『무위한간(武威漢簡)』이 출판되었다.

2) 임기 은작산 한간

1972년 4월 산동 임기 은작산 1호, 2호 서한묘에서 죽간이 출토되었다. 죽간은 훼손이 심각하다. 1호 한묘에서 출토된 죽간은 모두 7,500여 개이며 정리된 죽간은 수량이 많지 않다. 죽간은 원래 길고 짧은 2종류이다. 단간은 전부 훼손된 상태로 일종의 점서(占書)이다. 장간의 길이는 27.5cm, 폭은 0.5~0.7cm이며, 대부분 3가닥 혹은 2가닥으로 엮여져 있다. 그 외 1호묘에서 5매의 목독이 출토되었다. 1호묘의 간독은 주로 문헌류이며 전세본으로「손자」,「위료자(尉繚子)」,「안자(晏子)」,「육도(六韜)」등이다. 대부분 이름을 알 수 없는 일서(佚書)이며,「손빈병법(孫臏兵法)」16편,「수법수령십삼편(守法守令十三編)」10편,「논정논병지류(論政論兵之類)」50편,「음양시령점후지류(陰陽時令占候之類)」12편과「기타지류(其他之類)」12편이다. 2호묘에서 서한 무제 "원광원년역보(元光元年歷譜)" 32매가 출토되었다. 동일 무덤에서 대량의 고적과 일서들이 집중적으로 출토되는 일은 매우 이례적인 것으로 은작산 간독은 역사, 철학, 역법, 문자, 간책제도 등의 연구에 중요한 자료를 제공한다. 1985년 9월 문물출판사에서 은작산한묘 죽간정리조의 수정을 거쳐『은작산한묘죽간(일)』을 출간하여「손자병법」, 「손빈병법」,「위료자」,「안자」,「육도」,「수법수령 13편」의 도판, 모본, 석문, 주석을 수록하였다. 제2집과 제3집은 현재 정리 중에 있다. 1985년 12월 문물출판사에서 오구룡(吳九龍)이 편저한『은작산한간석문(銀雀山漢簡釋文)』을 출판하고 1호, 2호 한묘의 전체 죽간 목독의 석문을 소개하였다. 석문은 출토 순서에 따라 배열하였으며 도판은 첨부하지 않았다. 책 부록에 「원광원년역보(元光元年歷譜)」복원도와「은작산한간교주본분류목록(銀雀山漢簡校注本分類目錄)」을 첨부하였다.

3) 마왕퇴 한묘의 간독과 백서

1972년 호남 장사 마왕퇴 1호 한묘에서 죽간 312매와 목갈(木楬) 49매가 출토되었다. 죽간은 동변상의 북단에서 출토되었으며 묵서 예체로 기록되었으며 2가닥으로 묶었다. 그 내용은 수장물품을 기록한 유책으로 현재까지 가장 많은 분량의 유책이다. 기록 나열된 명물과 출토 실물은 대부분 일치하며 한대 초기의 경제사, 생활사 연구에 귀중한 자료이다. 목갈은 서변상과 남변상, 동변상에서 각각 출토되었는데 원래는 대나무 바구니에 담겨 있던 상태이다. 1973년 문물출판사에서 호남성박물관과 중국과학원 고고연구소가 함께 펴낸『장사마왕퇴1호한묘(長沙馬王堆1號漢墓)』에서 전체 죽간과 목갈의 사진과 상세한 내용이 수록되어 있다.

1973년 12월에서 1974년 초까지 마왕퇴 3호 한묘에서 대량의 간책과 백서가 출토되었다. 이 무덤에서 출토된 죽목간과 목독은 모두 610여 점이다. 그 가운데 220매는 4종의 고대 의서로 이루어져 있는「십문(十問)」(죽간),「천하지도담(天下至道談)」(죽간),「합음양(合蔭陽)」(죽간),「잡금방(雜禁方)」(목간) 등이다.「천하지도담」은 죽간이 명기된 표제명이며 나머지 3편은 정리자가 명명한 것이다. 이 4종의 책은 모두 방중술과 양생에 관련된 것이다. 기타 간독은 수장기물의 명칭과 수량을 기록한 유책으로 대부분 출토 실물과 일치한다. 3호묘 동변상의 칠합 내에서 다수의 고대 백서(帛書)가 출토되었다. 정리자는 20여 종의 서적으로 구별하였으며 대부분 이름을 알 수 없으며, 「노자」, 「주역」, 「전국종횡가서」는 전세본이다. 사상, 군사, 천문, 의학, 지리 등에 관련된 것으로 전체 12만 자에 이른다. 이외에도 몇 폭의 백도(帛圖)가 있다. 백서는 2가지 형태로 높이 48cm의 넓은 폭 백서와 높이 24cm의 백서로 구분된다. 대부분 이름을 알 수 없어서 제목이 없다. 이 백서들은 내용에 따라 다음의 7가지로 분류할 수 있다.

(1) 백서 「노자」와 고일서(古佚書) 부록

「노자」 갑본은 높이 24cm의 비단에 기록되어 있으며 자체는 예체의 중간 형태이다. 유방의 위(諱)를 벽위한 것으로 보아, 초록한 시대는 한 고조 시기이거나 이보다 이른 시기로 추정된다. 권말에 4종의 일서(佚書)가 부록으로 실려 있으며 전체 5종의 문헌이 함께 하나로 기록되어 463행에 1만 3,000자이다. 4종의 일서는 모두 제목이 없으며 정리자가 그 내용에 따라 「오행」, 「구주(九主)」, 「명군(明君)」, 「덕성(德聖)」으로 분류하였다.

「노자」 을본은 예서체로 높이 48cm 비단에 초록한 것으로 유방의 위를 벽위하고 혜제(惠帝) 명호(名號)는 사용한 것으로 보아 초록 연대는 혜제 혹은 여후(呂后) 시기로 추정된다. 책의 앞부분에 4종의 고일서가 첨부되어 있다. 5종의 고일서는 모두 252행에 1만 6,000여 자이다. 4편의 고일서는 각 편의 제목이 있는데 「십대경(十大經)」, 「경법(經法)」, 「칭(稱)」, 「도원(道原)」이다.

백서(帛書) 갑, 을본의 「노자」는 기본적으로 동일하며 문자와 편차(編次)에서 현재의 판본과 많은 차이를 보인다. 백서 「덕경」이 앞에 위치하며 「도경(道經)」은 뒤에 위치한다. 경문은 연결되어 장을 나누지 않았으며 문장의 끝에는 대부분 "야(也)", "의(矣)" 등의 어조사를 첨부하였다.

(2) 백서 「주역」

백서 「주역」은 경(64卦)과 6편의 전(傳)(「이삼자문(二三子問)」, 「계사(系辭)」, 「역지의(易之義)」, 「요(要)」, 「무화(繆和)」, 「소력(昭力)」)으로 구성되어 있다. 괘사(卦辭)와 효사(爻辭)는 금본(今本)과 대체로 동일하다. 다만 64괘의 순서에서 그 차이가 있어 간단한 원시 형식을 보여 주고 있다. 백서도 상, 하경을 구분하지 않았다.

(3) 사서(史書)류

    a. 「춘추사어(春秋事語)」: 원래 제목이 없으며 대략 3,000자이다. 전체 16장으로 각 장은 행을 바꾸어 시작하였다. 다만 제2장은 연국과 진국의 전쟁에 관한 것으로 다른 역사서에서는 언급되지 않는 것이다. 다른 역사적 사실들은 그 연대를 확인할 수 있다. 이 책의 기사는 간략하지만 당시인의 담화와 후인의 평론을 상세하게 기록하였다. 일부 내용은 「춘추(春秋)」 삼전(三傳)과 국어(國語)의 내용을 인용하고 있으며 다수의 미공개 사료를 보존하고 있다.

    b. 「전국종횡가서(戰國縱橫家書)」: 원래 제목이 없고 모두 1만 1,200여 자이다. 전체 책은 27장으로 나뉘어 있으며 다만 11장은 「사기」와 「전국책」에서 발견된다. 이 책은 3종의 역사서를 회편(匯編)한 것으로 매우 귀중한 전국 후기의 역사 자료이다.

(4) 의서류

10종 11편의 의학 일서로 모두 제목이 없고 전체 1만 7,000여 자이다. 정리자가 명칭을 구분하였는데 「족비십일맥구경(足臂十一脈灸經)」, 「음양십일맥구경(陰陽十一脈灸經)」 갑본, 「맥법(脈法)」, 「음양맥사후(陰陽脈死候)」, 「오십이병방(五十二病方)」(이상 5종은 1권으로 합본), 「극곡식기(隙谷食氣)」, 「음양십일맥구경(陰陽十一脈灸經)」 을본, 「도인도(導引圖)」(이상 3종은 1권으로 합본), 「양생방(養生方)」, 「잡료방(雜療方)」, 「태산서(胎産書)」(이상 3종이 1권으로 합본) 등이다.

(5) 수술(數術)류

이 일서는 제목이 없다. 정리자가 「식법(式法)」, 「예서음양오행(隷書陰陽五行)」, 「오성점(五星占)」, 「천문기상잡점(天文氣象雜占)」(도면과 문자), 「출행점(出行占)」, 「목인점(木人占)」, 「상마경(相馬經)」 등으로 구분하였다.

(6) 병서류

갑, 을, 병 3종의 「형덕(刑德)」.

(7) 백도(帛圖)류

모두 7종이며 도인도(導引圖), 가방도(街坊圖), 지도(地圖), 주군도(駐軍圖), 상복도(喪服圖), 태일장행도(太一將行圖), 천문기상잡점도(天文氣象雜占圖)이다.

마왕퇴한묘 백서정리소조에서는 「마왕퇴한묘백서」를 6집(輯)으로 출판할 계획을 가지고 있으며, 현재까지 모두 3집이 출판되었다. 1980년 문물출판사에서 출판한 『마왕퇴한묘백서(일)』에서 「노자」 갑, 을본과 그 권전(卷前), 일서(佚書)의 도판과 석문, 주석이 공개되었다. 1983년 『마왕퇴한묘백서(參)』에서는 「춘추사어」, 「전국종횡가서」의 도판, 석문, 주석이 공개되었다. 1985년 『마왕퇴한묘백서(肆)』에서는 3호묘 출토의 전체 간본(簡本)과 백서본 의서의 도판과 석문과 주석이 발표되었다. 기타 석문의 발표 상황은 다음과 같다. 『문물』 1974년 10기에 「오성점」의 석문, 1977년 8기에 「상마경」 석문, 1984년 4기에 백서 「주역」 64궤의 석문이 발표되었다. 1992년 호남인민출판사에서 출판된 『마왕퇴한묘문물』에서 백서 「계사」, 「형덕」 을종의 도판과 석문이 발표되었다. 『도가문화연구(道家文化硏究)』 제3집에는 백서 「계사」, 「이삼자문」, 「역지의」, 「요」의 석문이 발표되었으며, 제6집에는 「무화」, 「소력」의 석문이 발표되었다. 1979년 『중국문물』에

「천문기상잡점」의 석문이 게재되어 있다.

4) 강릉 장가산 한간

1983년 12월과 1984년 1월에 호북 강릉현 장가산의 서한 초기 무덤 3기에서 1,000여 점의 죽간이 출토되었다. 죽간의 내용은 한율(漢律),「주얼서(奏讞書)」,「개려(蓋廬)」,「맥서(脈書)」,「인서(引書)」,「산수서(算數書)」,「일서(日書)」, 역보(歷譜), 유책(遺策) 등이다.『문물』에 1989년부터 정리소조의 「맥서」,「인서」,「주얼서」의 석문과 관련 논문이 발표되었다.[10]

5) 연운강 윤만 한간

1993년 강소 연운강 동해현 윤만촌에서 6기의 장방형수혈식 석광(石壙)의 서한 시기 무덤이 발굴되었다. 2호묘에서 1매의 목독 의물소(衣物疏)가 출토되었다. 6호 묘주의 족부에서 23매의 목독과 133매의 죽간이 출토되었으며 모두 4만여 자가 기록되어 있다. 한간의 내용은 매우 광범위하여 동해군(東海郡)의 행정, 경제상황을 기록한 관부 부적(簿籍)과 수술류간책(數術類簡冊), 역보, 의물소, 기사일기(記事日記) 및 현재까지 발견된 가장 이른 시기의 속부(俗賦)「신오부(神烏賦)」6가지 자료들이 기록되어 있다. 간독은 한대 군급 행정제도와 수술, 문학 연구에 중요한 자료를 제공한다. 1997년 중화서국에서『윤만한묘죽간독(尹灣漢墓竹簡牘)』이 출판되어 윤만한묘 출토 유물과 간독 사진, 석문이 소개되었으며「윤만한묘발굴보고(尹灣漢墓發掘報告)」가 부록으로 첨부되어 있다.

....

10) 『脉书』见『文物』1989年 第7期;『引书』见『文物』1990年 第10期;『奏讞书』见『文物』1993年 第8期, 1995年 第3期. 另可参考高大伦之二书,『张家山汉简〈脉书〉校释』, 成都出版社 1992年版;『张家山汉简〈引书〉研究』, 巴蜀书社 1995年版.

3. 진한 무덤 출토 간백 연구 개요

20세기 진한 시기 무덤에서 출토된 간백(簡帛)은 역사 연구에 풍부한 자료를 제공하면서 전통적인 진한사 연구에 새로운 영역을 개척하였다. 이러한 자료의 연구는 이미 깊이 있게 진행되고 있으며 더욱더 많은 간백의 출토는 다른 영역 연구자들에게도 주목받고 있다. 20세기 진한 무덤 출토 간백의 연구는 대체로 다음의 3가지 부분에서 진행되고 있다.

1) 일서간(日書簡)의 연구[11]

『일서(日書)』는 전국 진한 시기 길흉을 구별하여 좋은 시일을 선택하는 책이다. 『한서·예문지(漢書·藝文志)』에는 수술류(數術類)에 분류되어 있다. 『사기·일자열전(史記·日者列傳)』은 이러한 업종에 종사했던 사람들의 전기이다. 이는 그 연원이 매우 오래되었으며 전국 시기에 크게 성행하였음을 보여 준다. 수술은 진한 시기 지식체계와 불가분의 관계에 있다. 일서에 기재된 택일 학설은 민간풍속, 가치경향, 지역문화, 천문역법과 신앙체계를 연구하는 데 귀중한 자료이다. 1982년 요종이(饒宗頤)·증헌통(曾憲通)에 의해 『운몽진간일서연구(雲夢秦簡日書研究)』(홍콩 중문대학출판사)가 출판되었다. 이 책은 발굴보고서 석문의 구독(句讀), 분장(分章), 주석(註釋)에 정밀한 수정 의견을 제출하였으며 '일서간' 수술 연구의 서막을 열었다. 책에서는 「일서」에서 확인되는 수술 항목을 12가지로 분류하고 각각에 대해 자세히 서술하였다. 1985년 이학근은 「수호지진간(일서)여초·진사회(睡虎地秦簡(日書)與楚, 秦社會)」(『강한고고(江漢考古)』 1985년 제4기)에서 수술사와 사회사의 두 가지 각도에서 일서를 연구하였다. 이후 일서 연구는 이러한 두 가지 방향으로 전개되어 상당한 성과를 거두었다. 유

....

11) 此部分内容参考了刘乐贤『睡虎地秦简〈日书〉研究二十年』, 『中国史研究动态』1996年 第10期.

낙현(劉樂賢)의 『수호지진간일서연구(睡虎地秦簡日書研究)』(대만 文津出版社, 1994년)는 현재까지 출판된 수술사 연구의 집대성작이다. 이 책은 충실한 문헌능력으로 발굴보고 석문의 많은 오류를 교정하고, 대량의 주석을 보충하였다. 또한 상세한 전세문헌과 출토 수술 자료를 일서와 비교하여 종합연구를 진행하였다.

사회사 연구는 일서를 이용하여 당시 사회생활을 고찰하는 것이다. 이러한 연구는 여러 영역에 적용되어 진행되었다. 임검명(林劍鳴)의 진(秦)문화의 특징에 대한 연구, 오소강(吳小强)의 진인(秦人)의 종교신앙과 혼인관에 대한 연구, 하윤곤(賀潤坤)의 진국의 경제상황과 경제활동에 대한 연구, 왕자금(王子今)의 진초의 교통에 대한 분석 및 일본학자 쿠도 미나미(工藤元南)의 인귀(人鬼) 관계에 대한 분석이 대표적이다. 대만학자 포막주(蒲幕州)의 『수호지진간 「일서」의 세계(睡虎地秦簡「日書」的世界)』(대만 중앙연구원역사어언연구소 집간 제62본 제4분)는 종합적인 사회사 관련 저작이다. 저자는 일서를 당시 하층 대중문화의 일부분으로 보면서 수호지 「일서」는 진(秦), 초(楚)지역의 풍속과 문화를 반영하는 것으로 이해하였다.

2) 법률류 간독의 연구

진한의 법률제도에서 진률은 일찍이 실전(失傳)되어 사람들은 그 상세한 내용을 알 수 없었다. 정수덕(程樹德)은 당대 이전의 역사문헌을 수집하고 법률제도와 관련한 자료를 모아 「구조율고(九朝律考)」를 정리하였다. 그는 시작을 「한율고(漢律考)」로 하고 있어 진률의 망실(亡失)이 이미 오래되었음을 보여 주었다. 수호지 진률간과 장가산 한률간의 새로운 자료의 출현은 진한 시기 율법과 사법절차에 관한 풍부한 자료를 제공하여 이 시기의 법률상황과 율례의 전승관계를 이해할 수 있어서 진한 법제의 발전과정을 연구할 수 있게 되었다. 고민(高敏)은 「한초법률계전부계승진률설(漢初法律系全部繼承秦律說)」(『秦漢史論叢』 제6집 강서교육출판사, 1994년판)에서 장가산 한간「진얼서(秦讞書)」에 대한 세밀한 분석을 통해 '한승진률(漢承秦律)'설을 확인하였다. 이를 통해 한초(漢初) 법률의 중요한 특징으로 일본학자 와카에 마사루(若江賢)는 진률 가운데 천형(遷刑)의 양형(量刑) 대상과 처벌 및 노역형의 형기 문제에 대하여 정밀한 고정을 진행하였다(「진율의 천에 관하여(關于秦律中的遷)」, 「진율의 노역형의 형기에 대한 재론(再論秦律中勞役刑的刑期)」). 그는 천형은 주로 공직자에 대한 것으로 진의 노역형은 유기형(有期刑)임을 주장하였다.

　　속경(粟勁)의『진률통론(秦律通論)』(산동인민출판사, 1985년판)은 최초의 출토 간백 법률의 전문연구서이다. 저자는 수호지 진간에 기초하여 선진 법가의 이론적 기초와 진률의 기본원칙을 설명하고 진의 법학이론과 법률실천에 대해 논술하였다. 대정수(大庭修)의『진한법제사연구(秦漢法制史研究)』(林劍鳴 역, 상해인민출판사, 1991년판)과 고항(高恒)의『진한법제논고(秦漢法制論考)』는 출토 간백 자료와 전세 문헌을 결합하여 계통적이고 전체적인 진한 법률의 이론과 내용 및 발전과정을 논술하였다.

3) 마왕퇴 간백의 연구

장사 마왕퇴한묘 출토의 간백 자료는 국제한학계의 주목을 받으며 서로 다른 시각에서 다양한 각종의 연구성과를 축적하였다. 장정랑(張政烺)의「춘추사어해제(春秋事語解題)」(『문물』, 1997년 1기)와 요시키 미치마사(吉木道雅)의「춘추사어고(春秋事語考)」(『泉屋博古館紀要』六, 1990년)는 사적류 일서에 주목하였으며, 방박(龐朴)의『백서오행론연구(帛書五行論硏究)』(제2판, 齊魯書社, 1988년판)와 이케다 토모히사(池田知久)의『마왕퇴백서오행편연구(馬王堆帛書五行編硏究)』(汲古書院, 1993년판)은 학술사의 미제들을 해결하였다. 헨릭스(Robert Henricks)는 백서「노자」의 영문번역(藍登書屋, 1989년판)을 출판하였다. 형문(邢文)은『백서주역연구(帛書周易硏究)』(인민출판사, 1997년판)에서 고고자료와 출토문헌, 전세문헌 및 국제한학의 연구성과들을 '사중증거법(四重證据法)'으로 백서「주역」의 문헌 특징과 경문괘서(經文卦序) 및 고대 학술과 관련한 중요문제에 대해 연구하였다. 마계흥(馬繼興)은 『마왕퇴고의서고석(馬王堆古醫書古釋)』(호남과학출판사, 1992년판)을 정리 출판하였다. 벌링(A. Gutkind Bulling)은 『영혼의 향도: 장사마왕퇴서한회화(靈魂的嚮導: 長沙馬王堆西漢繪畵)』를 통해 백화의 구조와 내용 및 우의(寓意)에 대해서 깊이 있는 연구를 진행하였다. 최근 30년 동안 마왕퇴 간백은 한문화 연구의 초점이 되었으나 현재까지 그 자료가 전부 공표되지 않고 있다. 대부분 논저도 대체로 특정한 자료의 고증과 해석과 연구에 거치고 있어 마왕퇴간백의 총체적인 연구는 아직 이루어지지 않고 있다. 마왕퇴한묘에서 출토된 백화, 죽간, 백서, 유체와 기물은 전체가 단일한 내용과 의미를 포괄하는 체계인 형식으로 마왕퇴의 종합 한묘 연구에 중요한 배경자료가 된다. 학계는 학술사와 문화사의 입장에서 한초 남방 학술의 지역성에 포함하는 풍부한 학술적 바탕에 대해 총체적인 연구를 진행하여야 한다. 특정 내용의 토론에서 마왕퇴의 물질문화와 정신문화의 전체적인 관계에 주의하여야 한다.

만약 20세기 진한 무덤 출토 간백의 연구사를 정리한다면 우리는 그 연구방법, 연구대상, 연구방향 등에 근거하여 3단계로 구분할 수 있다.

1950년대에서 1970년대는 과학적인 간백 연구의 초기 단계이다. 1951년부터 내지의 진한 무덤에서는 일련의 귀중한 간백 자료들이 출토되었다. 그러나 계획적인 간독 연구는 1970년대부터 시작되었다. 문헌학적 연구는 이 시기의 대표적인 연구방향으로 출토 문헌에 대한 정리, 간독 연구, 고정석문(考訂釋文), 표점구독(標點句讀), 단장분편(斷章分編), 교감보유(校勘補遺), 훈고주석(訓詁註釋)이 이루어졌다. 이 시기의 연구성과는 주로 마왕퇴, 은작산, 수호지의 3개 간백정리소조의 작업에 집중되어 있다. 문물출판사에서 출판한 『마왕퇴한묘백서(일)』(1974년), 『손빈병법(은작산한묘죽간)』(1975년), 『수호지진묘죽간』(1977년)은 대표 성과이다. 이 시기의 정리작업은 석문석독, 편장내용, 편제, 주석교감 등에서 일부 부족한 부분이 있으나 간백 연구의 기초로서 문헌학 연구는 상당히 충실하게 이루어졌다.

1980년대는 간백 연구의 축적기이다. 이 시기 연구는 점차 세밀하게 진행되었으며 주요 특징은 다음의 3가지로 정리할 수 있다.

　　(1) 전문사전류의 편찬. 간백은 특수한 출토물로 그 연구는 이에 상당하는 사전류를 필요로 한다. 1981년 상해서화출판사(上海書畵出版社)에서 진건공(陳建貢)·서민(徐敏)의『간독백서자전(簡牘帛書字典)』을 출판하였다. 이 책은『강희자전(康熙字典)』부수검자법에 따라 편찬되었으며 각종 영인본에서 출토 간백 자료 가운데 춘추시대에서 한대 문자의 각종 사법(寫法)을 선별하여 시간의 순서에 따라 배열하였다. 모두 2,860여 자를 수록하고 중문 4만 7,100여 자, 합문 36자로 책의 앞부분에 14종의 중요 간백 재료의 도판을 수록하여 간독 연구자에게 상당한 편리를 제공하였다. 1989년에는 상해서화출판사에서 육석흥(陸錫興)의『한대간독초자편(漢代簡牘草字編)』을 출판하였다. 임검명의『간독개술(簡牘槪述)』(섬서인민출판사, 1984년판)은 해외학자들의 연구성과를 받아들여, 간독의 발견, 연구경향, 간독문헌의 여러 특징에 대해 소개하면서 일부 간문에 대해서는 깊이 있고 계통적인 분석연구를 진행하였다. 또한 소형 무덤에서 출토된 간독 자료도 수록하였다.

　　(2) 출토 간백 자료를 대상으로 개별 문헌 혹은 특정 문헌에 대한 연구가 진행되었다. 이러한 연구는 일반적으로 주제가 크지 않고 대부분 특정한 편(編)의 전적을 대상으로 진행되었다. 그러나 간백 자료의 문헌처리, 훈고교감, 정리고정에 기초하여 연원과 변화를 밝히고 역사적 가치와 사회적 영향을 모색하였다. 특히 대표적인 것은 앞서 언급한 요종이·증헌통의『운몽진간일서연구』와 방박의『백서오행편연구』이다.

　　(3) 국제적인 학술교류가 중시되었다. 국내의 간백 학자들은 해외학자들과의 교류를 통해 연구방법과 연구방향에서 보완되어 상호 발전하였다. 1983년 중국사회과학원 역사연구소 전국진한사연구실에서『간독연구역총(簡牘硏究譯叢)』제1, 2집을 편역, 출판하였다. 역총(譯叢)에서는 주로 삼록삼(森祿三), 대정수, 나가타 히데마사(永田英正) 등 일본 간독 연구자들의

연구성과들이 소개되었다.

1980년대 말기부터 현재까지는 간독 연구의 심화기이다. 연구방법과 연구방향은 거시적이면서도 미시적인 두 가지 방향으로 발전하였다. 간백 문물과 전세 문헌 및 문화전통에 대한 세밀한 고증과 시·공간적인 간백 자료의 관계 및 그 문화배경과 문화전통에 대한 모색이 진행되었다. 이 시기의 연구를 다음의 네 가지로 개괄할 수 있다.

(1) 관련 간독 자료의 비교, 종합연구. 연구자들은 출토 간백의 지역적 분포와 시대 및 상호관계에 대하여 주목하면서 체계적인 연구를 진행하였다. 대표적인 것이 진한율의 비교연구이며 각종의 「일서」와 이와 관련한 수술류 자료의 대조 및 종합분석이 이루어졌다. 진송장(陳松長)의 「백서〈음양오행〉과 진간〈일서〉帛書(陰陽五行)與秦簡〈日書〉)」(『간백연구』 제2집, 법률출판사, 1996년판)와 임검명의 「수호지간과 방마탄간〈일서〉비교연구(睡虎地簡與放馬灘簡〈日書〉比較研究)」(『문박(文博)』 1993년 제5기) 및 고항의 「진한법제논고」 등이 대표적이다.

(2) 간백 문서 제도에 대한 세밀한 연구이다. 간백의 형태, 서사격식, 출토지점 등에 대한 연구는 고문서학의 체계를 수립하였다. 그리고 이에 기초하여 간백의 특성과 간백의 복원, 정리사업이 이루어졌다. 상이한 간백 형식은 서로 다른 사상문화와 정치제도를 반영한다. 이균명의 『간독문서학총서(簡牘文書學叢書)』(광서교육출판사, 1999년판)는 이 방면의 최신 성과를 수록하였다. 특히 또한 이균명·유군(劉軍)의 『간독문서학』은 간독 문자, 부호, 판면(版面), 문체격식(文體格式)에 대해 자세하게 소개하였다. 또한 출토 간독을 6가지로 분류하고, 각 분류는 다시 세분하여 출토 실물을 사례로 전세 문헌을 참고하여 그 특징과 용도에 대해 분석 설명하였다.

(3) 간백을 사료로 활용하는 학술사, 문화사, 사회사, 생활사 등의 연구가 발달하였다. 이는 출토 간백 자료에 대한 응용연구이다. 이학근의 『간백일적과 학술사(簡帛佚籍與學術史)』(대만 時報文化出版, 1994년판)은 간백의 연구방향과 연구방법의 새로운 추세를 제시하였다. 1997년 이학근

은「출토간백일적과 고대학술문화의 변화(出土簡帛佚籍與古代學術文化的 演變)」(중앙연구원 역사어언연구소 회의논문집 4『중국고고학과 역사학지종 합연구(中國考古學與歷史學之綜合研究)』)에서 고고학 발견을 사례로 하여 방법론의 각도에서 체계적으로 간백 자료와 결합된 학술문화의 연구에 대 해 서술하면서 거시적이고 역사적 안목에 의한 충실하고 세밀한 문헌 연 구의 필요성을 제기하였다. 이문란(李文瀾)의 「선진, 육조, '인일'풍속의 변 화 및 의의(先秦, 六朝, '人日'風俗的演變及其意義)」(『장강문화논집』, 1995년) 와 정지연(程志娟)의 「윤만한묘간독에 반영된 한대장속의 몇 가지 문제(尹 灣漢墓簡牘反映漢代葬俗中的幾个問題)」(『윤만한묘간독논문집』, 과학출판사, 1998년판)는 바로 이러한 추세에서 비롯된 것이다.

(4) 전문 연구기구와 학술잡지의 출판 및 '중국간독학(中國簡牘學)'의 창립. 1990년대 이래 간독 연구의 발전과 연구영역의 확대로 연구자의 수 적 증가와 지역적, 전국적 및 세계적인 간독 연구기구가 성립되었다. 현재 까지 국내외적으로 간독 정리와 연구에 종사하는 전문기구는 중국사회과 학원 간백연구센터, 청화대학 사상문화연구소, 북경대학 고고문박원(考古 文博院) 간백연구센터, 대북중앙연구원 사어소(史語所) 간독정리소조, 홍 콩 중문대학 중국문화연구소, 대만간독학회 등 모두 11곳이다. 이곳에서 출판되는 간백 잡지는『간백연구(簡帛研究)』,『국제간백연구(國際簡帛硏 究)』,『국제간백연구통신(國際簡帛硏究通信)』,『청화간백연구(淸華簡帛硏 究)』,『간독학보(簡牘學報)』 등이 대표적이다.

20세기 진한 무덤에서 출토된 대량의 죽간백서는 많은 실전(失傳) 전 적(典籍)의 원형을 보여 주었으며 전세 문헌의 단절과 공백을 매워 주었 다. 고고학 발견과 문헌 자료의 이용은 고사(古史)계통의 새로운 수립과 중국 초기 사상문화의 실제 상황과 그 전승과 변화를 새롭게 인식하게 하 였다.

11장 진한 시기 주변지역 민족의 고고학 발견과 연구

1. 흉노의 고고학 발견과 연구

흉노는 이미 전국 시기에 출현하여 전국 말기에는 진(秦) 세력의 확장과 압박으로 북쪽으로 이동하였다. 이후 진 제국의 와해와 더불어 남하를 시작하였다. 진말한초 묵돌 선우(單于)는 "동쪽으로는 동호왕을 대파하여 멸망시키고, 서쪽으로는 월지를 공격하여 몰아냈으며, 남쪽으로는 누번과 백양하남왕을 병합(大破滅東胡王, 西擊走月氏, 南幷樓煩, 白羊河南王)"[『사기·흉노열전(史記·匈奴列傳)』]하여 중국의 북방을 차지하였다. 서한 초기에 이르러 흉노는 여러 차례에 걸쳐 한 왕조의 북쪽 변경을 공격하여 백성들을 약탈하였다. 이후 한 무제는 흉노에 대한 공격을 실시하여 흉노의 대부분을 고비사막 북쪽지역으로 후퇴하도록 압박하였다. 아울러 한 왕조에 투항한 흉노인은 변방지역에 속국(屬國)을 설치하여 귀속하였다. 서한 후기에는 한 왕조와 흉노 사이에 장기간에 걸쳐 평화국면이 유지되었다. 왕망 시기에는 분쟁이 다시 발생하였다. 동한 초기 흉노는 남북으로 분열되어 남흉노(南匈奴)는 한 왕조에 복속되었다. 동한 왕조는 북흉노(北匈奴)에 대한 공격을 감행하여 북흉노는 이에 서쪽으로 밀려나면서 중국의 역사무대에서 사라졌다. 아울러 복속된 남흉노는 점차 한화(漢化)되어 중국민족으로 융합되었다.

상술한 흉노의 역사배경과 밀접한 관계가 있는 진한 시기 흉노 유적은 대부분 고비사막의 남북에 걸쳐 분포하고 있다. 고비사막 북쪽은 대체로 현재의 몽골공화국과 바이칼지역이며 고비사막 남쪽은 대부분 현재의 중국 북방지역에 속한다. 고비사막 북쪽지역에 대한 고고학 조사는 19세기 말 러시아 학자들에 의해 처음 시작되었다. 이들은 카흐타지역 북쪽의 2곳에서 발굴조사를 진행하였으며, 그 가운데 1곳이 흉노와 관련이 있는 것으로 추정하였다. 1912년에는 현재의 몽골공화국 루인울랍지역에서 흉노 무덤이 발견되었다. 1924년에서 1925년에는 코스로프(Coslov) 탐험대에 의해 루인울랍 흉노 무덤이 발굴 조사되었으며 대형의 흉노 귀족무덤과 명확한 한대 기년(紀年)이 있는 유물들이 출토되었다.[1]

루인울랍 흉노 귀족무덤의 발굴은 당시 많은 주목을 받았으며 몽골과 바이칼지역 흉노 고고학 연구를 촉진하는 계기가 되었다. 1927년에서 1929년에 걸쳐 소스노프스키(Sosnovski)를 대장으로 하는 프리야트 몽골 발굴대에 의해 울란우데 서남부에 위치한 이볼카 고성이 발굴되어 흉노 고고학 연구의 새로운 계기가 마련되었다. 1949년 이후에는 구 소련의 고고학자들에 의해 여러 차례 이볼카 고성에 대한 발굴조사가 진행되었다. 1956년에는 성곽의 동북부에서 묘지가 발견되어 1970년까지 모두 216기의 흉노 무덤이 조사되었다. 성곽과 주변 묘지에 대한 고고학 자료들은 이후 1995년과 1996년에 보고서로 출간되었다.[2] 이외에도 프리야트지역과 몽골공화국에서 다수의 흉노무덤이 발굴되었으며 일부 지역에서는 흉노 시기의 주거지와 성곽들도 발견되었다. 최근에는 러시아과학원 물질문화사연구소에 의해 캬흐타지역에서 흉노 귀족무덤에 대한 새로운 발굴조사 계획이 현재까지 진행되고 있다.

1950년대 이전에는 중국에서 흉노 유적에 대한 고고학 조사는 이루어지지 않았다. 다만 일부 학자들에 의해 몽골공화국과 바이칼지역의 흉노 무덤 관련 자료들이 번역 소개되었다. 흉노 유적에 대한 고고학 조사는 1950, 60년대 일부 유적이 발견되면서 시작되었다. 섬서 객성장(客省庄) M140은 그 연대가 전국시대 말기, 혹은 더 늦은 시기로 추정되었다.[3] 이후 이 무덤은 서한 시기 흉노 무덤으로 확인되었다. 1970년대부터 대규모의 흉노 관련 고고학 조사들이 진행되었다. 먼저 청해 상손가채(上孫家

....

1) 乌恩,「论匈奴考古研究中的几个问题」,『考古学报』1990年 第4期.
2) 杨哲峰,「简介两本有关匈奴考古的发掘报告」,『考古』1999年 第4期.
3) 中国科学考古研究所沣西发掘队,「1955~1957年陕西长安沣西发掘简报」,『考古』1959年 第3期.

寨),[4] 내몽고 서구반(西溝畔),[5] 보동구(補洞溝),[6] 영하 이가투자(李家套子),[7] 도돈자(倒墩子)[8]에서 다수의 진한 시기 흉노 무덤들이 발견되면서 흉노 유적에 대한 기초적인 이해가 이루어졌다.

서구반(西溝畔), 보동구(補洞溝)의 흉노 무덤은 현재의 내몽고자치구 이극소맹(伊克昭盟)의 오르도스 고원지대에 위치하고 있다. 이 지역은 진 왕조와 서한 전기까지 흉노와 한의 두 세력이 교대로 장악하였던 핵심 지역이다. 서한 중기 이후 흉노가 고비사막 북쪽으로 후퇴하면서 한 왕조는 이 지역에 속국을 설치하고 귀순하는 흉노인들을 귀속시켰다. 1979~80년 서구반과 보동구에서 20여 기의 흉노 무덤이 발굴 조사되었다. 모두 장방형의 수혈식 토광묘이며 일부의 남녀합장묘와 아동용 옹관묘를 제외하면, 대부분 앙신직지(仰身直肢) 형태의 단인장이며 묘향은 북향이고 별도의 장구(葬具)는 발견되지 않았다. 서구반 M1-M3의 연대는 대체로 전국 시대 말기로 추정되지만 대부분 무덤은 한대의 흉노무덤으로 추정한다. 출토 유물이 풍부한 M4의 경우, 금, 은, 옥, 석, 유리로 제작된 머리장식과 목걸이, 요대(腰帶)장식들이 출토되었다. 이외에도 청동 말과 석제의 패식(佩飾) 같은 명기(明器)와 은통(銀筒)과 열쇠 등의 생활용구들이 출토되었다. 서구반 M12, 보동구 M6에서 출토된 단지들은 그 기형이 몽골과 바이칼지역 한대 흉노 무덤에서 출토된 동일 기종과 대체로 유사하며 바닥에는 직경 1cm의 작은 구멍이 동일하게 확인된다. 보동구 묘지에서는 철정(鐵鼎)과 철복(鐵鍑) 등이 출토되었으며 철정은 한대의 일반적인 기형으로 동경과 함께 출토되었다. 철복은 북방민족의 특징을 보여주는 대표적인 유물이다.

....

4) 青海省文物考古研究所,『上孫家寨汉晋墓』, 文物出版社 1993年.
5) 伊盟文物工作站, 内蒙古文物工作队,「西沟畔汉代匈奴墓地调查记」,『内蒙古文物考古』创刊号, 1981年.
6) 伊盟文物工作站,「伊克昭蒙补洞沟匈奴墓清理简报」,『内蒙古文物考古』创刊号, 1981年.
7) 宁夏文物考古研究所, 同心县文管所,「宁夏同心县李家套子匈奴墓清理简报」,『考古与文物』1988年 第3期.
8) 宁夏文物考古研究所等,「宁夏同心倒墩子匈奴墓地」,『考古学报』1988年 第3期.

1983년 발견된 이가투자와 도돈자의 흉노 무덤은 영하 동심현(同心縣)에 위치하고 있다. 이가투자 묘지에서는 모두 5기의 흉노 무덤이 발굴되었으며, 무덤 형식이 분명하게 확인된 3기는 수혈식 목곽묘와 장방형 전실묘 및 석관묘이다. 출토된 청동 고리와 단지의 특징으로 볼 때 무덤의 주인은 흉노인으로 추정된다. 도돈자 묘지에서는 1983년, 1985년에 걸쳐 모두 32기의 무덤이 발굴되었다. 발굴 보고된 27기의 출토자료에 의하면 무덤은 대부분 수혈식 토광묘이며 일부 동실묘(洞室墓)와 석곽묘가 확인된다. 대부분이 앙신직지의 단인장이며 두향(頭向)은 북향이고 목관이 확인된다. 대부분의 무덤은 북벽에 작은 감(龕)을 만들어 토기와 칠기를 배치하였다. 동실묘에서 다양한 수량의 소와 양의 두개골과 발굽뼈가 발견되었다. 무덤에서는 전형적인 흉노문화 특징을 보여주는 단지와 투조형 청동 고리 및 청동 허리띠 장식이 출토되었다. 동실묘인 M6의 경우에는 수직 형태의 묘도(墓道)는 폭이 각각 264cm와 82cm이며, 깊이는 136cm이다. 동실(洞室)의 바닥 길이와 폭은 각각 266cm, 61cm이다. 동실 내부에는 목관이 설치되어 있으며 인골은 앙신직지 형태이다. 목관의 북쪽에서 단지가 1점 출토되었다. 목관 내부 인골의 경부에서 목걸이가 발견되었으며 허리와 다리 부위에서는 오수전과 투조형 청동 허리띠장식, 청동 방울, 바다조개 및 철기 잔편이 출토되었다. 묘도에는 소와 양의 두개골 및 발굽뼈가 정연하게 배열되어 있으며 소와 양의 두개골은 이마는 위로, 주둥이는 북쪽을 향하고 있다. 발굴조사자는 무덤의 연대를 서한 중·후기로 추정하고 무덤 주인은 한 왕조에 귀속한 흉노인으로 추정하였다.

상손가채 묘지는 청해 대통현(大通縣)에 속하며 마을 북쪽의 하천 서안에 위치하고 있다. 1973~81년에 걸쳐 한진(漢晉) 시기 무덤 182기가 발굴 조사되었다. 을구(乙區) M1에서 출토된 청동 인장에 "漢匈奴歸義親漢長"의 명문이 확인되어 흉노 무덤으로 추정된다. 무덤은 경사진 묘도에 전·후실 구조의 전실묘이며 무덤 상부에는 원형의 분구가 조성되어 있다. 출토된 연호문 동경과 오수전 및 단지, 호(壺), 창고, 부뚜막, 우물 등 유물로 판단해 볼 때 동한 말기 무덤으로 추정된다.

1970년대 말부터는 중국의 흉노 관련 발굴 자료에 근거하여 몽골과 바이칼지구 흉노 관련 자료를 결합하여 흉노 무덤의 유형과 연대, 한대 흉노문화의 특징과 선비문화 유적과의 구별 및 흉노 유물에 대한 연구가 여러 연구자에 의해 본격적으로 진행되었다.[9] 또한 오르도스지역과 그 주변 지역에서 선진(先秦) 시기에 속하는 북방민족 무덤들이 다수 발견되었다. 대표적인 유적으로는 이극소맹 항금기(杭錦旗) 도홍파랍(桃紅巴拉) 묘지와 아노시등(阿魯柴登) 무덤, 준격이기(准格爾旗) 옥융태(玉隆太) 무덤, 파언뇨이맹(巴彦淖爾盟)의 호노사태(呼魯斯太) 무덤, 오란찰포맹(烏蘭察布盟)의 모경구(毛慶溝) 묘지, 음우구(飮牛溝) 묘지, 곽현요자(崞縣窯子) 묘지 등이 발견되었다. 이들 무덤들은 대부분 초기 흉노와 밀접한 관련이 있는 유적으로 이 지역의 춘추전국 시기 종족 및 흉노의 기원과 관련하여 중요한 자료들을 제공하고 있다.[10]

2. 오환과 선비의 고고학 발견과 연구

오환(烏桓)과 선비(鮮卑)는 동호(東胡)의 후예이다. 기록에 의하면, 진한교체기에 흉노가 동호를 공격하여 그 종족이 분산되었다. 서한 시기에 들어서서 오환은 흉노에 예속되었던 것으로 파악되지만 선비와 관련한 내용은 역사기록에서 확인되지 않는다. 이후 동한 시기 들어서면 선비 관련 명칭들이 등장하면서 선비, 오환, 흉노 사이의 상호 공격 관련 기록들이 확인된다. 특히 북흉노가 한 왕조의 공격으로 서쪽으로 이동한 이후 선비는 흉노를 대신하여 고비사막 남북의 넓은 지역을 점령하였다. 동한 시대 후기에

....

9) 田广金, 「匈奴墓葬的类型和年代」, 『内蒙古文物考古』 第2期, 1982年.

10) 田广金, 「近年来内蒙古地区的匈奴考古」, 『考古学报』 1983年 1期; 乌恩, 「匈奴族源初探」, 『周秦文化研究』 第832页, 陕西人民出版社 1998年版; 林沄, 「关于中国的对匈奴族源的考古学研究」, 『林沄学术文集』, 中国大百科全书出版社 1998年版.

들어서면 선비는 북방지역의 넓게 분포하는 핵심 종족으로 부상하면서 강력한 연맹체를 형성하였다. 오환은 동한 말기 조조에 의한 정벌을 통해 그 세력이 쇠락의 길을 걷게 된다.

진한 시기 오환과 선비 관련 유적에 대한 연구는 대체로 1950년대부터 진행되었다. 주로 오환과 초기 선비의 활동무대와 관련 있는 내몽고, 요령, 길림, 흑룡강, 산서, 하북에서 유적들이 발견되었으며 대부분은 무덤자료들이다.[11] 무덤의 연대가 비교적 이른 시기 유적들은 대흥안령의 동, 서쪽에서 발견되며, 연대가 비교적 늦은 시기의 유적들은 진한 시기 장성연안을 따라 분포하면서 소위 "흉노고지(匈奴故地)"라 일컬어지는 서쪽으로 확대되어 내몽고 중부 일대에 대부분 분포하고 있다. 현재까지 조사된 관련 유적들의 분포는 대체로 다음의 4개 구역으로 구분할 수 있다.

먼저, 대흥안령산맥 북단 서쪽에 위치한 호륜패이(呼倫貝爾)고원지역이다. 이 지역은 초기 선비의 주요 활동무대 가운데 하나이다. 1959년 발견된 찰뢰낙이(札賚諾爾) 무덤군은 이 지역에서 가장 일찍이 발견된 선비족 관련 유적이다. 유적 발견 이후 모두 5차례의 발굴조사가 진행되었으며 56기의 무덤이 조사되었다. 이외에 관련 유적으로는 해랍이하(海拉爾河) 남쪽에서 조사된 완공(完工) 무덤군, 이민(伊敏)정류장 묘지, 맹근초노(孟根楚魯) 묘지를 비롯하여 해랍이하(海拉爾河) 북쪽지역에서는 랍포달림(拉布達林) 무덤군, 칠잡(七卡) 묘지, 이화오랍(伊和烏拉) 무덤군이 발견되었다. 칠잡 묘지는 중국에서 발견된 오환, 선비 관련 유적 가운데 가장 북쪽에 위치하고 있다.

유적의 족속(族屬)과 관련해서 찰뢰낙이(札賚諾爾) 무덤군이 발견된 초기에는 흉노설, 선비설과 족속 미정설이 제시되었다. 그러나 1970년대 이래 대체로 일치되는 견해로 탁발선비 유적으로 추정하고 있다. 완공(完工) 무덤군과 찰뢰낙이(札賚諾爾) 무덤군의 관계와 관련해서는 출토유물

....

11) 許永杰, 「鮮卑遺存的考古学考察」, 『北方文物』 1993年 第4期.

을 통해 그 연대를 서로 동일 시기로 보거나 완공 무덤군을 빠른 시기로 추정하고 있다. 초기 연구에서는 두 유적의 문화 속성을 동일 문화유형으로 이해하는 경향이 다수였지만 1980년대 이후에는 토기분석과 인골감정의 연구 성과들을 통해 서로 다른 군집으로 보거나 별개의 문화유형으로 보는 견해들이 발표되었다. 또한 완공 묘지와 동일 성격의 유적으로는 이민(伊敏)정류장 묘지가 있다. 최근 새로운 주장에 의하면 완공 유형의 유적은 그 문화적 속성이 대체로 대흥안령산맥 동측과 유사한 측면이 있으며 완공 유적을 눈강(嫩江)유역의 한서(漢書)2기 문화의 계승으로 이해하기도 한다.[12]

두 번째는 서랍목륜하(西拉木倫河) 북쪽의 대흥안령산맥 남쪽지역이다. 이 지역에서 발견된 선비 관련 유적으로는 파림좌기(巴林左旗) 남양가영자(南楊家營子) 유적과 묘지, 임서현(林西縣) 소사태(蘇泗汰) 무덤, 과우중기(科右中旗) 북마니토(北瑪尼吐) 무덤군이 있다. 그 가운데 남양가영자의 유적과 묘지는 1961년 발견되었으며, 1962년 발굴조사를 통해 동일 시기의 동일 문화유적으로 확인되었다. 모두 20여 기의 무덤이 발굴되었으며 대부분 장방형의 수혈식 토광묘이다. 묘광은 대부분 길이 2m, 폭 0.7~0.8m 전후이며 일부는 이층대(二層臺)가 확인된다. 대부분 단인장이며 일부 2인 합장묘와 다인 합장묘도 발견되었다. 일부 무덤에서는 목질의 장구가 확인되었으며 장식(葬式)이 확인된 것은 대부분 앙신직지 형태이다. 12기의 무덤에서는 말, 소, 양 혹은 개의 사지(四肢) 순장이 확인되었다. 토기는 대체로 사질계의 단지, 호(壺), 완(盌) 등이 출토되었다. 출토유물로는 철제 칼, 화살촉, 방울을 비롯하여 골제(骨制)의 화살촉과 방추차 및 유리 목걸이장식 등이 발견되었다. 일부 무덤에서는 오수전이 출토되었다. 발굴조사자는 무덤의 연대 상한을 기원 1세기 전후, 하한을 기원 4세기 전후로 추정하였

....

12) 喬梁, 「鮮卑遺存的認定與研究」, 『中國考古學的跨世紀反思』第483頁, (香港)商务印书馆, 1999年版.

다. 숙백(宿白)은 이 무덤의 성격을 탁발선비의 남천(南遷) 시기 유적으로 추정하면서 동부 선비와 관련 있는 유적으로 분석하였다.[13]

북마니토(北瑪尼吐) 무덤군은 1991년 발견되었으며 모두 123기의 무덤이 일정한 규칙에 따라 정연하게 분포하고 있다. 발굴조사가 진행된 26기의 무덤은 모두 장방형의 수혈식 토광묘이며 일부는 이층대가 확인되었다. 보존 상태가 좋은 인골은 대부분 단인장이며 앙신직지 형태이다. 출토된 토기는 단지와 호(壺) 위주이며 일부 무덤에서는 양과 개의 두개골이 부장되었다. 발굴조사자는 무덤군의 상한을 동한 초기로 추정하면서 선비족 무덤으로 추정하였다. 그러나 선비족의 구체적인 족속과 관련해서 학계의 의견이 다양하게 제시되고 있다.

임서현(林西縣) 소사태(蘇泗汰) 무덤에서는 1기의 무덤이 발견되었다. 장방형의 수혈식 토광묘이며 목질의 장구도 확인되었다. 출토유물로는 단지를 비롯하여 동복(銅鍑)과 금제 패식이 발견되었다. 보고자는 무덤의 연대를 동한 말기로 추정하였으며 탁발선비의 남천(南遷)과정의 무덤으로 이해하였다.

세 번째는 대흥안령산맥의 동쪽지역이다. 이 지역에서는 다수의 선비 혹은 오환 관련 유적들이 발견되었다. 서요하 북쪽에서 눈강(嫩江) 중·하류 일대에서 발견된 주요 유적은 다음과 같다. 흑룡강 제제합이(齊齊哈爾)의 대도삼가자(大道三家子) 무덤, 평양(平洋) 무덤, 길림 대안현(大安縣) 어장(漁場) 묘지와 후보석(後寶石) 묘지, 통유현(通楡縣) 흥융산(興隆山) 무덤, 내몽고 육가자(六家子) 무덤군이 대표적 유적이다. 대흥안령산맥과 비교적 먼 거리에 위치한 것으로는 요령 서풍현(西豊縣) 서차구(西岔溝) 무덤군과 길림 유수현(楡樹縣)의 노하심(老河深) 중층(中層) 무덤군이 있다.

서차구 무덤군은 1956년 발굴조사가 진행되었다. 발굴조사자는 흉노 무덤으로 추정하였지만 자세한 자료는 발표되지 않았다. 이후 학계에는 이

....

13) 宿白, 「東北、內蒙古地区的鮮卑遺迹」, 『文物』 1977年 第5期.

무덤의 족속문제와 관련하여 다양한 의견들이 제출되어 흉노설을 비롯하여, 오환설, 선비설, 부여설의 서로 다른 의견들이 제시되었다. 노하심 중층 무덤군은 1980년과 1981년 두 차례에 걸쳐 발굴조사가 진행되었으며 모두 129기의 무덤이 확인되었다. 발굴조사자는 서한 말기에서 동한 초기로 그 연대를 추정하였으며 무덤 주인은 선비족이라는 견해를 제시하였다. 그러나 현재 학계에서는 부여설이 유력하게 제시되고 있으며 노하심과 서차구 무덤의 문화성격을 동일한 고고학문화로 볼 것인지에 대해서는 서로 다른 견해들이 존재한다. 비교적 이른 시기에 속하는 평양 무덤은 대체로 춘추전국시대로 그 연대를 추정하고 있으며 족속과 관련해서는 동호설과 탁발선비설, 오환설이 제시되었다. 대도삼가자(大道三家子) 무덤의 연대는 그 상한을 전국시대 초기로 추정하고 있으며 하한 연대는 서한 말기로 추정하고 있다. 유적의 족속과 관련해서는 동호설과 선비설이 주장되고 있다. 연대가 비교적 늦은 시기에 해당하는 육가자(六家子) 무덤군은 동한 말기에서 서진 시기의 선비족 무덤군으로 추정되고 있으며 개별 무덤의 경우에는 동한 전기에 속하는 것도 있는 것으로 보고자는 분석하였다. 일부 연구자는 육가자 무덤군의 성격을 흉노에 연원을 둔 선비족 우문부(宇文部)의 유적으로 이해하고 있다. 어장묘지는 대체로 탁발선비 혹은 동부선비로 추정되고 있다.

네 번째는 내몽고 중부의 오란찰포(烏蘭察布)와 그 부근지역이다. 이 지역은 동한 후기 선비족이 흉노고지로 이주한 이후의 주요 활동무대였다. 1950년대 이후 이 지역에서 발견된 초기 선비족 유적으로는 찰합이우익후기(察哈爾右翼後旗)의 이란호구(二蘭虎溝) 묘지, 조가방촌(趙家房村) 묘지, 삼도만(三道灣) 묘지, 탁극탁현(托克托縣) 피조구(皮條溝) 무덤, 찰합이우익전기(察哈爾右翼前旗) 하흑구(下黑溝) 무덤, 홍화현(興和縣) 팔구촌(叭溝村) 무덤 및 산서 우옥현(右玉縣) 선가보(善家堡) 무덤이 있다.[14] 이 가운

....

14) 乔梁:「内蒙古中部的早期鲜卑遗迹」,「青果集」, 知识出版社 1998年版.

데 일부 무덤은 그 연대가 위진(魏晉) 이후로 추정되기도 한다. 초기 연구에서는 이란호구 묘지의 경우는 흉노문화로 이해하기도 하였지만 최근에는 이 지역의 유적들을 대체로 선비족 유적으로 이해하고 있다. 다만 선비족의 구체적인 부족과 관련하여 탁발선비, 동부선비, 우문선비로 추정하는 서로 다른 견해들이 있다. 이 지역에서 최근 조사된 초기 선비유적 가운데 특히 중요한 의의를 가지는 유적으로는 삼도만 무덤과 선가보 무덤을 사례로 들 수 있다.

삼도만 묘지는 현재까지 내몽고 중남부지역에서 발견된 최대 규모의 초기 선비 무덤이다. 1983~84년에 걸쳐 모두 50여 기의 무덤이 조사되었으며 발굴조사가 진행된 25기의 무덤은 대부분 장방형의 수혈식 토광묘이다. 장식은 대부분 앙신직지 형태이며 일부는 앙신곡지(仰身曲肢) 형태이거나 두개골이 없는 경우도 발견된다. 단인장 위주이며 일부 합장묘도 확인되었다. 무덤에 따라 부장품의 수량이 일정하지 않다. 토기는 니질계의 단지, 배(杯), 호(壺) 등이 있으며, 청동기로는 패식을 비롯하여 대구(帶鉤), 팔찌, 방울, 반지, 오수전과 동경들이 출토되었다. 철기는 검과 창, 칼 등의 무기류와 도끼, 괭이와 같은 생산 공구들이 출토되었다. 그 외에도 말과 사슴문양의 패식과 골각기들이 출토되었다(그림 31). 일부 무덤에서는 양의 두개골이 부장되기도 하였다. 발굴보고자는 탁발선비의 무덤으로 추정하였으며 전체 무덤의 연대를 2단계로 구분하였다. 제1기는 대체로 찰뢰낙이(札賚諾爾) 무덤군과 같은 시기로 비정하였으며, 제2기는 찰뢰낙이(札賚諾爾) 무덤군보다 늦거나, 혹은 남양가영자(南楊家營子) 묘지보다 이른 시기로 추정하여 시기적으로 두 유적의 중간 지점에 위치하는 유적으로 이해하였다.

선가보 묘지는 모두 23기의 무덤이 조사되었으며 장방형의 수혈식 토광묘이며 별도의 장구는 발견되지 않았다. 단인장은 15기의 무덤에서 확인되었으며 남녀 합장묘 3기와 성인과 아동의 합장묘 2기가 발견되었다. 출토유물은 회갈색 단지 위주이며 니질계 단지도 일부 발견되었다. 청동과

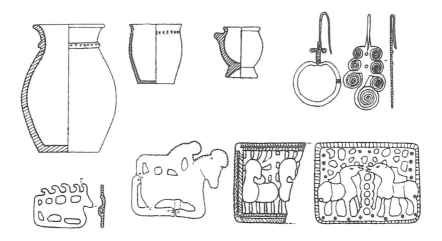

그림 31 내몽고 삼도만 묘지 출토 선비 유물

철기류는 용기를 비롯하여 공구, 무기, 마구, 장식품 및 화폐들이 출토되었다. 아울러 다수의 골각기도 함께 발견되었다. 일부에서는 순생(殉牲)과 더불어 양의 두개골이 발견되었다. 발굴보고자는 출토유물에 근거하여 무덤의 연대 상한을 동한 후기, 하한을 위진 시기로 추정하였다. 문화 성격과 관련하여서는 선비문화의 특징이 주도적이면서도 흉노문화와 한족문화의 요소도 발견된다고 이해하였다.

초기 선비유적에 대한 종합적인 연구는 숙백의 논문「동북, 내몽고지구의 선비유적」을 대표적으로 언급할 수 있다. 논문은 고고학 자료를 이용하여 선비유적에 대한 전면적이고 종합적인 고찰을 시도하였다. 논문에서는 문헌기록에 나타나는 탁발선비 이동경로를 제시하면서 아울러 이동과정에서 발견되는 유적의 변화과정에 대해 비교 분석하였다.[15]

1980년 호륜패이맹(呼倫貝爾盟)에 위치한 대흥안령산맥 북단의 알산동(嘎仙洞)에서 발견된 북위 태평진군 4년(443년)의 이창(李敞)석각은『위서(魏書)』의 기록을 실증하면서 탁발선비의 기원과 관련하여 새로운 증거

....

15) 주 13과 같음.

들을 제시하였다.[16] 비록 학계에서 알선동을 탁발선비 조상들이 거주하였던 석실로 인정할 것인지에 대해서 찬반의견이 존재하지만 이로 인해 선비족의 이동경로 연구에서 선비족의 이동이 대흥안령산맥의 동쪽에서 눈강을 따라 진행되었다는 견해는 주목된다.

　　1980년대 이후 선비, 오환을 비롯한 북방민족 유적의 특징과 족속, 이동경로에 관한 문제는 점차 많은 연구자들의 관심의 대상이 되었다. 특히 출토 토기에 대한 비교분석을 통해 서로 다른 집단으로 구분하고 이를 체질인류학의 연구 성과와 결합하여 분석하는 새로운 시도들이 진행되었다.[17] 최근 새로운 유적에 대한 발굴이 증가하고 비교연구의 심화되면서 연구자들은 점차 과거에 설정되었던 개별 집단의 유적들에 상당히 복잡한 문화적 속성들이 존재하고 있음을 새롭게 인식하고 있다. 전체적으로 볼 때, 상술한 각 유적의 족속과 관련하여 대체로 선비족으로 추정하는 경향을 보여주고 있지만, 현재까지 오환유적과 선비유적의 구별에 대해서는 충분한 인식이 부족하여 여전히 개별 유적의 족속과 관련하여 선비 혹은 오환의 논쟁이 남아 있다. 일부 유적의 경우는 대체로 연구자들에 의해 선비유적으로 추정되고 있지만 실제 역사상 선비족의 구성은 매우 복잡하고 역사문헌에 언급된 선비족 개별 부족의 활동지역과 이동경로도 모호한 측면이 많은 관계로 여전히 관련한 논쟁이 진행되고 있다.

....

16)　米文平,「鮮卑石室的发现与初步研究」,『文物』1981年 第2期.

17　陈雍,「扎赉诺尔等五处墓葬陶器的比较研究」,『北方文物』1989年 第2期; 朱泓,「从扎赉诺尔汉代居民的体质差异探讨鲜卑族的人种构成」,『北方文物』1989年 第2期.

참고문헌

1. 中国社会科学院考古研究所, 『新中国的考古发现和研究』, 文物出版社 1984年版.

2. 『国大百科全书·考古学』, 中国大百科全书出版社 1986年版.

3. 『新中国考古五十年』, 文物出版社 1999年版.

4. 『中国青铜器全集·秦汉卷』, 文物出版社 1998年版.

5. 俞伟超, 『先秦两汉考古学论集』, 文物出版社 1985年版.

6. 王仲殊), 『汉代考古学概说』, 中华书局 1984年版.

7. 孙机, 『汉代物质文化资料图说』, 文物出版社 1991年版.

8. 刘庆柱, 『古代都城与帝陵考古学研究』, 科学出版社 2000年版.

9. 信立祥, 『汉代画像石综合研究』, 文物出版社 2000年版.

10. 杨宽, 『中国古代陵寝制度史研究』, 上海古籍出版社 1985年版.

11. 李如森, 『汉代丧葬制度』, 吉林大学出版社 1995年版.

12. 韩国河, 『秦汉魏晋丧葬制度研究』, 陕西人民出版社 1999年版.

13. 北京大学历史系考古教研室), 『战国秦汉考古』, 1973年版铅印本.

14. 查瑞珍, 『战国秦汉考古』, 南京大学出版社 1990年版.

15. 李发林, 『战国秦汉考古』, 山东大学出版社 1991年版.

16. 宋治民, 『战国秦汉考古』, 四川大学出版社 1993年版.

17. 袁仲一, 『秦始皇陵兵马俑研究』, 文物出版社 1990年版; 『秦代陶文』, 三秦出版社 1987年版.

18. 王学理, 『秦俑专题研究』, 上海人民出版社 1994年版; 『秦俑专题研究』, 三秦出版社 1994年版; 『咸阳帝都记』, 三秦出版社 1999年版.

19. 张文立, 『秦俑学』, 陕西人民教育出版社 1999年版.

20. 秦始皇陵兵马俑博物馆编, 『秦俑专题研究』, 陕西人民教育出版社 1996年版.

21. 徐正考, 『汉代铜器铭铭研究』, 吉林教育出版社 1999年版.

22. 宋治民, 『汉代手工业』, 巴蜀书社 1992年版.

23. 李正光, 『汉代漆器艺术』, 文物出版社 1987年版.

24. 陕西省考古研究所等, 『秦始皇帝陵园考古报告(1999年版)』, 科学出版社 2000年版.

25. 陕西省考古研究所始皇陵秦俑坑考古发掘队, 『秦始皇陵兵马俑坑一号坑发掘报告』, 文物出版社 1988年版.

26. 秦俑考古队, 『秦始皇陵园铜车马发掘报告』, 文物出版社 1998年版.

27. 咸阳市文化局等, 『塔儿坡秦墓』, 三秦出版社 1998年版.

28. 陕西省考古研究所), 『新编秦汉瓦当图录』, 三秦出版社 1986年版.

29. 周晓陆·路东之, 『秦封泥集』, 三秦出版社 2000年版.

30. 中国社会科学院考古研究所, 『汉长安城未央宫』, 科学出版社 1996年版.

31. 中国社会科学院考古研究所, 『宣帝杜陵陵园遗址』, 科学出版社 1996年版.

32. 陕西省考古研究所, 『西汉京师仓』, 文物出版社 1990年版.

33. 刘庆柱·李毓芳, 『西汉十一陵』, 陕西人民教育出版社 1987年版.

34. 洛阳市文物局等, 『汉魏洛阳故城』, 科学出版社 2000年版.

35. 何清谷, 『三辅黄图校证补注)』, 三秦出版社 1995年版.

36. 湖南省博物馆, 『长沙马王堆一号汉墓』, 文物出版社 1973年版.

37. 傅举有·陈松长, 『马王堆汉墓文物』, 湖南出版社 1992年版.

38. 中国社会科学院考古研究所等,『满城汉墓发掘报告』,文物出版社 1980年版.

39. 大葆台汉墓发掘组等,『大葆台汉墓』,文物出版社 1989年版.

40. 广州市文物管理委员会等,『西汉南越王墓』,文物出版社 1991年版.

41. 河南省文物研究所,『永城西汉梁国王陵与寝园』,中州古籍出版社 1996年版.

42. 广西壮族自治区博物馆,『广西贵县罗泊湾汉墓』,文物出版社 1988年版.

43. 洛阳考古发掘队,『洛阳烧沟汉墓』,科学出版社 1959年版.

44. 中国社会科学院考古研究所,『长沙发掘报告』,科学出版社 1957年版.

45. 中国社会科学院考古研究所等,『广州汉墓』,文物出版社 1981年版.

46. 青海省文物考古研究所,『上孙家寨汉晋墓』,文物出版社 1993年版.

47. 魏坚,『内蒙古中南部汉代墓葬』,中国大百科全书出版社 1998年版.

48. 中国社会科学院考古研究所,『陕县东周秦汉墓』,文物出版社 1993年版.

49. 西安市文物保护考古所,『西安龙首原汉墓』,西北大学出版社 1999年版.

50. 湖北省荆州博物馆,『荆州高台秦汉墓』,科学出版社 2000年版.

51. 黄冈市博物馆等,『罗州城与汉墓』,科学出版社 2000年版.

52. 曾昭燏等,『沂南古画像石墓发掘报告』,文化部文物事业管理局 1956年版.

53. 内蒙古自治区博物馆文物工作队,『和林格尔汉墓壁画』,文物出版社 1978年版.

54. 河南省文物研究所,『密县打虎亭汉墓』,文物出版社 1993年版.

55. 河北省文物研究所,『安平东汉壁画墓』,文物出版社 1990年版.

56. 中国社会科学院考古研究所,『杏园东汉墓壁画』,辽宁美术出版社 1995年版.

57. 黄明兰·郭引强,『洛阳汉墓壁画』,文物出版社 1996年版.

58. 深圳博物馆,『中国汉代画像石砖文献目录』,文物出版社 1995年版.

59. 山东省博物馆等,『山东汉画像石选集』,齐鲁书社 1982年版.

60. 陕西省博物馆等,『陕北东汉画像石刻选集』,文物出版社 1959年版.

61. 高文·高成刚,『中国画像石棺艺术』,山西人民教育出版社 1996年版.

62. 高文,『四川汉代画像石』,巴蜀书社 1987年版.

63. 重庆市文化局等,『四川汉代石阙』,文物出版社 1992年版.

64. 高文,『四川汉代画像砖』,上海人民美术出版社 1987年版.

65. 睡虎地秦墓竹简整理小组编,『睡虎地秦墓竹简』,文物出版社 1990年版.

66. 陈梦家,『汉简缀述』,中华书局 1980年版.

67. 连云港市博物馆等,『尹湾汉墓简牍』,中华书局 1997年版.

68. 甘肃省文物工作队,『汉简研究文集』,甘肃人民出版社 1984年版.

69. 甘肃省文物考古研究所,『秦汉简牍论文集』,甘肃人民出版社 1989年版.

70. 色伽兰著,冯承钧译,『中国西部考古记』,中华书局 1955年版.

71. 云南省博物馆,『云南晋宁石寨山古墓群发掘报告』,文物出版社 1959年版.

72. 张增祺,『滇国与滇文化』,云南美术出版社 1997年版.

73. 贵州省博物馆等,『贵州田野考古四十年』,贵州民族出版社 1993年版.

옮긴이의 글

진한 고고학은 역사 시기를 기준으로 기원전 221년 진의 통일에서 서기 220년 동한왕조의 멸망까지 진, 서한, 신, 동한에 이르는 4개 왕조 시기의 고고학을 지칭하는 개념이다. 이 시기는 진시황의 6국 통일을 통해 전국 시기 제후할거의 정치적 국면이 마감되고 군현제를 기반으로 하는 중앙집권체제 통치구조가 출현하는 새로운 역사단계이다. 진 왕조는 비록 단명하였지만 한 왕조는 진의 통치제도를 계승함으로써 이러한 중앙집권체제 국가모델은 이후 왕조에서도 하나의 일관된 정치질서와 사회제도로 운용되었다.

최근까지 발표된 이 시기의 많은 고고학적 발굴과 조사 및 다양한 유물들은 이러한 역사적 배경과 특징들을 반영하고 있다. 그리고 이러한 고고학적 성과들은 현재도 다수의 고고학 발굴보고서와 도록을 비롯한 연구논문과 논저의 형태로 발표되고 있다. 본서는 이러한 발굴성과와 선행연구에 기초하여 20세기 이루어진 진한 고고학의 중요한 발견과 발굴 및 연구성과에 대해 체계적으로 서술한 중국 고고학 입문서이다.

이 책에서는 진한 시기 고고학의 다양한 연구 성과들을 진 도성 함양과 진시황릉, 한대 장안성, 낙양성과 황제릉, 제후와 열후의 무덤, 한대 중소형 무덤의 분구와 분기, 화상석과 화상전, 벽화 및 백화, 한대 청동기, 진한 칠기, 직물, 한대 변경유적과 간독, 진한 무덤 출토 간백, 진한 시기 주변민족 등의 11개 부분으로 나누어 체계적으로 그 연구사를 정리하였다. 특히 제4장 한대 중소형 무덤의 편년연구에서는 한대 무덤을 다시 낙양 중심의 중원지역, 관중지역, 하서지역, 북방장성일대, 동북과 북경지역, 산동과 강소성 북부지역, 장강중류지역, 장강하류지역, 서남지역, 광동 및 광서지역의 10개 권역으로 세분하여 고고학적 성과들과 지역적 특징을 소개하였다.

이러한 체계적인 연구영역의 구분과 지역구분은 진한 시기 고고학 자료의 불균형을 극복하고 전체적인 맥락을 이해하는 데 있어서 매우 유용한 서술방식이며 발굴조사 자료의 연구사적 의미를 체계적으로 파악하는 데 효과적인 측면이 있다. 아울러 이 책의 각 장에서는 관련 고고학 자료에 대한 서술과 더불어 출토자료에 반영된 다양한 문화양상에 대해서도 서술하고 있으며 기존 연구성과에 대한 총괄적인 평가와 더불어 연구현황과 향후 연구전망에 대해서도 다양한 견해를 제시하고 있다.

이 책의 11장은 진한 시기 주변민족의 고고학 발굴조사와 연구성과들에 대해서 간략하게 소개하고 있다. 옮긴이의 견해로는 주변민족으로 서술되고 있는 흉노, 오환, 선비 관련 내용들이 중국 진한 고고학의 범주와 체계에 포함시킬 수 있는가 하는 점은 동의하기 어려운 것이 사실이다. 그러나 일부 조사 유적과 유물들이 우리 학계의 관심과 무관하지 않은 내용들이 있어서 편의상 간략하게 소개하였다. 이 점에 대해서는 독자들의 오해가 없기를 바란다.

이 책을 번역하는 과정에서 번역자로서 많은 어려움이 있었다. 개설서의 성격을 띠고 있는 본서에서 소개되는 다양한 연구영역들, 특히 한대 직물과 간독, 간백 관련 자료와 내용들은 이 분야에 대한 전문적인 지식이 부족한 역자에게 매우 부담스러운 부분이었다. 또한 본서는 연구사적 내용이 많은 부분을 차지하고 있어서 유적과 관련한 인명과 지명을 일일이 확인하는 과정은 무척이나 방대한 작업이었다. 다수의 오역과 오해는 전적으로 번역자의 부족함에 기인한 것임을 먼저 밝혀 두고자 한다.

이 책을 번역하는 과정에서 주변의 많은 분들에게 도움을 받았다. 먼저 이 책의 출간을 지원해 주신 영남문화재연구원의 이백규, 박승규, 하진호 선생님과 경북대학교 고고인류학과 이희준, 박천수 교수님께 감사를 드린다. 국립문화재연구소의 김홍수 선생님은 번역원고에 대한 유익한 의견과 본문의 고문해석에 많은 도움을 주셨다. 사회평론의 고인욱 위원님은 길고 지루하게 진행되었던 번역과정에 많은 배려를 해 주셨다.

2018년 무더운 여름
소백산 자락 연구실에서
옮긴이